日本の比較優位

国際貿易の変遷と源泉

清田耕造

慶應義塾大学出版会

まえがき

　本書は、国際貿易理論に基づき、1980年から2009年までの30年にわたる日本の比較優位の変遷と源泉を明らかにしようと試みるものである。
　本書では、国際貿易理論の中でも特に、ヘクシャー＝オリーン・モデルと呼ばれる貿易理論に注目する。ヘクシャー＝オリーン・モデルとは、国際貿易のパターンを説明する経済モデルの一つであり、各国の要素賦存のちがいがそれぞれの国の比較優位を生み出す源泉となることを示したものである。
　第1章でも詳しく説明するが、近年、貿易理論は大きな発展を遂げており、規模の経済性や財の差別化を取り入れた「新」貿易理論、そして企業の異質性を取り入れた「新」新貿易理論といった理論が開発されている。このような新しい貿易理論に対して、ヘクシャー＝オリーン・モデルは伝統的貿易理論と呼ばれている。すでに伝統的貿易理論については数多くの研究がなされているため、理論の枠組みそのものから新しい示唆を得ることは難しくなっている。
　このような理論の進展にもかかわらず、筆者がヘクシャー＝オリーン・モデルに注目した理由は、実証研究という視点から見た場合、その魅力が今なお色あせていないと判断したからである。
　貿易理論は実証研究、そしてそのもとになるデータの整備とともに発展してきた。ヘクシャー＝オリーン・モデルは産業という大きな枠組みに注目した理論だが、詳細な貿易のデータの整備に伴い「新」貿易理論が生まれ、また企業レベルのデータの整備に伴い「新」新貿易理論が生まれた。
　しかし、詳細な貿易データや企業レベルのデータは必ずしも過去に遡って利用できるわけではない。たとえば、日本で企業レベルのデータが本格的に利用できるようになったのは、1990年代以降である。また、貿易統計の商品分類は時間を通じて改訂が行われるため、分類が詳細になればなるほど、同じ商品を時系列で追跡することが難しくなる。言い換えれば、利用可能なデー

タを踏まえると、「新」貿易理論や「新」新貿易理論に立脚しつつ、過去30年にわたる日本の貿易を概観し、その要因をデータに基づき考察していくのは、必ずしも容易ではない。

その一方で、ある程度集計された産業レベルであれば、貿易、生産、生産要素のデータは比較的長期にわたって利用が可能である。産業レベルのデータは産業内のことまでは明らかにできないという難点があるが、中長期の日本経済を概観する上では極めて有用である。そして、ヘクシャー＝オリーン・モデルは産業に注目したものであり、産業レベルの分析と整合的である。このため、ヘクシャー＝オリーン・モデルに立脚しつつ、日本の国際貿易の中期的な変遷を議論することは、ある程度意義のあることだと考えられる。

また、国際貿易の実証研究では、今なおヘクシャー＝オリーン・モデルに基づく分析が進められており、少しずつではあるものの、新しい知見が得られている。本書の特徴の一つは、標準的なヘクシャー＝オリーン・モデルに基づく分析だけでなく、それを拡張した分析を紹介している点にある。標準的なヘクシャー＝オリーン・モデルは要素価格均等化領域が一つしかない仮定、すなわち世界全体で要素価格が均等化するという仮定の下で分析が進められている。要素価格均等化領域は不完全特化錘（cone of diversification）あるいはコーンとも呼ばれることから、このようなモデルはシングル・コーン・モデル（single-cone model）と呼ばれている。これに対し、本書では複数の要素価格均等化領域を許容するマルチ・コーン・モデル（multiple-cone model）をもとに、要素賦存と貿易の関係だけでなく、要素賦存と生産の関係についても議論する。

本書のもう一つの特徴は、本書の基礎となる分析の多くがアカデミックな審査を経て国際的な学術誌（アカデミック・ジャーナル）に掲載されている点である。

一般的に、国際的な学術誌に掲載されるためには、匿名の審査員（レフェリー）による審査をパスしなければならない。そしてその審査は厳しい。審査を経て掲載に至った論文は、ある意味、品質検査をパスした論文といえる。もちろん、アカデミックな審査といっても完全ではなく、審査員も誤った判断をしたり重大なミスを見逃すことがある。しかし、そのような審査は結果

の信頼性や主張の客観性を判断する上での一つの基準になることも事実だろう。本書は分析の多くをアカデミックな審査に立脚することで、客観的により信頼できる結果を読者に届けたいと考えた。

　ヘクシャー＝オリーン・モデルそのものは古くから存在するモデルであり、日本の貿易の比較優位について分析したアカデミックな研究も数多く存在する。また、日本の貿易に関する書籍には山澤（1984）のような優れたものがある。しかし，日本の比較優位そのものを正面から取り上げようとした書籍は，筆者が知る限り存在しない。そこで、アカデミックな研究をもとに、日本の比較優位について一つの視点を日本語で提供したいと考えたことが、本書をまとめる動機の一つになっている。本書を通じて比較優位の理解・重要性がより多くの人に広まり，そして日本の比較優位を議論していくきっかけとなれば幸いである。

　　　　　　　　　　　　　　　　　　　　　　　清田　耕造

目　次

第1章　なぜいま比較優位か ……………………………… 1

1　比較優位とは —— 2
2　なぜ秘書室は必要か —— 3
3　貿易に注目する意義 —— 8
4　比較優位に注目する意義 —— 10
　(1)　産業（企業）の国際競争力と比較優位　10
　(2)　国力と比較優位　12
5　本書の位置づけ —— 14
　(1)　これまでの貿易理論の発展：四つの段階　15
　(2)　本書でヘクシャー＝オリーン・モデルに注目する理由　18
6　本書の構成と範囲 —— 19
7　補論　リカード・モデル —— 22

第I部　わが国の貿易の変遷と比較優位

第2章　日本の国際貿易の変遷 ……………………………… 29

1　過去30年を振り返る —— 30
2　データ：JIPデータベース —— 30
3　日本の貿易パターン：1980年から2009年まで —— 31
　(1)　主要な輸出入産業　31
　(2)　主要な貿易相手国　39
　(3)　後開発途上国からの輸入　42
4　諸外国との比較 —— 45

5　データから明らかになった事実 —— 49

第3章　比較優位は机上の空論か ························· 53

　　1　日本の開国と比較優位 —— 54
　　2　比較優位と貿易パターンの論理 —— 55
　　　（1）　顕示選好の弱公準　55
　　　（2）　比較優位の法則　57
　　3　データ —— 61
　　4　明治初期の貿易パターンと比較優位 —— 62
　　5　比較優位は机上の空論ではない —— 65
　　6　比較優位の法則：証明 —— 66

第II部　　H―O モデルと日本の貿易パターン
（ヘクシャー＝オリーン）

第4章　貿易と生産要素をつなぐメカニズム ·········· 71

　　1　貿易と資本、労働 —— 72
　　　（1）　二要素モデル　72
　　　（2）　レオンティエフ・パラドックス　77
　　2　二要素モデルの拡張 —— 79
　　　（1）　二要素から多要素へ　79
　　　（2）　貿易収支不均衡　84
　　3　クロス・カントリー分析への拡張 —— 87

第 5 章　日本の純輸出は今なお熟練労働集約的か …… **91**

1　分析のねらい ── 92
2　要素コンテンツ・アプローチ ── 95
　(1)　貿易の熟練労働・非熟練労働コンテンツ　95
　(2)　熟練・非熟練労働コンテンツの変化：要因分解　98
　(3)　データ　100
3　日本の貿易の要素コンテンツ ── 103
4　失われつつある熟練労働集約財の比較優位 ── 111
5　補論 A　記述統計 ── 115
6　補論 B　日本の貿易の資本・労働コンテンツ ── 117

第 6 章　日本の純輸出はエネルギー節約的か ………… **121**

1　貿易理論が予測する日本の貿易パターン ── 122
2　クロス・インダストリー分析 ── 124
　(1)　分析手法　124
　(2)　データ　125
3　仮説の検証 ── 128
4　変わりつつある貿易パターン ── 133

第 III 部　拡張 H─O（ヘクシャー＝オリーン）モデルによる 日本の産業構造分析

第 7 章　都道府県の産業構造と賃金格差 ……………… **139**

1　国際貿易理論の拡張 ── 140
2　マルチ・コーン・モデル ── 145

3　実証分析の枠組み —— 149
       (1)　データ　149
       (2)　産業の異質性とデータの集計　151
       (3)　回帰式　155
    4　二つの主張の現実妥当性 —— 157
       (1)　ベースラインの結果　157
       (2)　人的資本蓄積の効果　161
       (3)　賃金を考慮しないケース　165
    5　マルチ・コーン・モデルの有用性 —— 167
    6　補論A　回帰式の導出 —— 168
    7　補論B　コブ＝ダグラス型生産関数のケース —— 171

第8章　日本の要素賦存と産業構造の変遷 …………179

    1　雁行形態的産業発展とは —— 180
    2　雁行形態的産業発展とマルチ・コーン・モデル —— 183
    3　データと回帰式 —— 184
       (1)　データ　184
       (2)　産業の異質性とデータの集計　185
       (3)　回帰式　187
    4　マルチ・コーン・モデルは日本の雁行形態的
       産業発展を説明できるか —— 189
       (1)　ベースラインの結果　189
       (2)　生産性成長を考慮するケース　191
       (3)　人的資本蓄積の効果　193
       (4)　コーンの数の拡張　194
    5　雁行形態的産業発展とヘクシャー＝オリーン・
       モデル —— 196

第 9 章　日本の比較優位はどこにあるのか ············ 199

  1　本書のまとめ —— 199
  2　比較優位から見た日本経済の課題 —— 203
  3　今後の研究の方向性 —— 205

あとがき　　209
初出一覧　　213
参考文献　　215
事項索引　　225
人名索引　　228

装丁　渡辺弘之

図目次

2-1	一人当たり GDP と非耐久消費財の純輸出比率、1970–2013 年	48
2-2	一人当たり GDP と資本財の純輸出比率、1970–2013 年	49
3-1	比較優位の法則と $\mathbf{p}^a\mathbf{T}$、$\mathbf{p}^f\mathbf{T}$ の関係	57
3-2	日本の開国と比較優位の法則	64
5-1	日本の貿易の熟練・非熟練労働コンテンツ（RSC）、1980–2009 年	105
5-2	熟練・非熟練労働コンテンツ（RSC）と純輸出比率（NXR）、1980–2009 年	106
5-3	日本の貿易の資本・労働コンテンツ（RCC）、1980–2009 年	118
7-1	製造業の都道府県別平均賃金、2000 年	144
7-2	一人当たり産出と資本・労働比率の関係：三財二要素モデル	146
7-3	図 7-2 から示唆される発展の経路	148
7-4	複数財のケース	148
7-5	発展の経路：二財モデル	159
7-6	発展の経路：三財モデル	160
7-7	発展の経路：四財モデル	161
7-8	発展の経路：人的資本を考慮するケース	164
7-9	発展の経路：三財モデル、賃金を考慮しないケース	166
7-10	一人当たり産出と資本・労働比率の関係：コブ＝ダグラス型生産関数のケース	172
8-1	雁行形態的産業発展	181
8-2	一人当たり産出と資本・労働比率の関係：三財二要素モデル	188
8-3	日本の雁行形態的産業発展：ベースラインの結果	190
8-4	日本の雁行形態的産業発展：生産性成長を考慮したケース	192
8-5	日本の雁行形態的産業発展：四財モデルのケース	195

表目次

1-1	比較優位と絶対優位：数値例（1）	5
1-2	比較優位と絶対優位：数値例（2）	5
1-3	比較優位と絶対優位：数値例（3）	6
1-4	比較優位と絶対優位：生産性の成長（1）	11
1-5	比較優位と絶対優位：生産性の成長（2）	12
1-6	比較優位と絶対優位：人口の成長（1）	13
1-7	比較優位と絶対優位：人口の成長（2）	13
1-8	労働投入係数と比較優位	23
2-1	日本の産業別輸入シェア：上位10産業（貿易財部門）、1980–2009年	32
2-2	日本の産業別輸出シェア：上位10産業（貿易財部門）、1980–2009年	34
2-3	日本の産業別輸入内需比率：上位10産業（貿易財部門）、1980–2009年	36
2-4	日本の産業別輸出生産比率：上位10産業（貿易財部門）、1980–2009年	37
2-5	日本の国・地域別輸入シェア：上位10カ国・地域（貿易財部門）、1980–2009年	40
2-6	日本の国・地域別輸出シェア：上位10カ国・地域（貿易財部門）、1980–2009年	41
2-7	後開発途上国（LDC）からの輸入：上位10産業（製造業）、1980–2009年	44
2-8	JIPデータベース2012の産業分類	51
3-1	日本の開国と比較優位の法則：データ	63
4-1	四つの定理に必要な仮定	76
5-1	日本の各産業の熟練労働のシェア、2009年	102
5-2	日本の貿易の熟練・非熟練労働コンテンツ（RSC）、1980–2009年	104
5-3	熟練・非熟練労働コンテンツの変化：要因分解、1980–2009年	107

5-4	日本の産業別輸入シェア：上位20産業（鉱業、製造業）、1994–2009年	109
5-5	日本の電気機械産業の輸入の相手国別シェア：東・東南アジア10カ国・地域、1994–2009年	110
5-6	日本の各産業の熟練労働のシェア、1980年	112
5-7	日本の各産業の資本集約度、2009年	113
5-8	記述統計	116
5-9	日本の貿易の資本・労働コンテンツ（RCC）、1980–2009年	119
6-1	エネルギー節約的産業：上位20産業、1980–2009年	126
6-2	エネルギー使用的産業：上位20産業、1980–2009年	127
6-3	日本の要素投入と輸出パターンの変遷、1980–2009年	129
6-4	日本の要素投入と輸入パターンの変遷、1980–2009年	130
6-5	日本の要素投入と純輸出パターンの変遷、1980–2009年	130
6-6	日本の要素投入と純輸出パターンの変遷：貿易相手国のちがい、1980–2009年	131
6-7	日本の要素投入と純輸出パターンの変遷：製造業、1980–2009年	132
6-8	産業別エネルギー集約度、1980–2009年	135
7-1	産業別都道府県別資本集約度	152
7-2	産業の資本集約度の都道府県間順位相関係数、2000年	154
7-3	発展の経路：ベースラインの推定結果	158
7-4	発展の経路：人的資本を考慮するケース	163
7-5	三財モデルの推定結果：賃金を考慮しないケース	165
7-6	都道府県別基本統計量	170
8-1	産業別資本集約度の変化、1975–2006年	186
8-2	日本の雁行形態的産業発展：ベースラインの結果	190
8-3	日本の雁行形態的産業発展：生産性成長を考慮したケース	192
8-4	日本の雁行形態的産業発展：人的資本を考慮したケース	194
8-5	日本の雁行形態的産業発展：コーンの数の拡張	196
8-6	産業の構成：四財モデルのケース	197

第 1 章

なぜいま比較優位か

- 本書は伝統的な国際貿易理論に基づき、1980 年から 2009 年までの 30 年にわたる日本の比較優位の変遷と源泉を明らかにしようと試みるものである。
- 本章では、比較優位とは何か、また、貿易や比較優位に注目する意義はどこにあるのかを説明する。
- 本章のポイントのひとつは、国際競争力（絶対優位）や国力と比較優位のちがいを正しく理解することにある。
- 一般に、国際競争力（絶対優位）を持たない財は輸出できないと考えられがちだが、これは間違っている。
- たとえ絶対優位をまったく持たない国であっても比較優位によって輸出することができ、また貿易から利益を得ることができる。

1 比較優位とは

> Samuelson（[1969]、p.99 より抜粋、筆者訳）
>
> 私が数学者スタニスラフ・ウラム（Stanislaw Ulam）とともにハーバード大学の研究員だった頃、彼に次のようにからかわれた。「社会科学の中で真実であり、自明でない命題を一つ挙げてみたまえ」。私はなかなかこの問いに答えられなかったが、約30年の時を経て、ふとその答えにたどり着く。それが「リカードの比較優位」だった。比較優位は論理的には数学者の前で議論をするまでもなく正しい。しかし、何千もの知的な要人たちが理解できず、また説明されても信じることができない命題である。

今日、日本の国際貿易がこれまでになく多くの人の関心を集めている。「環太平洋経済連携協定（Tran-Pacific Partnership: TPP）をめぐる交渉」、「拡大する貿易収支赤字」、「円安でも伸び悩む輸出」といったトピックが連日のように報道されている。これらのトピックはすべて、日本の貿易に関するものという点で共通している。天然資源の希少な日本は世界の中で最も貿易の恩恵を受けてきた国の一つであり、日本経済にとって国際貿易は生命線の一つである。たとえばTPPへの参加に賛否はあっても、多くの人は貿易のない生活、すなわち江戸時代の鎖国の頃の生活に戻りたいとは考えないだろう。

その一方で、昨今の貿易に関する報道や記事を目にすると、そもそも貿易がどのような要因で決まっているのかについて、実は誤解されているような印象を受ける。なぜなら、200年前に提示された重要な概念がほとんど無視されたままで議論が展開されているからだ。その重要な概念とは、本書のキーワードである「比較優位」である。比較優位とは何か。やや大雑把だが一言で表現すれば、「それぞれの国がつくれるものの中で、他のもの、そして他国と比べて、より得意な（効率よく）つくれる能力」である。

この比較優位という考え方は、英国の経済学者デービッド・リカード（David Ricardo）によって1817年に示された。貿易の利益を理解する上でなくては

ならない概念だが、冒頭のサミュエルソンのエピソードにあるように、その意味を理解するのは必ずしも簡単ではない。サミュエルソンが「説明されても信じることができない」と述べている理由の一つは、比較優位に基づく貿易を通じて、たとえ競争力がまったくない国であっても、貿易を通じて利益を受けることができるという点にある。

比較優位の理解を難しくしているのは、そもそもこの比較優位の「優位」という言葉に、すでに「比較」のニュアンスが含まれていることにある。後述する「絶対優位」は相手国の同じ産業との直接的な比較だが、比較優位は相手国の同じ産業との比較だけでなく自国内の異なる産業との比較も含まれる。相手国と自国内という二重の意味での「比較」が入っているために話がややこしくなっているのである。この比較優位の原理は国と国との間だけでなく人と人の間でも同様に成立する。この原理を直感的に理解するため、まずは社長と秘書の例から説明したい。

2 なぜ秘書室は必要か

> 松井（2012）
>
> 比較優位の理論は人を生かすための理論でもあります。私が以前見学したワイナリーでは知的障害者の方々がワイン蔵にあるワインのボトルを1日数回きっかり90度ずつ回転させたり、ブドウ畑で缶をたたいてカラスを追い払ったり、という作業を行っていました。キャリア選択でも自分を生かせる道を探さなければなりません。そして、比較優位の理論はその道が必ずあることを教えてくれています。

NKエージェントという会社を聞いたことがあるだろうか。映画『おくりびと』に出てきた納棺（**No-Kan**）師の会社である。この物語の主人公、小林大悟（本木雅弘）が入社する前は、社長の佐々木生栄（山崎努）と事務員の上村百合子（余貴美子）の二人で運営されていた。映画をご覧になるとおわかり頂けるように、社長はなかなかのやり手だ。しかし、なぜ事務員を雇

う必要があったのだろうか。単なる配役上の問題なのだろうか。それとも何か合理的な理由があるのだろうか。

映画から離れて現実に戻ってみよう。一般に、大企業には秘書室というものがある。たとえば、社長は秘書よりも事務能力が高いとしよう。すなわち、社長は秘書よりもずっと早くコピーを取ることができ、書類をまとめるのも早く、そして飛行機の予約も素早くできる。このとき、社長は秘書に対して事務仕事に**絶対優位**を持つといわれる。このような場合にも秘書室は必要なのだろうか。そうだとすれば、それはなぜだろうか。

社長が事務能力に絶対優位を持っていても、秘書室は必要と説明するのが、**比較優位の原理**である。社長の事務処理能力がいくら高くても、1日は24時間と決まっている。社長は会社の経営に専念することで、より大きな利益を生み出すことができる[1]。一方、秘書は会社の経営はできないものの、コピーや書類のまとめなど、事務処理はできる。秘書に事務処理を任せることで、二人合わせると結果的により多くの仕事をこなすことができるのである。このため、NKエージェントが社長と職員の二人で運営されていたことは、比較優位の原理から見れば理にかなっているといえる。

同じ理屈は貿易にも当てはまる。各国は労働力や（機械などの）資本設備を無限に有するわけではない。相手国と分業し貿易することで、相手国に比較優位のある財の生産を任せられ、そして自国に比較優位のある財を生産する。そうすると、世界全体で見れば、いずれの財の生産も拡大することになる。そして貿易を通じてこれらを分け合えば、自国だけでなく相手国も利益を得ることができる。

比較優位を理解する上で、このメカニズムは非常に重要なポイントである。若干教科書的になるが、松井（2012）に基づき、少し詳しく説明しよう。リカードは、たとえ英国のほうが毛織物の生産とワインの生産の両方において効率がよくても、労働力に限りがある以上、英国は毛織物の生産に労働者を

---

[1] ここでは説明を簡単にするため、コストの要因に立ち入らずに議論しているが、より厳密には、秘書を雇うコストを考慮する必要がある。このため、本章の補論、および第3章以降では、コストも考慮した最も厳しい競争環境（利潤がゼロとなる完全競争と呼ばれる状況）を想定した経済モデルを紹介する。そこでは、コストを考慮した厳しい競争条件の下でも、比較優位の原理は同様に成立することを説明する。

表 1-1 比較優位と絶対優位：数値例（1）

国	毛織物（t/人）	ワイン（kl/人）	人口（万人）
英国	4	3	3
ポルトガル	1	2	3

表 1-2 比較優位と絶対優位：数値例（2）

国	毛織物（人/t）	ワイン（人/kl）	人口（万人）
英国	1/4	1/3	3
ポルトガル	1	1/2	3

振り分け、ワインの生産はポルトガルに任せたほうがよいと主張した。なぜなら、英国は毛織物の生産に、ポルトガルはワインの生産にそれぞれ比較優位を持っているためである。

　この意味を数値例によって確認したい。まず、ひとりの労働者が生産できる量（労働生産性）は、毛織物なら英国が4トン、ポルトガルは1トン、ワインなら英国が3キロリットル、ポルトガルが2キロリットルとする。そして、英国、ポルトガルの労働者が3万人ずついるとしよう。これらの関係は表 1-1 のように表すことができる。

　この表を「毛織物とワイン一単位当たりに必要な人数」で表現すると、表 1-2 のように書き直すことができる。

　表 1-2 の各数値は、それぞれ、表 1-1 の逆数になっている。たとえば、毛織物1トンの生産には人が1/4人必要ということを意味している。労働生産性の逆数となっているため、値が小さければ小さいほど、生産性が高いことを意味している。この表より、英国は毛織物とワインの生産のいずれについても、ポルトガルと比べて生産効率が高いことがわかる。このようなとき、英国は毛織物とワインのいずれの生産のいずれにおいても絶対優位があるといわれる。

　ここで次の二つの問題を考えてみよう。

1. どちらの国も毛織物に2万人、ワインに1万人を振り分けると、どのような生産が可能になるだろうか。

表 1-3　比較優位と絶対優位：数値例（3）

国	貿易前・特化前		貿易前・特化後		貿易後・特化後	
	毛織物 (t)	ワイン (kl)	毛織物 (t)	ワイン (kl)	毛織物 (t)	ワイン (kl)
英国	4t×2万人 =8万t	3kl×1万人 =3万kl	4t×3万人 =12万t	0	9万t	3万5000kl
ポルトガル	1t×2万人 =2万t	2kl×1万人 =2万kl	0	2kl×3万人 =6万kl	3万t	2万5000kl
合計	10万t	5万kl	12万t	6万kl	12万t	6万t

2. 次に、リカードの主張に従い、英国が毛織物の生産に特化し、ポルトガルがワインの生産に特化するとしよう。このとき、両国の生産はどのように変わるだろうか。

一つめの問いの答えが表 1-3 の左側（貿易前・特化前）、二つめの問いの答えが中央（貿易前・特化後）になる。これら二つを比べてみると、両国合計の生産量が毛織物は 10 万トンから 12 万トンへ、ワインは 5 万キロリットルから 6 万キロリットルへ拡大していることがわかる。ここで、労働力人口に変化がないことに注意してほしい。つまり、各国の仕事の仕方を変えるだけで世界全体の生産量を増やすことができるのである。

いま、表 1-3 の右側のように、英国は生産した毛織物 12 万トンのうち、3 万トンをポルトガルに輸出し、代わりにポルトガルで生産されたワインのうち、3 万 5000 キロリットルを輸入するとしよう[2]。このとき、英国、ポルトガルのいずれの国においても、毛織物、ワインの両財の消費可能な量が特化前よりも拡大していることがわかる。すなわち、絶対優位のある英国だけでなく絶対優位のないポルトガルも比較優位によって輸出することができ、そ

---

[2] 説明を簡単にするため、ここではあらかじめ貿易量を決めた上で議論を進めているが、より一般的な設定の下では、貿易量そのものがどのように決まるかも含めて議論が可能である。この詳細に興味のある方は、たとえば伊藤・大山（1985）や木村（2000）などの標準的な国際経済学の教科書を参照してほしい。なお、貿易収支との関係に関心を持たれた方がいるかもしれないが、貿易収支の赤字黒字に関係なく、英国は毛織物に比較優位を持ち、ポルトガルはワインに比較優位を持つ。英国から見て、毛織物 3 万トンの輸出額がポルトガルのワイン 3 万 5000 キロリットルを上回れば貿易黒字、下回れば貿易赤字、一致すれば貿易収支均衡となる。標準的な貿易理論では長期の定常均衡に注目するため、以下では、特に断らない限り、各国の輸出による供給と輸入を通じた需要が一致した状況、すなわち貿易収支が均衡している状況を想定する。

して貿易を通じて利益を得ていることがわかる。

なぜこのようなことが可能なのだろうか。もう一度、表1-1に戻って、次の問題を考えてみよう。

- 各国において、どちらかといえば得意な（効率よくつくれる）財はどちらか。

英国では一単位の毛織物の生産に1/4人、ワインの生産に1/3人必要である。同じ一単位をつくるのであれば、毛織物の生産のほうが手をかけずに済むことがわかる。つまり、毛織物をより効率よくつくれる。このため、どちらかといえば得意なのは、毛織物であるといえる。同様に、ポルトガルでは一単位の毛織物の生産に1人、ワインの生産に1/2人必要である。つまり、同じ一単位をつくるのであれば、ワインの生産のほうが手をかけずに済む。このため、どちらかといえば得意なのはワインであるといえる。

この「どちらかといえば得意」な財が比較優位のある財を意味している。すなわち、英国は毛織物に比較優位を持ち、ポルトガルはワインに比較優位を持っている。そして、それぞれが比較優位のある財の生産に特化することで、生産量を拡大し交換（貿易）を通じて、生産効率の高い英国だけでなく、生産効率の低いポルトガルも、ともに利益を得ることができるのである[3]。この比較優位に注目している点がリカードの主張のポイントになっている。

以上は簡単な数値例だが、より一般的なかたちでも成立することが知られている。そして、このような経済モデルはリカード・モデルと呼ばれている。このリカード・モデルに興味を持たれた方は本章補論を参照してほしい。なお、この比較優位の原理は、国と国との間だけでなく、人と人の間でも同様に成立する。このため、何でもこなせる有能な社長でも、秘書を持つことでより多くの仕事をこなすことが可能になるのである。

---

[3] ここで、ポルトガルとワインがそれぞれ一つの財に特化している点（完全特化と呼ばれる）に違和感を覚えた読者もいるかもしれない。リカード・モデルではこのように完全特化が生じるが、これは単に非常にシンプルなモデルに基づいているからにすぎない。より複雑な（ある意味現実的な）ヘクシャー＝オリーン・モデルの下では、完全特化が起こらない状況（不完全特化と呼ばれる）でも同様の帰結を導くことができることが知られている。興味のある方は伊藤・大山（1985）や木村（2000）を参照のこと。

節頭の松井（2012）のエピソードが示すように、この比較優位の原理は、他人より秀でた能力を持たない人にも生きる道を開く原理ともいえる。仕事や共同作業で悩みを抱えている人にとっては、その仕事が好きかどうかという視点だけでなく、自分（の比較優位）を生かせているかどうかという視点も重要かもしれない。

3　貿易に注目する意義

> Krugman（[1993]、筆者訳）
> - ある企業家が新しいビジネスを始めた。それは、秘密の技術を利用して、国産の小麦や木材を高品質の消費財に変換するというものだった。企業家は、たちまち産業界の寵児として迎えられた。国内の競争相手は打撃を被ったが、すべての人が、それは自由な市場経済の代償として容認した。
> - しかし、企業家を取り巻く状況は一変する。報道記者が企業家が実際に行っていたことを暴露したためだ。企業家がやっていたのは、小麦や木材をアジアへと輸出し、そして工業品を輸入していたにすぎなかった。そしてそれ以降、企業家は国内の雇用を破壊するペテン師として非難された。

貿易に注目する重要性として、大きく三つの点が挙げられる。第一の意義は、戦後の日本の経済成長にとって、貿易が重要な役割を果たしてきたことである。たとえば伊藤（2005）は、戦争によって国土を破壊されたにもかかわらず経済成長を達成できた背後に、重工業化に必要な産業機械や原燃料の輸入があったことを指摘している（伊藤［2005］、p.272）。また、Ito（1992）も、戦後の日本の経済成長において、輸出が投資に次ぐ重要な役割を果たしていたことを、データによって確認している（Ito［1992］、p.289）。

第二の意義は、あまり知られていないことだが、実は貿易は技術進歩と同じ役割を持っていることである。すなわち、貿易は短期的には勝者だけでな

く敗者もつくる。しかし、長期的にはほぼすべての人が得をすることになる。そして、同じ投入からたくさんの産出を生み出すという意味で、貿易と技術進歩は区別がつかない（バウマン［2012］、7章）。

　この貿易と技術進歩の議論は節頭のエピソードと深く関連している。節頭のエピソードのポイントは三つある。ひとつは、貿易と技術進歩は区別がつかないことである。国産の小麦や木材をアジアへと輸出し工業品を海外から輸入しているということは、小麦や木材を工業品に変換する工場をアジアに持っていることと本質的には変わらない。事実、もし報道記者の暴露がなければ、それが秘密の技術によるものなのか、それとも貿易によるものなのか、外からは区別がつかない。輸出財を輸入財に変換するという意味で、貿易と技術進歩は同じ働きを持っているのである。

　二つめは、国内雇用への影響は、それが秘密の技術であっても貿易であっても、両者にちがいはないということである。技術進歩に伴い競合する職業が大なり小なり打撃を受けてきたという事実は、今に始まったことではない。このため、三つめとして、技術進歩の効果が賞賛されるのであれば、貿易の効果もまた同様に賞賛されるべき、ということになる。つまり、技術進歩を重要と考えるなら、貿易も同様に重要なのである。

　そして第三の意義は、開発途上国への援助という視点である。日本の経済発展が滞っているといっても、今なお世界で最も豊かな国の一つである。ところが、日本を含む豊かな国は開発途上国が比較優位を持ちやすい農業に高い貿易障壁を設ける傾向にある。豊かな国の政府が自国の農民に出す補助金は政府開発援助の平均4倍にのぼっていることから、多くの経済学者は、貧しい国を援助する最高の方法の一つが貿易だと考えている（バウマン［2012］、10章）。世界経済での日本の果たす役割を考えていく上でも、貿易は重要な意味を持っている。

　このように、貿易は日本経済の成長に重要な役割を果たしてきた。そして、貿易に技術進歩と同じ役割があることを踏まえると、貿易はこれからの日本経済にとっても重要な役割を果たしうるといえる。

　さらに、開発途上国への援助という意味でも、貿易は重要な意味を持つ。今なお貿易をめぐるトピックが連日のように報道されていることを踏まえる

と、将来の日本経済を考える上で、貿易に注目する意義は大きいといえる[4]。

4 比較優位に注目する意義

```
クルーグマン（[2009]、p.40）
1. アメリカを含めて世界のあらゆる国の生産性が、年に1％ずつ向上
   すると考えよう。僕らの生活水準はどうなるだろう。あらゆる国で、
   年率1％上がるよね。これにはみんな、すぐ賛成してくれると思う。
2. じゃあ、ほかの国がすべて生産性を3％上げて、アメリカだけが
   1％だったら？ アメリカ人の生活水準はどうなるでしょう。多く
   の人はすぐに、生活水準が停滞するか、へたすると下がると答える。
   競合できなくなるからって。ブーッ、残念でした。
```

（1） 産業（企業）の国際競争力と比較優位

これもよく誤解されることだが、国際競争力と比較優位は同じではない。仮にすべての財の国際競争力を失ったとしても、すべての財の比較優位を失うということは起こりえない。逆に、すべての財に国際競争力を得たとしても、すべての財に比較優位を持つということも起こりえない[5]。

議論を前に進める上で、まず、競争力、および国際競争力を定義しておこう。競争力を測る指標は様々だが、よく用いられているものの一つは、労働生産性だろう[6]。従業者一人当たりでより多くの生産のできる企業を、競争力のある企業とみなす、といった具合である。ここでも競争力は労働生産性

---

[4] なお、戸堂（2010）は、日本が輸出立国と言われているにもかかわらず、経済規模で見た輸出規模（輸出・GDP比率）が18％程度であり、諸外国と比べると非常に小さいと指摘している（イギリスの28％、フランスの26％、ドイツの47％、そして韓国53％）。これは、日本の輸出がさらに拡大する余地を残しているとも解釈できる。

[5] より厳密には、ある国がすべての財に国際競争力を持つということは、短期的には起こるかもしれないが、長期の定常均衡では起こり得ない。この詳細については、本章補論で議論する。

[6] このほかに、清水・佐藤（2014）のように、産業の輸出競争力を実質実効為替レートで捉えようとするものもある。ただし、実質実効為替レートはあくまで基準時点からの変化を見たものであり、絶対水準の比較ではない。このため、本書では競争力の指標とし

表 1-4　比較優位と絶対優位：生産性の成長（1）

国	毛織物（t/人）	ワイン（kl/人）	人口（万人）
英国	4	3	3
ポルトガル	5	10	3

によって測られるとする。すなわち、労働生産性の高い産業を競争力の高い産業とみなす。そうすると、国際競争力の有無は、この労働生産性の高低で捉えることができる。たとえば、日本の自動車産業の労働生産性が他の国の自動車産業の労働生産性より高ければ、日本の自動車産業は国際競争力を持つといえる。

　すでにお気づきかもしれないが、このように考えると、国際競争力があるかどうかは、結局、絶対優位があるかどうかという議論と同じである。言うまでもなく各国の競争力の向上は各国の絶対優位の向上に直結する、しかし、先に見たように、それが比較優位に結びつくとは限らない。この意味を先の英国とポルトガルの例に戻って考えてみよう。

　いま、毛織物、ワインの生産それぞれについて、ポルトガルの労働生産性が5倍に上昇したとしよう。このとき、表 1-1 のポルトガルの数値は表 1-4 のように書き直すことができる。

　すなわち、ポルトガルは毛織物とワインの両方において、英国の生産性を上回ることになる。国際競争力という言葉を用いれば、ポルトガルは毛織物とワインの両方において、英国の国際競争力を逆転したと言い換えることができる。

　それでは、英国は国際競争力を失うことで、ワインだけでなく毛織物についても比較優位を失ってしまうのだろうか。先と同様に、この表を「毛織物とワイン一単位当たりに必要な人数」によって次のように書き直してみよう。

　この表 1-5 から、英国は毛織物に比較優位を持ち、ポルトガルはワインに比較優位を持つという関係は何も変わらないことがわかる。言い換えれば、ある国がある財に国際競争力を得たからといって、その財に比較優位を持つ

て、労働生産性に注目している。なお、為替レートが比較優位に及ぼす影響は、本章補論で紹介する。

表 1-5 比較優位と絶対優位：生産性の成長 (2)

国	毛織物（人/t）	ワイン（人/kl）	人口（万人）
英国	1/4	1/3	3
ポルトガル	1/5	1/10	3

とは限らない。逆に、ある国がある財の国際競争力を失ったとしてもその財の比較優位を失うとも限らない。

比較優位に応じて特化が生じると世界全体のワインの生産量が拡大する。貿易パターンによっては、両国がさらに大きな恩恵を受けることになるが、それ以外は生産性の成長以前と何も変わらない。節頭でクルーグマンが「残念でした」と述べている理由はここにある。仮にすべての財の国際競争力を失っても、輸出に対して悲観的になる必要はないのである。

(2) 国力と比較優位

類似した議論に、産業ではなく国の競争力、あるいは国力といった指標がある。たとえばスイスのビジネススクール経営開発国際研究所（International Institute for Management Development: IMD）や世界経済フォーラム（World Economic Forum）が毎年発表する競争力ランキングはインフラや市場規模、マクロ経済環境、政府の透明性などの点から、各国の「国際競争力」を評価しようと試みたものである。同様に、世界銀行も企業活動に影響を及ぼす制度や規制を比較評価しようとしたビジネス環境ランキング（ease of doing business index）という指標を調査・発表している。さらに国際政治学のように、経済力以外に軍事や文化といった側面も考慮して国力というものを考えることもある。

これらの指標はそれぞれ興味深いものであり、分野によっては重要だが、本書で論じる比較優位とは異なる概念か、あるいは本書で扱う範囲を超えるものであることをお断りしておきたい。たとえば「国力」の向上がビジネス環境を意味するとしよう。この場合、国力の向上は既存企業の生産性を向上したり、より生産性の高い企業の参入を促すかもしれない。この結果は産業全体の生産性の成長というかたちで現れることになり、結局、表 1-4 のポルト

表 1-6　比較優位と絶対優位：人口の成長（**1**）

国	毛織物（t/人）	ワイン（kl/人）	人口（万人）
英国	4	3	3
ポルトガル	1	2	6

表 1-7　比較優位と絶対優位：人口の成長（**2**）

国	毛織物（人/t）	ワイン（人/kl）	人口（万人）
英国	1/4	1/3	3
ポルトガル	1	1/2	6

ガルの生産性成長の議論と同じ帰結になる。すなわち、「国力」の向上は絶対優位を意味しても、比較優位とは無関係であることがわかる。

　あるいは、「国力」は人口規模で測ることもできるかもしれない。たとえば、ポルトガルの人口が3万人から倍の6万人へと増加したとしよう。この結果、ポルトガルの人口は英国の人口の倍になる。このとき、英国の毛織物の比較優位は失われてしまうのだろうか。ポルトガルの人口が倍になると、表1-1は表1-6のように書き直すことができる。

　同様に、この表1-6を「毛織物とワイン一単位当たりに必要な人数」によって書き直してみると、表1-7のようになる。

　この表から、英国は毛織物に比較優位を持ち、ポルトガルはワインに比較優位を持つという関係は何も変わらないことがわかる。特化が生じると世界全体のワインの生産量が拡大する。貿易パターンによっては、両国がさらに大きな恩恵を受けることになるが、それ以外は人口の成長以前と何も変わらない。つまり、人口で測った「国力」の変化も比較優位の議論の本質にはまったく影響しないのである。

　このように、比較優位は企業の「競争力」や「国力」、あるいは「国の競争力」とは異なる概念である。競争力は実際のビジネスでは重要な概念だが、一国全体としては競争力がなくても輸出はできる。そもそも「国の競争力」という表現は誤解を招くため、国際経済学者は使用を控えたり、仮に使用するとしても極めて慎重になる。もちろん、ここでは考慮していない軍事的な「国力」の衝突が貿易に影響することは考えられるが、通常の経済活動が行われ

ない状況は本書で扱う範囲を超えることになる。

最後に本節の冒頭の疑問に対するクルーグマンの答えを抜粋して、本節を締めくくりたい。

クルーグマン（[2009]、pp.40–41）

正解は、アメリカの実質収入はあいかわらず年率1%で上昇する…つまり理屈から言えば、アメリカの生産性成長が外国より低くても、それ自体は問題ないってこと…実際問題としても、アメリカの生活水準のトレンドは、自分のとこの生産性成長で決まっているわけだ。そんだけ。国際競争なんか、何の関係もありゃしない。でも、そんなら、みんなが「アメリカの競争力」とか言っているのは、ありゃいったい何のことかって？答えはだねえ、残念ながら要するにそいつら、たいがいは自分が何言ってんだか、まるっきりわかっちゃいないってことよ。

5　本書の位置づけ

古沢（[2007]、p.27）

経済理論研究は常に、「モデルを現実に近づけたい」という理想と「モデルは解けるものではなくてはならない」という現実とのトレード・オフと闘っている。伝統的貿易理論から新貿易理論が生まれ、その基礎があったからこそ今「新」新貿易理論がある。モデルが現実を描写するという理想に一歩一歩近づいているのである。「新」新貿易理論の一つの方向性としては、企業間格差の源泉である生産性の違いを生み出す「超」ミクロ的要素をモデルに組み込み、生産性の違いをもモデル内で説明していくことだろう。経済理論は益々ミクロになっていく。

本書では主にヘクシャー＝オリーン・モデルと呼ばれる貿易理論に基づき議論を展開する。ヘクシャー＝オリーン・モデルとは、国際貿易が比較優位によって生じており、その源泉が各国の要素賦存の差にあると考える経済モデ

ルである。本節では、貿易理論の歴史を振り返りつつ、ヘクシャー＝オリーン・モデルの位置づけとそれに注目する意義を筆者なりに説明したい。

（1）　これまでの貿易理論の発展：四つの段階

リカード・モデル

これまでの貿易理論の発展は、大きく四つの世代にまとめられる。第一世代は先にも紹介したリカード・モデルであり、その歴史は 19 世紀初頭まで遡る。

リカード・モデルの特徴は、一つの生産要素、すなわち労働のみに注目し、比較優位の源泉を労働生産性の差に求めている点にある。相手国の同じ産業との生産性の格差（絶対優位のちがい）ではなく、自国内の異なる産業との相対的な格差（比較優位のちがい）が国際貿易を生む源泉となっているという主張である。このため、リカード・モデルでは労働生産性の差異が大きければ大きいほど貿易が生じることになる。

このリカード・モデルが正しいとすれば、生産性格差の小さい先進国間の貿易よりも生産性格差の大きい先進国と途上国の間の貿易のほうが大きくなるはずである。しかし、貿易を国のレベルでよく見てみると、先進国間、あるいは途上国間の貿易のほうが先進国と途上国の間の貿易よりも活発な傾向にある。言い換えれば、リカード・モデルでは、なぜ生産性格差の小さい国同士の貿易が活発なのかを説明できないことになる。

ヘクシャー＝オリーン・モデル

このリカード・モデルを発展させたのが第二世代のヘクシャー＝オリーン・モデルである。

ヘクシャー＝オリーン・モデルはスウェーデンの経済学者エリ・ヘクシャー（Eli Heckscher）の 1919 年の論文とベルティル・オリーン（Bertil Ohlin）の 1924 年の博士論文がもとになっている[7]。その特徴の一つは、労働だけ

---

[7]　ヘクシャーとオリーンの研究はともにスウェーデン語で書かれていたが、オリーンの研究は 1933 年にハーバード大学出版会から *Interregional and International Trade* として出版され、多くの人の注目を集めることとなった（その後、改訂版が 1967 年に Ohlin［1967］として出版されている）。

でなく資本という生産要素を考慮したことにある[8]。リカード・モデルでは比較優位の源泉は生産性の差異にあった。ヘクシャー＝オリーン・モデルは、たとえ二つの国の間で技術や選好がまったく同じであっても、それぞれの国が別の財に比較優位を持ちうることを示すことに成功している。そしてその比較優位の源泉は、資源をどれだけ持っているか、すなわち要素賦存のちがいにある。このモデルの詳細については第4章で説明する。

1960年頃から貿易のデータの整備が進み「どの国が何を輸出し、何を輸入しているのか」という情報をより詳細に把握することが可能になってきた。ヘクシャー＝オリーン・モデルは先進国間、あるいは途上国間の貿易が活発になる理由を論理的に説明することを可能にした。しかし、リカード・モデルもヘクシャー＝オリーン・モデルも、異なる財を貿易すること、つまり産業間貿易を前提としていた。ところがBalassa (1966) やGrubel and Lloyd (1971) らは、産業レベルの貿易を詳しく分析し、非常に細かな産業分類で見ても、同じ産業内での貿易、すなわち産業内貿易が起こっていることを明らかにした。これは、産業間貿易を前提とした標準的なヘクシャー＝オリーン・モデルでは説明することができない現象である。

クルーグマン＝ヘルプマンの「新」貿易理論

第三世代は、エルハナン・ヘルプマン（Elhanan Helpman）とポール・クルーグマン（Paul Krugman）が中心となって構築した「新」貿易理論という枠組みである。1980年頃から発展したモデルであり、標準的な国際貿易理論に不完全競争、規模の経済性、製品差別化を導入した[9]。

これらの概念を導入することで、産業間貿易だけでなく産業内貿易も同時に説明することに成功したのである。差別化された財と個々の企業を結びつ

---

[8] ただし、これらの研究は経済モデルとしては叙述的であり、モデルの前提や定理の導出という意味で厳密さに欠けていた。このヘクシャーとオリーンの標準的なモデル——二国、二財、二要素から成るモデル——を数理的に厳密に記述したのがポール・サミュエルソン（Paul Samuelson）である。このため、二国・二財・二要素のヘクシャー＝オリーン・モデルはヘクシャー＝オリーン＝サミュエルソン・モデルと呼ばれることもある。

[9] 「新」貿易理論のモデルの詳細に関心のある方は、Helpman and Krugman (1985) を参照してほしい。また、Davis (1995) は規模の経済性がなくても産業内貿易が生じることを理論的に説明している。

けることで、国際貿易に個々の企業という視点を取り入れることにも成功している（ただし、企業はそれぞれ差別化された財を生産するものの、生産性という面ではどの企業も同質的とされていた）。

1990年前後から世界各国で企業レベルのデータの整備が進む。「どの国が何を輸出し、何を輸入しているのか」という情報だけでなく「どのような企業が輸出を行っているか」という情報も利用可能になってくる。「新」貿易理論では、同じ産業のすべての企業が同様に貿易を行うことを前提としていた。ところが、貿易を企業のレベルで詳しく実証分析したAw and Hwang（1995）やBernard and Jensen（1999）の研究によって、同じ産業でも輸出をする企業と輸出をしない企業が混在していることが明らかにされた。さらに、輸出を行う企業は生産性が高いという傾向があることも世界各国で確認された。

メリッツ・モデル

第四世代はメリッツ・モデルと呼ばれるモデルであり、2000年初頭にMelitz（2003）によって提唱された。メリッツ・モデルは「新」貿易理論に企業の異質性、ここでは企業の生産性の差異を導入する。さらに国内生産と輸出で異なる固定費用がかかると考えることで、同じ産業であっても輸出企業と非輸出企業が混在すること、そして生産性が高くなるほど輸出企業になる確率が高くなることを論理的に説明することに成功した。「新」貿易理論を発展させたさらに新しい貿易理論として、「新」新貿易理論と呼ばれることもある[10]。そして近年は、メリッツ・モデルとヘクシャー＝オリーン・モデルを組み合わせるかたちで要素賦存と企業の異質性を考慮し、比較優位と企業の異質性を同時に考慮するという分析（Bernard et al.［2007］）へと広がりを見せている[11]。

---

[10] 「新」新貿易理論については田中（2015）を参照のこと。
[11] なお、本章で紹介した経済学者のうち、ポール・サミュエルソン、ベルティル・オリーン、ポール・クルーグマン、そして第4章で紹介するワシリー・レオンティエフはアルフレッド・ノーベル記念経済学スウェーデン国立銀行賞（ノーベル経済学賞）を受賞している（サミュエルソンは1970年、レオンティエフは1973年、オリーンは1977年、クルーグマンは2008年）。国際貿易の理論・実証分析に革新をもたらすことができれば、日本人にもノーベル経済学賞のチャンスが来るかもしれない。

(2) 本書でヘクシャー＝オリーン・モデルに注目する理由

このように貿易理論は第四世代まで突入しているのに、なぜ本書では第二世代のヘクシャー＝オリーン・モデルに注目するのか。その理由のひとつは、日本の貿易を過去に遡って分析が可能な点である。

ここで、貿易理論の世代交代はデータの整備の進展とともに生じていることに注意してほしい。節頭の古沢（2007）が指摘するように、貿易理論は産業から企業へとミクロ的要素をモデルに取り込むことで発展が進んでいる。たとえば、メリッツ・モデルは、企業レベルのデータの整備とともに生まれた。しかし、日本で企業レベルのデータが本格的に利用できるようになったのは 1990 年代半ば以降である。

たしかに、産業レベルのデータを用いた分析は、産業の中の細かいことまではわからないという難点がある。その一方で、一般に調査対象となる産業が一国全体とカバレッジが広く、長期にわたって利用ができるという利点もある。そして、ヘクシャー＝オリーン・モデルに基づく分析は産業レベルのデータに基づくものであり、日本の場合、1980 年代まで容易に遡ることができるのだ。

日本の貿易パターンが大きく変化したのは、1990 年代であることが Baldwin *et al.*（2014）らによって確認されており、日本の国際貿易の変遷を議論する上では、それ以前の 1980 年代を含めて分析することが重要な意味を持つ。さらに、一般的に、産業レベルのデータは（企業レベルのデータと比べて）比較的容易に入手可能なことから、ヘクシャー＝オリーン・モデルに基づく分析は研究者の裾野を広げるという点でも意義があるといえる。

6 本書の構成と範囲

> 安藤（[2013]、p.25）
>
> ランチを食べに行くとき、食券を買ってから食事をする先払いのケースもあれば、食べ終わってから支払いをする後払いのケースもあります。貿易黒字は先払いで食べること、また貿易赤字は先に食べて後で払うことに似ていますね。

　本書は大きく三部によって構成される。第Ⅰ部（2、3章）は、日本の貿易の変遷と比較優位の関係に関するものである。第2章で日本の貿易の変遷を概観し、第3章では、そもそも日本の貿易が比較優位に基づいていたのかについて考察する。

　第Ⅱ部（4、5、6章）は、ヘクシャー＝オリーン・モデルに基づく日本の貿易パターンの分析である。第4章ではヘクシャー＝オリーン・モデルの実証研究の背後にある、理論的な枠組みを説明する。教科書的な二国・二財・二要素のモデルだけでなく、多国・多財・多要素へ拡張したより一般的なモデルも説明する。ここでの説明を通じて、生産要素が生産に結びつき、それが比較優位の源泉となって国際貿易を生み出すメカニズムを紹介する。第5章では、第4章で紹介する二要素のモデルに基づき日本が熟練労働集約的な財を純輸出しているのかという疑問に注目する。ここで純輸出とは、輸出から輸入を引いたものとして定義される。第6章では複数要素を考慮したモデルに基づき、日本がエネルギー節約的な財を純輸出しているかという疑問に答える。

　第Ⅲ部（7、8章）はヘクシャー＝オリーン・モデルを拡張した分析を紹介する。第4章で見るように、ヘクシャー＝オリーン・モデルからは要素賦存と生産の関係についても重要な示唆（リプチンスキーの定理）を得ることができる。その一方で、多国・多財・多要素のヘクシャー＝オリーン・モデルは世界全体で要素価格が均等化するという厳しい前提の下で議論が進められていた。第Ⅲ部では、世界全体の要素価格均等化という前提を緩めたモデ

ルに基づき分析を進める。第 7 章は要素賦存と日本の各地域（都道府県）の産業構造の関係についての分析を紹介し、第 8 章は要素賦存と雁行形態的産業発展と呼ばれる日本の経済発展の関係を議論する。

最後に、第 9 章で本書を総括する。

第 2 章に入る前に本書で扱う範囲についてお断りしておきたい。まず、本書の分析は経済学の範囲に限定される。また、本書の分析は事実解明的な分析（positive analysis）であり、規範的分析（normative analysis）ではない。さらに、本書は主に日本の貿易を対象とするため貿易財産業に注目する。国際貿易を議論する上で重要なテーマだが本書では明示的に扱えなかったものとしては、貿易の利益、政治経済学やサービス貿易、国際労働移動、直接投資、オフショアリングなどがある。これらのいくつかのテーマについては優れた書籍が出版されているものもあり、そちらに議論を譲りたい[12]。

また、本書では、特に断らない限り、貿易収支の均衡を前提としたモデルに注目する。国際貿易の標準的な理論では、各国の貿易収支の不均衡が是正された長期の定常均衡に注目する。これは為替レートの変動といった短期的な問題には踏み込まないことを意味している[13]。もちろん、貿易収支の不均衡は重要な課題であり、また実証的にも問題になることがある。この点については第 3 章で詳しく説明する。

なお、これもしばしば誤解されていることだが、輸入が輸出を上回る状態、すなわち貿易赤字の状態は必ずしも悪いことではない。この理由を考えるため、いま、自国と外国の二つの国から成る世界を考えよう。自国と外国が貿易を行うとき、自国がある年に 100 万円分の輸出を外国にし、翌年それと同額の輸入を外国からしたとする。それ以外の輸出入がまったくないとすると、自国はある年は 100 万円の貿易黒字、翌年は 100 万円の貿易赤字となる。

これは言い換えれば、ある年に自国は外国に 100 万円を貸していて、翌年

---

[12] たとえば、日本のオフショアリングについては冨浦（2014）、直接投資については清田（2015）などを参照してほしい。

[13] なお、ここ数年、貿易収支赤字や円安と輸出の関係が注目されているが、この問題に興味のある方は、清水・佐藤（2014）やワインシュタイン（2014）などを参照のこと。

に自国は外国から100万円を借りている（返してもらっている）にすぎない。つまり、貸し借りがある状態を黒字、赤字と呼んでいるだけで、どちらがよい、あるいは悪いといった関係ではないことがわかる。

　節頭に引用した安藤（2013）が述べているように、先払いはランチを食べるまでは瞬間的に黒字、後払いは支払いをするまでは瞬間的に赤字の状態である。もちろん、先に食べるだけ食べて払わないと（食い逃げとなると）問題だが、そうでない限り先払いか後払いかは問題ではない。貿易黒字・赤字の問題も同様にそれ自体は問題ではないのである。

　日本の貿易と生産に関する研究には、山澤（1984）のような優れた書籍があるが、日本の比較優位そのものを正面から取り上げようとする試みは、筆者が知る限り、Balassa and Noland（1989a）と寺岡・植松（2011）を除いて行われていない。このうち Balassa and Noland（1989a）の研究は1967年から1983年を対象としており、最近の貿易パターンを論ずるのは難しい。また寺岡・植松（2011）は1992年から2005年のデータを用いているが、三要素以上の生産要素を同時に考慮した分析は行われておらず、いずれの分析も改善・拡張の余地を残していた。

　日本は、少子高齢化とともに、日本が何で食べていくか、すなわちどのような財を輸出して外貨を稼いでいくかという問題が喫緊の政策課題となっている。このような疑問を明らかにするためには、日本の比較優位がどのような要因に基づいて形成されているのか、そしてそれがどのように推移しているのかを明らかにすることが必要になってくる。また、比較優位の教科書的な説明を目にした人はいても、比較優位が具体的に日本の貿易とどのように結びついているのか、それがどのように変化しているのかを目にした人はそれほど多くないかもしれない。本書では、理論と実証をともに重視しつつ、これまでに見落とされていたこれらの関係に注目する。本書を通じて日本の比較優位の変遷と源泉を明らかにする。

7 補論 リカード・モデル

> 若杉（[2009]、p.14）
>
> 経済学では議論する内容の本質を明らかにするために、一見単純すぎるように見えるが、必要最小限の事柄に絞って議論を展開することが行われる。ある目的地に到達するために用意される地図は、詳細であればよいというものではない。原寸大の地図が地図として何の役にも立たないことを考えればこのことは理解されるだろう。目的地に到着するまでの行程に関する必要最小限の要素を織り込んだ地図が、最も優れた地図なのである。

本章では数値例に基づきリカード・モデルの比較優位について説明した。より一般的な議論に拡張するために、i 国 j 産業の労働投入係数を a_j^i と表すとする $(i = H, F)$ [14]。最も単純なリカード・モデルの設定は次のようなものである [15]。

1. 世界：二国（自国と外国）・二財・一要素（労働）から成る。財市場、要素市場ともに完全競争。
2. 生産：線形の生産関数。両国で生産性が異なる。
3. 消費：社会的無差別曲線も両国共通。そのほか、標準的な仮定を満たす（原点に向かって凸形など）。
4. 財の移動：国際間を自由に移動（貿易障壁、輸送費はともに無視できるほど小さい）。輸出と輸入は等しい（貿易収支は均衡）。
5. 生産要素の移動：生産要素は国内で（産業間を）自由に移動。国際間で

---

[14] 本書では、特に断らない限り、財と産業は同義であるとする。
[15] 次のような現実世界の抽象化は経済学を専門としない多くの人にとって、抵抗のあるものかもしれない。経済学者もこの点は認識しており、たとえば古沢（2007）は「貿易理論のみならず、経済学の理論研究は常にモデルの現実性とモデルの有用性とのトレード・オフに悩まされている」と述べている。モデルを抽象化する意義についてはすでに多くの経済学者が議論しているため、冒頭の引用にとどめ、ここでの議論は割愛する。

表 1-8　労働投入係数と比較優位

	産業 1	産業 2
自国（H）	a_1^H	a_2^H
外国（F）	a_1^F	a_2^F

は移動しない。

モデルの詳細は標準的な国際経済学の教科書——たとえば伊藤・大山（1985）や木村（2000）——に譲るとして、結論だけ述べると、比較優位の関係は次のように書くことができる。

いま、H 国と F 国の財の生産量を y_j^H, y_j^F と表し、それぞれに投入された労働量を L_j^H, L_j^F で表すとする。このとき、財一単位当たりの生産に必要な労働投入量は自国と外国でそれぞれ

$$a_j^H = \frac{L_j^H}{y_j^H} \quad a_j^F = \frac{L_j^F}{y_j^F} \qquad (j=1,2) \tag{1.1}$$

と表すことができる。a_j^H と a_j^F は労働投入係数と呼ばれている。労働生産性の逆数であることに注意すると、小さいほど労働生産性が高いことを意味している。この関係を表 1-2 に対応するかたちで表したのが次の表 1-8 である。

このとき、絶対優位と比較優位は次のように表現できる。

■ 絶対優位：次のような関係が成り立つとき、自国が $j(=1,2)$ 財に対して絶対優位を持つという。

$$a_j^H < a_j^F \tag{1.2}$$

■ 比較優位：次のような関係が成り立つとき、自国が 1 財に対して比較優位を持ち、外国が 2 財に対して比較優位を持つという。

$$\frac{a_1^H}{a_2^H} < \frac{a_1^F}{a_2^F} \quad \text{or} \quad \frac{a_1^H}{a_1^F} < \frac{a_2^H}{a_2^F} \tag{1.3}$$

次に、財の数が複数存在する場合を考えてみよう。多数財の場合（1, 2,

$\ldots, i, \ldots, N$)比較優位の関係は次のように書き直すことができる。

$$\frac{a_1^H}{a_1^F} < \frac{a_2^H}{a_2^F} < \ldots < \frac{a_j^H}{a_j^F} < \frac{a_{j+1}^H}{a_{j+1}^F} < \ldots < \frac{a_N^H}{a_N^F} \tag{1.4}$$

以下では、多財のケースの国際分業のメカニズムについて説明する。

いま、自国と外国の賃金をそれぞれ w^H（自国通貨表示）と w^F（外国通貨表示）で表す。議論を簡単にするため、ここでは賃金は所与の一定の値とする[16]。自国と外国の j 財の生産量をそれぞれ y_j^H、y_j^F で表すとする。また、j 財の価格を p_j（自国通貨表示）で表すとし、為替レートを e で表すとする。ここで、為替レートは外国通貨に対する自国通貨の比率である。そして、生産は労働のみで行われるとする。全体の労働者数を L、各財の生産に従事する労働者数を L_j で表すとする。ここで、$L_1 + L_2 + \ldots + L_N = L$ である。

このとき、自国 H と外国 F の生産パターンと為替レート、そしてコスト（ここでは賃金）の関係は次のようになる。

$$\frac{a_j^H}{a_j^F} < \frac{w^F e}{w^H} \left(= \frac{p_j}{p_{j+1}} \right) < \frac{a_{j+1}^H}{a_{j+1}^F} \tag{1.5}$$

この式は、ゼロ利潤の条件、および次の四つの条件から導かれる。

1. 自国 H で j 財を生産するための条件: $p_j y_j^H = w^H L_j^H \quad \rightarrow \quad p_j = w^H a_j^H$
2. 外国 F で j 財を生産しないための条件: $p_j y_j^F < w^F L_j^F e \quad \rightarrow \quad p_j < w^F a_j^F e$
3. 外国 F で $j+1$ 財を生産するための条件: $p_{j+1} y_{j+1}^F = w^H L_{j+1}^F \quad \rightarrow \quad p_{j+1} = w^F a_{j+1}^F e$
4. 自国 H で $j+1$ 財を生産しないための条件: $p_{j+1} y_{j+1}^H < w^F L_{j+1}^H e \quad \rightarrow$

---

[16] 賃金を所与の一定の値とすることは賃金を外生的に扱うと呼ばれる。一方、賃金そのものも同時に決まるようなメカニズムを記述することは内生的に扱うと呼ばれる。賃金を内生的に扱うとより幅広い現象を説明できるようになるという利点があるが、説明が一層複雑になるという難点もあるため、ここでは賃金の内生化については触れないことにする。興味のある方は伊藤・大山（1985）や木村（2000）などを参照のこと。

$$p_{j+1} < w^H a_{j+1}^H$$

j 財と $j+1$ 財は、比較優位を決める境界となっていることから境界財と呼ばれる。ここから、

$$\frac{a_1^H}{a_1^F} < \frac{a_2^H}{a_2^F} < \ldots < \frac{a_j^H}{a_j^F} < \frac{w^F e}{w^H} < \frac{a_{j+1}^H}{a_{j+1}^F} < \ldots < \frac{a_N^H}{a_N^F} \tag{1.6}$$

が得られる。自国 H は1財から j 財に比較優位を持ち、外国 F は $j+1$ 財から N 財に比較優位を持つ。1財から j 財までは自国のほうが一単位当たりの生産コストが安く、逆に $j+1$ 財から N 財までは外国のほうが一単位当たりの生産コストが安いためである。ここで、単に賃金が高いか低いかだけではなく、一単位当たりの生産量、すなわち労働生産性も影響していることに注意してほしい。

(1.6) 式より、境界財に近い財は比較優位となるかどうかは為替レートやコストの変動の影響を受けやすいことがわかる。言い換えれば、逆に境界財から離れるほど、為替レートやコストの変動の影響を受けにくくなる。そして境界財から離れるかどうかは自国と外国の労働生産性の格差によって決まっているのである。

(1.6) 式の注意点を二点述べておく。第一に、為替レートが財の範囲に収まらない場合、すなわち次のような場合、

$$\frac{w^F e}{w^H} < \frac{a_1^H}{a_1^F} \quad \text{or} \quad \frac{a_N^H}{a_N^F} < \frac{w^F e}{w^H} \tag{1.7}$$

どちらか一方の国がすべての財に競争力を持つことになる。しかし、このようなケースは貿易収支均衡の条件から外れるため、長期の定常均衡とはなり得ず、為替レートが何らかのメカニズムによって調整される必要が出てくる。たとえば、$a_N^H/a_N^F < w^F e/w^H$ の場合、自国が一方的にすべての財を輸出することになり、その結果、外国の通貨が自国に蓄積される。自国は最終的に外貨を自国通貨に戻す必要があり、外国の通貨を売って自国通貨を購入する。このとき、為替レートは自国通貨高に向かう、すなわち e が下落する。この自国通貨高により、最終的には $w^F e/w^H$ は $a_1^H/a_1^F < w^F e/w^H < a_N^H/a_N^F$

が満たされることになるのである。

　第二に、境界財を決める $w^F e/w^H = p_j/p_{j+1}$ は自国から見て、輸出財価格と輸入財価格の比率になっていることがわかる。これは**交易条件**と呼ばれている。交易条件が悪化すること、すなわち p_j/p_{j+1} が低下することは、自国が比較優位を持つ財が少なることを意味している。逆に、交易条件が改善すること、すなわち p_j/p_{j+1} が上昇することは、自国の比較優位を持つ財が多くなることを意味している。

第 I 部

わが国の貿易の変遷と比較優位

第 2 章

日本の国際貿易の変遷

- 本章では、日本の貿易がこれまでどのように推移してきたのか、また現状がどうなっているのかをデータによって確認する。
- 分析の対象期間は 1970 年から 2009 年までであり、主要な観測事実は次のようにまとめられる。
- 過去 30 年の輸出入の変遷を産業別で見てみると、天然資源（鉱業品）や繊維工業製品を輸入し、自動車、特殊産業機械、民生用電子・電気製品あるいは半導体素子・集積回路といった機械製品を輸出するというパターンが続いている。
- 輸出入に共通した主要な貿易相手国は米国や中国、韓国、ドイツであり、過去 30 年間ほぼ一貫している。
- 輸出生産比率、輸入需要比率とも、期間を通じて上昇しており、日本経済と諸外国との結びつきが強くなっていることを示唆している。

> 伊藤（[2005]、p.272）
>
> 戦後の国際貿易を原動力とする高度成長の恩恵を最も受けたのは日本だといってよい。戦争によって国土を破壊された戦後初期の日本にとって国内で生産できるものはごく限られていた。しかし、このような状況の下でも、繊維や雑貨などの軽工業品を輸出することで、重化学工業化に必要な産業機械や原燃料を輸入できたのである。貿易が可能でなかったなら、今日見るような日本の経済発展はほとんど不可能だっただろう。

1　過去30年を振り返る

比較優位と日本の貿易の関係を議論する上でまず確認すべきは、日本の貿易がこれまでどのように推移してきたのか、また現状がどうなっているのかという点だろう。

本章は日本のデータをもとに、日本の貿易パターンの変化を概観する。その目的は、次のような疑問を明らかにすることにある。日本はどの国と貿易をしているのか。また何を輸出し、何を輸入しているのか。そして、それは過去30年でどのように変わったのか。これらの疑問を明らかにすることで、日本の貿易パターンの系統的な傾向を見出す。

以下、次節では日本産業生産性データベース（Japan Industrial Productivity Database：以下、JIPデータベース）をもとに、日本の貿易パターンを産業別、相手国別に見ることで、過去30年の日本の輸出入の特徴を明らかにする。3節では国連の貿易データをもとに、日本と東・東南アジア諸国の貿易パターンの類似点、相違点を明らかにする。4節では諸外国との比較を行い、5節で本章の主要な観測事実をまとめる。

2　データ：JIPデータベース

本章の分析では、主にJIPデータベースを利用する。JIPデータベースは本章だけでなく、第5章から第8章でも利用するデータであるため、少し詳

しく説明しておきたい[1]。

　JIP データベースは日本の産業の生産性を計測することを目的として整備されたものである。本章で利用する 2012 年版のデータベースの特徴は、次のようにまとめられる[2]。

- 期間：1970 年から 2009 年まで。
- 産業分類：産業は製造業 52 分類、非製造業が 56 分類（日本標準産業分類をもとに、データの利用可能性に応じて独自に集計された分類）[3]。
- 利用できる情報：
    - 各年・産業の産出、資本、労働の実質値と名目値。
    - 108 部門から成る産業連関表（実質値ベースと名目値ベース）。
    - 相手国別の貿易データ（1980 年、1985 年、および 1988 年以降 2009 年まで）。
    - 職種別従業者の割合（1980 年以降）。

インフレやデフレなどの価格変化の影響を取り除くため、ここでは実質値（2000 年価格）を利用する。なお、産業別相手国別の輸出入額は名目値でしか利用できない。このため、産業ごとに各国の輸出入シェアを名目値を用いて計算し、対世界実質輸出入額にシェアを乗じることで、産業別相手国別実質輸出入額を計算している。

3　日本の貿易パターン：1980 年から 2009 年まで

(1)　主要な輸出入産業

　表 2-1 は日本の産業別輸入シェアの上位 10 産業をまとめたものである。この表の注目すべき点として、次の四つの点が挙げられる。

---

[1]　なお、章によって異なる年のバージョンのデータが利用されているのは、もとになる論文を執筆した時点が異なるため（執筆時点で最新のデータを利用していたため）である。
[2]　JIP データベースの詳細については深尾・宮川（[2008]、第 2 章）などを参照。
[3]　産業分類の詳細については、章末の表 2-8 を参照。

表 2-1 日本の産業別輸入シェア：上位 10 産業（貿易財部門），1980–2009 年

順位	1980 年 産業	シェア(%)	1985 年 産業	シェア(%)	1990 年 産業	シェア(%)	1995 年 産業	シェア(%)
1	鉱業	39.1	鉱業	29.4	鉱業	23.7	鉱業	23.1
2	石油製品	7.1	石油製品	7.9	石油製品	6.5	繊維工業製品	7.2
3	その他の耕種農業	4.6	非鉄金属製錬・精製	5.3	繊維工業製品	5.6	非鉄金属製錬・精製	4.3
4	非鉄金属製錬・精製	4.1	その他の耕種農業	4.7	非鉄金属製錬・精製	5.1	石油製品	4.3
5	繊維工業製品	3.9	繊維工業製品	4.1	その他の製造工業製品	5.0	水産食料品	4.0
6	林業	3.7	有機化学製品	3.9	有機化学製品	3.7	その他の製造工業製品	3.7
7	飲料	2.4	水産食料品	3.2	畜産食料品	3.4	畜産食料品	3.4
8	製材・木製品	2.1	その他の製造工業製品	2.8	製材・木製品	2.5	その他の耕種農業	3.1
9	有機化学製品	2.1	林業	2.8	製材・木製品	2.5	電子計算機・同付属装置	2.9
10	精密機械	2.0	畜産食料品	2.4	水産食料品	2.5	有機化学製品	2.7
	上位 10 計	71.1	上位 10 計	66.4	上位 10 計	60.5	上位 10 計	58.9

順位	2000 年 産業	シェア(%)	2005 年 産業	シェア(%)	2009 年 産業	シェア(%)
1	鉱業	19.0	鉱業	15.7	鉱業	24.5
2	繊維工業製品	6.8	電子計算機・同付属装置	11.0	繊維工業製品	6.3
3	電子計算機・同付属装置	6.6	電子計算機・集積回路	7.4	電子計算機・同付属装置	5.6
4	半導体素子・集積回路	5.0	半導体素子・集積回路	6.3	半導体素子・集積回路	4.9
5	石油製品	4.1	繊維工業製品	3.2	石油製品	3.5
6	その他の製造工業製品	3.5	電子部品	3.1	その他の製造工業製品	2.8
7	非鉄金属製錬・精製	3.4	民生用電子・電気機器	3.0	有機化学製品	2.8
8	水産食料品	3.2	石油製品	3.0	民生用電子・電気機器	2.6
9	畜産食料品	2.9	精密機械	2.8	非鉄金属製錬・精製	2.5
10	その他の耕種農業	2.7	非鉄金属製錬・精製	2.6	精密食料品	2.4
	上位 10 計	57.1	上位 10 計	58.0	上位 10 計	57.7

注：シェアは貿易財部門（JIP データベースの産業分類の 1～59）の輸入の合計額に対する比率である。上位 10 計は上位 10 産業のシェアの合計値。
出所：JIP データベース 2012 に基づき筆者作成。

第一に、日本の産業の中で輸入シェアが最も大きいのは鉱業となっている点である。鉱業のシェアは1980年の39.1％から2009年の24.5％へと低下しているが、期間を通じて一貫して輸入シェア第1位を維持している。鉱業には原油や天然ガスなどの天然資源が含まれることから、この結果は、日本が天然資源輸入国であることを改めて確認するものである。

　第二に、日本の主要な輸入品は石油製品、非鉄金属製錬・精製、そして繊維工業製品となっている点である。これらの産業は、1980年から2009年までの間、輸入シェア上位10産業に含まれていることが確認できる。

　第三に、1990年代半ばからは、電子計算機・同付属装置、そして2000年頃からは半導体素子・集積回路の輸入シェアが急速に高まっている点である。2009年の時点で、電子計算機・同付属装置のシェアは5.6％、半導体素子・集積回路は4.9％となっており、鉱業（24.5％）、繊維工業品（6.3％）に次いでそれぞれ第3位と第4位の輸入シェアとなっている。

　そして第四に、JIPデータベースの59の貿易財の産業分類のうち、上位10産業の占める割合が期間を通じて50％を超えている点である。つまり、上位10の産業で、日本の輸入の半分以上を説明できることになる。ただし、上位10産業の占める割合は1980年の71.1％から2009年の57.7％へと低下しており、輸入する製品が多様化していることを示唆する結果となっている。

　次に、輸出について見てみよう。表2-2は日本の産業別輸出シェアの上位10産業をまとめたものである。この表より、次の三つの興味深い事実を確認することができる。第一に、日本の主要な輸出品は自動車、自動車部品・同付属品、そして特殊産業機械となっている点である。これらの三つの産業は、一貫して上位5以内に位置している。特に自動車は、1985年以降、1位の座を維持している。この結果は、1985年半ば以降、日本の主要な輸出品が自動車であることを確認するものである。なお、特殊産業機械とは、主に生産用機械器具を意味しており、産業用ロボットや金属加工機械、半導体製造装置などが含まれる（深尾・宮川［2008］、表2-2）。

　第二に、時間を通じて上位10位に入ってきた産業、逆に上位10位から外れた産業がある点である。たとえば1980年時点で輸出シェアの4.9％を占め

34　第 I 部　わが国の貿易の変遷と比較優位

表 2-2　日本の産業別輸出シェア：上位 10 産業（貿易財部門）、1980-2009 年

順位	1980 年 産業	シェア (%)	1985 年 産業	シェア (%)	1990 年 産業	シェア (%)	1995 年 産業	シェア (%)
1	自動車部品・同付属品	12.4	自動車	14.1	自動車	18.6	自動車	14.4
2	自動車	12.2	自動車部品・同付属品	12.8	特殊産業用機械	8.5	特殊産業用機械	9.4
3	その他の鉄鋼	9.2	特殊産業用機械	8.4	自動車部品・同付属品	7.9	自動車部品・同付属品	7.6
4	特殊産業用機械	8.1	その他の輸送用機械	7.2	電子計算機・同付属装置	5.3	電子計算機・同付属装置	5.9
5	その他の輸送用機械	7.9	その他の鉄鋼	6.4	民生用電子・電気機器	5.3	半導体素子・集積回路	5.3
6	繊維工業製品	4.9	民生用電子・電気機器	4.5	その他の輸送用機械	5.2	一般産業機械	5.3
7	一般産業機械	4.6	精密機械	3.8	一般産業機械	4.9	その他の輸送用機械	4.2
8	精密機械	4.0	重電機器	3.5	精密機械	3.8	その他の鉄鋼	3.8
9	民生用電子・電気機器	3.5	一般産業機械	3.4	その他の鉄鋼	3.8	有機化学製品	3.8
10	重電機器	3.3	電子応用装置・電気計測器	3.2	重電機器	3.3	重電機器	3.8
上位 10 計		70.1		67.4		66.5		63.5

順位	2000 年 産業	シェア (%)	2005 年 産業	シェア (%)	2009 年 産業	シェア (%)
1	自動車	14.7	自動車	14.7	自動車	13.6
2	特殊産業用機械	9.2	半導体素子・集積回路	9.2	半導体素子・集積回路	10.2
3	半導体素子・集積回路	8.1	特殊産業用機械	8.1	特殊産業用機械	8.2
4	自動車部品・同付属品	6.2	自動車部品・同付属品	6.2	自動車部品・同付属品	6.7
5	電子計算機・同付属装置	5.7	電子部品	5.7	その他の鉄鋼	6.0
6	電子部品	5.5	電子計算機・同付属装置	5.5	電子部品	5.8
7	その他の電気機器	4.4	民生用電子・電気機器	4.4	有機化学製品	5.2
8	その他の輸送用機械	4.2	その他の電気機器	4.2	電子計算機・同付属装置	4.7
9	有機化学製品	3.9	その他の輸送用機械	3.9	その他の輸送用機械	4.5
10	民生用電子・電気機器	3.8	一般産業機械	3.8	その他の電気機器	4.0
上位 10 計		65.6		62.3		69.0

注：シェアは貿易財部門（JIP データベースの産業分類の 1～59）の輸出の合計額に対する比率である。上位 10 計は上位 10 産業のシェアの合計値。
出所：JIP データベース 2012 に基づき筆者作成。

輸出産業の第6位につけていた繊維工業製品は、2009年時点では輸出シェアのわずか0.8%になっており、上位10位から外れている。一方、1980年時点で輸出シェアのわずか0.3%で上位10位に入っていなかった半導体素子・集積回路は、2009年時点では輸出シェアの8.4%と、自動車に次ぐ第2位まで順位を伸ばしている。

そして第三に、上位10産業の占める割合が期間を通じて60%を超えている点である。つまり、日本の輸出の約三分の二は上位10産業で説明できることになる。これは輸入と比べて、高い値である。ただし、輸入と同様に、上位10産業のシェアは1980年の70.1%から2009年の62.3%へと低下しており、輸出する製品も多様化が進んでいることを示唆する結果となっている。

表2-1と表2-2はそれぞれ日本の輸入と輸出に占める各産業のシェアを見たものであり、各産業の需要や生産の規模は考慮していなかった。ここで、各産業における需要や生産の規模を考慮した値、すなわち国内需要に占める輸入の割合や生産に占める輸出の割合に興味を持った方がいるかもしれない。そこで輸入内需比率と輸出生産比率の高い10産業をまとめたのが、それぞれ表2-3と表2-4である。ここで輸入内需比率とは国内需要に占める輸入の割合であり、輸入÷(産出 − 輸出 + 輸入)として定義されるものである。また、輸出生産比率とは、国内生産に占める輸出の割合であり、輸出÷産出として定義されるものでる。

表2-3より、次の三つの事実が確認できる。第一に、輸入内需比率で見ても、鉱業は観測期間を通じて一環して第1位となっている点である。さらに、鉱業の輸入内需比率は1980年の73.0%から2009年の92.0%へと拡大している。この結果は、天然資源のほとんどが外国からの輸入で賄われていることを意味している。しかも、表2-1より、その規模は極めて大きい。

第二に、時間を通じて上位10位に入ってきた産業、逆に上位10位から外れた産業がある点である。たとえば非鉄金属製錬・精製は1980年から、皮革・皮革製品・毛皮は1985年頃から、そして精密機械と半導体素子・集積回路は1995年頃から、継続して上位10産業に入っている。1980年から1990年まで第3位に位置していた林業はその後順位を下げ、2000年頃には上位10位から外れてしまっている。

表 2-3 日本の産業別輸入内需比率：上位 10 産業（貿易財部門）、1980-2009 年

順位	1980 年 産業	シェア (%)	1985 年 産業	シェア (%)	1990 年 産業	シェア (%)	1995 年 産業	シェア (%)
1	鉱業	73.0	鉱業	73.0	鉱業	75.8	鉱業	84.5
2	非鉄金属製錬・精製	39.7	非鉄金属製錬・精製	45.8	非鉄金属製錬・精製	53.2	非鉄金属製錬・精製	55.0
3	林業	37.3	林業	31.1	皮革・皮革製品・毛皮	31.3	皮革・皮革製品・毛皮	37.2
4	電子計算機・同付属装置	26.4	その他の耕種農業	14.4	林業	28.0	半導体素子・集積回路	34.6
5	半導体素子・集積回路	17.8	水産食料品	12.0	皮革・皮革製品・毛皮	20.2	林業	24.0
6	精密機械	14.4	その他の製造工業製品	11.6	その他の製造工業製品	16.3	水産食料品	22.4
7	水産食料品	14.1	石油製品	10.8	漁業	15.7	その他の製造工業製品	20.9
8	皮革・皮革製品・毛皮	11.4	皮革・皮革製品・毛皮	10.7	たばこ	15.2	電子計算機・同付属装置	20.1
9	その他の輸送用機械	11.0	その他の耕種農業	10.5	電子計算機・同付属装置	15.2	精密機械	20.0
10	その他の製造工業製品	10.1	有機化学製品	10.4	石油製品	14.8	畜産食料品	19.2
	全産業	7.9	全産業	7.1	全産業	8.8	全産業	10.9

順位	2000 年 産業	シェア (%)	2005 年 産業	シェア (%)	2009 年 産業	シェア (%)
1	鉱業	83.9	鉱業	86.3	鉱業	92.0
2	非鉄金属製錬・精製	52.4	皮革・皮革製品・毛皮	60.8	非鉄金属製錬・精製	62.8
3	皮革・皮革製品・毛皮	46.3	半導体素子・集積回路	60.5	皮革・皮革製品・毛皮	61.8
4	半導体素子・集積回路	38.2	非鉄金属製錬・精製	54.7	繊維工業製品	47.5
5	電子計算機・同付属装置	34.9	繊維工業製品	43.9	精密機械	34.2
6	繊維工業製品	29.2	電子計算機・同付属装置	41.9	電子応用装置・電気計測器	32.4
7	精密機械	25.9	精密機械	36.7	有機化学製品	27.6
8	水産食料品	25.8	その他の製造工業製品	30.4	その他の製造工業製品	27.0
9	製材・木製品	22.1	電子応用装置・電気計測器	29.9	半導体素子・集積回路	26.9
10	その他の製造工業製品	21.5	水産食料品	27.1	製材・木製品	24.3
	全産業	12.8	全産業	16.3	全産業	16.2

注：輸入内需比率とは、国内需要に占める輸入の割合であり、輸入÷（産出－輸出＋輸入）として定義される。輸入内需比率は、各産業ごとに実質値を利用して求めた。また、全産業は貿易財部門（JIP データベースの産業分類の 1〜59）の総額から求めた。

出所：JIP データベース 2012 に基づき筆者作成。

第2章　日本の国際貿易の変遷

表 2-4　日本の産業別輸出生産比率：上位10産業（貿易財部門），1980–2009年

順位	1980年 産業	シェア (%)	1985年 産業	シェア (%)	1990年 産業	シェア (%)	1995年 産業	シェア (%)
1	その他の輸送用機械	34.2	その他の輸送用機械	39.9	電子計算機・同付属装置	39.2	半導体素子・集積回路	50.7
2	半導体素子・集積回路	26.2	電子計算機・同付属装置	38.3	自動車	32.3	自動車	32.9
3	精密機械	25.4	電子応用装置・電気計測器	36.2	半導体素子・集積回路	31.8	電子計算機・同付属装置	32.4
4	電子計算機・同付属装置	25.2	自動車	32.2	その他の輸送用機械	30.1	精密機械	30.3
5	自動車	24.2	半導体素子・集積回路	31.2	精密機械	23.2	その他の輸送用機械	28.6
6	自動車部品	23.4	事務用・サービス用機械	30.2	通信機器	22.8	特殊産業機械	27.1
7	民生用電子・電気機器	23.0	精密機械	26.9	民生用電子・電気機器	22.4	重電機器	21.5
8	事務用・サービス用機械	22.4	民生用電子・電気機器	26.8	特殊産業機械	17.6	化学繊維	20.6
9	通信機器	20.9	自動車部品・同付属品	24.1	事務用・サービス用機械	16.6	通信機器	19.6
10	化学繊維	19.1	特殊産業機械	22.2	化学繊維	16.3	電子応用装置・電気計測器	19.6
	全産業	8.1	全産業	9.8	全産業	8.6	全産業	10.3

順位	2000年 産業	シェア (%)	2005年 産業	シェア (%)	2009年 産業	シェア (%)
1	半導体素子・集積回路	51.8	半導体素子・集積回路	70.9	非鉄金属製錬・精製	48.9
2	自動車	41.5	電子応用装置・電気計測器	48.2	自動車	47.6
3	特殊産業機械	33.6	自動車	44.3	有機化学製品	42.1
4	その他の輸送用機械	33.5	その他の電気機器	44.1	電子応用装置・電気計測器	41.9
5	電子計算機・同付属装置	33.0	その他の輸送用機械	42.4	半導体素子・集積回路	40.8
6	電子応用装置・電気計測器	31.5	化学繊維	37.4	その他の電気機器	36.6
7	その他の電気機器	29.4	特殊産業機械	37.0	精密機械	35.4
8	精密機械	28.9	有機化学製品	36.0	特殊産業機械	33.6
9	重電機器	27.6	精密機械	35.2	その他の輸送用機械	33.3
10	化学繊維	25.9	重電機器	34.3	重電機器	32.7
	全産業	14.1	全産業	18.7	全産業	17.9

注：輸出生産比率とは，国内生産に占める輸出の割合であり，輸出÷産出として定義される。輸出産出率は，各産業ごとに実質値を利用して求めた。また，全産業は貿易財部門（JIPデータベースの産業分類の1–59）の総額から求めた。

出所：JIPデータベース2012に基づき筆者作成。

第三に、全産業で見ると、輸入内需比率は拡大している点である。輸入内需比率は 1980 年の 7.9% から 2009 年には 16.2% まで上昇している。この結果は、日本全体で、国内需要に占める輸入の割合が拡大していることを意味している。

次に、表 2-4 の輸出生産比率を見てみよう。この表の注目すべき点は、次の三つである。一つめは、自動車、半導体・集積回路、そして特殊産業機械はほぼ一貫して上位 10 産業に位置している点である。そしてこれらの輸出生産比率は上昇傾向にある。たとえば自動車は 1980 年の 24.2% から 2009 年には 47.6% へと拡大している。つまり、国内で生産された自動車の約半分は輸出に向かっているのである。また、半導体素子・集積回路は 1980 年の 26.2% から 2005 年に 70.9% まで上昇しているが、2009 年は 40.8% まで落ち込んでいる。この落ち込みには、世界金融危機が影響しているのかもしれない。

二つめは、時間を通じて上位 10 位に入ってきた産業、逆に上位 10 位から外れた産業がある点である。たとえば民生用電子・電気機器は 1980 年には 23.0% と第 7 位に位置していたが、1995 年頃から上位 10 産業から姿を消している。代わって、1995 年から電子応用装置・電子計測器が上位 10 産業に入っており、2009 年には 41.9% と第 4 位になっている。

そして三つめとして、全産業で見ると、輸出生産比率も拡大している点である。輸出産出比率は 1980 年の 8.1% から 2009 年には 17.9% まで上昇している。輸入需要比率と同様に、国内生産に占める輸出の割合も拡大しているといえる。

なお、輸入内需比率と輸出生産比率の関係が気になった方がいるかもしれない。実は、国内生産 Y と輸入 M が一定なら、輸出生産比率の上昇は輸入内需比率の上昇にもつながる。いま、輸出を X、輸入を M、国内生産を Y で表すとすると、輸入内需比率は $M/(Y-X+M)$、輸出生産比率は X/Y と表すことができる。ここで、輸入内需比率は

$$\frac{M}{Y-X+M} = \frac{M}{Y\left(1-\frac{X}{Y}\right)+M} \tag{2.1}$$

と書き直すことができる。このため、国内生産 Y と輸入 M が一定なら、輸出生産比率 X/Y が上昇すると、輸入内需比率 $M/(Y-X+M)$ は上昇す

ることがわかる。

（2） 主要な貿易相手国

それでは、日本の主要な貿易国はどの国・地域だろうか。表 2-5 と表 2-6 はそれぞれ日本の輸入と輸出の相手国上位 10 カ国・地域をまとめたものである。まず、表 2-5 の輸入に注目してみると、次の三点が興味深い点として挙げられる。第一に、最大の輸入相手国は 2000 年までは米国だったが、2000 年代半ば以降は中国へと変わっている点である。米国のシェアは 1980 年の 19.7％から 2009 年は 10.9％まで低下している。一方、中国のシェアは 1980 年はわずか 3.1％だったが、2009 年には 24.6％まで拡大している。

第二に、輸入相手国が非常に安定している点である。中国、米国、オーストラリア、サウジアラビア、韓国、アラブ首長国連邦、インドネシア、ドイツの 8 カ国は、1980 年から 2009 年の間、一貫して上位 10 カ国に入っている。さらに、台湾も 1985 年以降は継続して上位 10 カ国・地域に入っている。10 カ国・地域内での順位の変動はあるものの、これらの 9 カ国・地域が過去 30 年間の日本の主要な輸入相手国といえる。

そして第三に、これらの上位 10 カ国の輸入シェアの割合がわずかに拡大している点である。上位 10 カ国のシェアは 1980 年の 63.2％だったが、その後少しずつ上昇し、2009 年には 66.9％に達している。この結果は、日本の輸入の三分の二は、上位 10 カ国・地域によって説明できることを意味している。

次に、表 2-6 の輸出に目を向けてみよう。輸出についても、輸入と同様の三つの傾向が確認できる。第一に、最大の輸入相手国は 2005 年までは米国だったが、2000 年代後半には中国へと変わっている。米国のシェアは 1985 年の 35.2％から 2009 年は 17.3％まで低下している。一方、中国のシェアは 1985 年は 7.1％だったが、2009 年には 18.8％まで拡大している。

第二に、輸出相手国も安定している。中国、米国、韓国、香港、ドイツ、台湾の 6 つの国・地域は、中国の天安門事件直後の 1990 年を除けば、一貫して上位 10 カ国・地域に入っている。さらに、シンガポールとタイは、1990 年以降、継続して上位 10 カ国・地域に入っている。輸入と同様に 10 カ国・地域内での順位の変動はあるものの、これら 8 カ国・地域が過去 30 年間の

表 2-5 日本の国・地域別輸入シェア：上位 10 カ国・地域（貿易財部門），1980-2009 年

順位	1980 年	シェア(%)	1985 年	シェア(%)	1990 年	シェア(%)	1995 年	シェア(%)
1	米国	19.7	米国	22.3	米国	22.0	米国	20.6
2	サウジアラビア	11.6	サウジアラビア	6.5	インドネシア	5.6	中国	10.4
3	インドネシア	7.9	インドネシア	6.2	韓国	5.3	オーストラリア	5.1
4	アラブ首長国連邦	4.6	アラブ首長国連邦	5.2	中国	5.2	インドネシア	5.0
5	オーストラリア	4.5	オーストラリア	5.1	オーストラリア	5.1	韓国	4.6
6	カナダ	3.5	中国	4.8	ドイツ	5.0	アラブ首長国連邦	4.4
7	中国	3.1	韓国	3.9	サウジアラビア	4.9	サウジアラビア	4.2
8	韓国	2.9	カナダ	3.8	アラブ首長国連邦	4.1	ドイツ	3.7
9	ドイツ	2.8	台湾	3.4	台湾	3.8	台湾	3.6
10	英国	2.7	ドイツ	3.3	カナダ	3.4	カナダ	3.1
上位 10 計		63.2	上位 10 計	64.5	上位 10 計	64.1	上位 10 計	64.5

順位	2000 年	シェア(%)	2005 年	シェア(%)	2009 年	シェア(%)
1	米国	19.0	中国	25.6	中国	24.6
2	中国	14.8	米国	13.8	米国	10.9
3	韓国	5.4	韓国	5.3	オーストラリア	5.7
4	台湾	4.5	台湾	4.5	サウジアラビア	4.7
5	インドネシア	4.3	サウジアラビア	3.6	韓国	4.1
6	アラブ首長国連邦	4.0	ドイツ	3.5	アラブ首長国連邦	3.7
7	オーストラリア	3.9	タイ	3.4	インドネシア	3.7
8	サウジアラビア	3.8	オーストラリア	3.4	台湾	3.5
9	マレーシア	3.7	インドネシア	3.3	ドイツ	3.1
10	ドイツ	3.4	アラブ首長国連邦	3.2	タイ	3.0
上位 10 計		66.7	上位 10 計	69.7	上位 10 計	66.9

注：シェアは貿易財部門（JIP データベースの産業分類の 1～59）の輸入の合計額に対する比率である。上位 10 計は上位 10 カ国・地域のシェアの合計値。
出所：JIP データベース 2012 に基づき筆者作成。

第 2 章 日本の国際貿易の変遷　41

表 2-6　日本の国・地域別輸出シェア：上位 10 カ国・地域（貿易財部門）、1980–2009 年

順位	1980 年	シェア(%)	1985 年	シェア(%)	1990 年	シェア(%)	1995 年	シェア(%)
1	米国	22.3	米国	35.2	米国	30.8	米国	26.8
2	韓国	4.2	中国	7.1	韓国	6.4	韓国	7.2
3	中国	4.2	韓国	4.1	ドイツ	5.8	台湾	6.4
4	サウジアラビア	4.1	香港	3.6	台湾	5.5	香港	6.1
5	台湾	4.0	ドイツ	3.5	香港	4.3	中国	5.1
6	ドイツ	3.7	オーストラリア	3.1	英国	3.6	シンガポール	4.8
7	香港	3.6	台湾	3.0	シンガポール	3.5	タイ	4.6
8	シンガポール	3.0	パナマ	2.8	タイ	3.4	ドイツ	4.5
9	インドネシア	3.0	カナダ	2.5	オーストラリア	2.5	マレーシア	3.6
10	オーストラリア	2.6	英国	2.5	カナダ	2.4	英国	3.2
	上位 10 カ国計	54.9	上位 10 カ国計	67.4	上位 10 カ国計	68.2	上位 10 カ国計	72.3

順位	2000 年	シェア(%)	2005 年	シェア(%)	2009 年	シェア(%)
1	米国	29.5	米国	22.6	中国	18.8
2	台湾	7.5	中国	13.2	米国	17.3
3	韓国	6.4	韓国	7.5	韓国	8.0
4	中国	6.4	台湾	7.3	台湾	6.2
5	香港	5.6	香港	6.5	香港	5.6
6	シンガポール	4.3	タイ	3.8	タイ	4.0
7	ドイツ	4.1	ドイツ	3.3	シンガポール	3.3
8	英国	3.1	シンガポール	3.3	ドイツ	3.0
9	マレーシア	2.9	オランダ	2.6	オランダ	2.5
10	タイ	2.9	英国	2.6	オーストラリア	2.2
	上位 10 カ国計	72.6	上位 10 カ国計	72.6	上位 10 カ国計	70.9

注：シェアは貿易財部門（JIP データベースの産業分類の 1〜59）の輸入の合計額に対する比率である。上位 10 カ国計は上位 10 カ国・地域のシェアの合計値。
出所：JIP データベース 2012 に基づき筆者作成。

日本の主要な輸出相手国になっているといえる。

　第三に、上位 10 カ国・地域のシェアが急速に上昇している点である。上位 10 カ国・地域のシェアは 1980 年には 54.9％だったが、2009 年には実に 70.9％に達している。日本の輸出の 7 割以上はこれらの 10 カ国・地域に支えられていることがわかる。また、輸出と輸入に共通していることとして、米国、中国、韓国、ドイツの 4 カ国がほぼ一貫して上位 10 カ国・地域に含まれている点も興味深い。これら 4 カ国は、過去 30 年間、輸出入の両面において、日本の主要な貿易相手国だったことがわかる。

(3) 後開発途上国からの輸入

　後開発途上国（Least Developed Countries: LDC）と呼ばれる国がある。特に開発の遅れた国々のことであり、当該国の同意を得て、国連によって認定されている。以下の三つの基準に相当する国が後開発途上国として認定されている（2012 年基準）。

1. 所得水準が低いこと：一人当たり総国民所得が 992 米ドル以下（2008–2010 年平均）。
2. 人的資源に乏しいこと：人的資源指数（人的資源開発の程度を表すために、国連開発計画委員会が設定した指標）が一定値以下。ここで、人的資源指数は栄養不足人口の割合、5 歳以下の乳幼児死亡率、中等教育就学率、成人識字率を組み合わせたもの。
3. 経済が脆弱であること：経済脆弱性指数（外的なショックに対する経済的脆弱性を表すために、国連開発計画委員会が設定した指標）が一定値以下。ここで、経済脆弱性指数は、人口、GDP に占める農林水産業のシェア、農産品生産の安定性、財・サービス輸出の安定性、自然災害の被災者数などを組み合わせたものである。

　そして、この後開発途上国に認定されているのは、次の 48 カ国である（2014 年時点）：

- アフリカ（34）

 アンゴラ、ベナン、ブルキナファソ、ブルンジ、中央アフリカ、チャド、コモロ、コンゴ民主共和国、ジブチ、赤道ギニア、エリトリア、エチオピア、ガンビア、ギニア、ギニアビサウ、レソト、リベリア、マダガスカル、マラウイ、マリ、モーリタニア、モザンビーク、ニジェール、ルワンダ、サントメ・プリンシペ、セネガル、シエラレオネ、ソマリア、南スーダン、スーダン、トーゴ、ウガンダ、タンザニア、ザンビア

- アジア（9）

 アフガニスタン、バングラデシュ、ブータン、カンボジア、ラオス、ミャンマー、ネパール、イエメン、東ティモール

- オセアニア（4）

 キリバス、ソロモン諸島、ツバル、バヌアツ

- 中南米（1）

 ハイチ

 日本はこれらの国々から製造業品の輸入を行っているのだろうか。おそらく、日本の製造業の生産性は、これらの国々の製造業の生産性より高いだろう。仮に生産性を競争力とみなすなら、日本がこれらの国から製造業品を輸入するとは考えにくい。実際に製造業品の輸入はされていないのだろうか。
 表 2-7 はこれらの後開発途上国からの輸入について、上位 10 産業をまとめたものである。日本の貿易額全体に占める割合は大きくなく、また、水産食料品、皮革・皮革製品・毛皮、繊維工業製品といったいわゆる軽工業品が上位を占めている。しかし、精密機械や電子部品、半導体素子・集積回路といった機械産業でも輸入が行われていることがわかる。
 また、2009 年時点で、日本はこれら後開発途上国 48 カ国のうち、四分の

表 2-7 後開発途上国 (LDC) からの輸入：上位 10 産業（製造業）、1980–2009 年

順位	1980 年 産業	金額(百万円)	1985 年 産業	金額(百万円)	1990 年 産業	金額(百万円)	1995 年 産業	金額(百万円)
1	その他の輸送用機械	17594	非鉄金属製錬・精製	5136	水産食料品	20743	水産食料品	36694
2	非鉄金属製錬・精製	8027	畜産食料品	2878	非鉄金属製錬・精製	4708	非鉄金属製錬・精製	7195
3	畜産食料品	2587	水産食料品	2875	皮革・皮革製品・毛皮	2975	皮革・皮革製品・毛皮	2472
4	石油製品	2306	たばこ	2733	石油製品	2192	繊維工業製品	2358
5	皮革・皮革製品・毛皮	1809	繊維工業製品	2186	繊維工業製品	1847	製材・木製品	2030
6	たばこ	1200	石油製品	2023	畜産食料品	1769	石油製品	607
7	繊維工業製品	837	その他の輸送用機械	1002	製材・木製品	508	その他の製造工業製品	549
8	その他の窯業・土石製品	721	銑鉄・粗鋼	886	その他の食料品	281	畜産食料品	474
9	水産食料品	522	その他の窯業・土石製品	865	非鉄金属加工製品	226	精密機械	410
10	飲料	259	非鉄金属加工製品	681	その他の製造工業製品	213	銑鉄・粗鋼	268
	製造業	36621	製造業	22827	製造業	36159	製造業	54226

順位	2000 年 産業	金額(百万円)	2005 年 産業	金額(百万円)	2009 年 産業	金額(百万円)
1	水産食料品	29437	水産食料品	28841	繊維工業製品	30251
2	皮革・皮革製品・毛皮	11551	皮革・皮革製品・毛皮	21977	皮革・皮革製品・毛皮	21082
3	繊維工業製品	7187	繊維工業製品	12282	水産食料品	21035
4	非鉄金属製錬・精製	3419	事務用・サービス用機器	2134	石油製品	5045
5	製材・木製品	1525	製材・木製品	885	非鉄金属製錬・精製	963
6	精密機械	471	非鉄金属製錬・精製	764	事務用・サービス用機器	851
7	畜産食料品	368	電子部品	729	製材・木製品	761
8	その他の製造工業製品	300	その他の製造工業製品	700	ゴム製品	459
9	事務用・サービス用機器	282	ゴム製品	695	飲料	454
10	非鉄金属加工製品	255	半導体素子・集積回路	633	半導体素子・集積回路	388
	製造業	56824	製造業	72028	製造業	83881

注：後開発途上国 (LDC) の定義とリストについては本文を参照。
出所：JIP データベース 2012 に基づき著者作成。

三の 36 カ国から、何らかの製造業品を輸入している。製造業品に限っても、日本から後開発途上国へ一方的に輸出が行われているわけではないことがわかるだろう[4]。

4 諸外国との比較

貿易パターンの分析によく用いられる指標に、顕示比較優位指数 (Revealed Comparative Advantage: RCA) と純輸出比率 (Net Export Ratio: NXR) がある。顕示比較優位指数とは、Balassa (1965) によって考案されたものであり、自国の対世界輸出シェアと比べてある財をより多く輸出しているかどうかを見たものである。いま、i 国、j 財の輸出を X_{ij} と表すとしよう。このとき、RCA は次のように表される。

$$RCA_{ij} = \frac{X_{ij}/\sum_i X_{ij}}{\sum_j X_{ij}/\sum_i \sum_{ij} X_{ij}} \tag{2.2}$$

分母は世界の輸出全体に対する i 国の輸出シェアを表している。一方、分子は世界の j 財の輸出全体に対する i 国の j 財の輸出シェアである。RCA が 1 を上回る場合、i 国は自国の対世界輸出シェアと比べて j 財をより多く世界に輸出していることを意味している。逆に RCA が 1 を下回る場合、自国の対世界輸出シェアほどは j 財を輸出していないことを意味している。RCA は単に自国の輸出を見るだけでなく、他国の輸出も考慮できているという長所を持っている。

一方、NXR は自国の総貿易量に対する純輸出の比率を見たものである。いま、i 国、j 財の輸入を M_{ij} と表すとしよう。このとき、NXR は次のように表される。

$$NXR_{ij} = \frac{X_{ij} - M_{ij}}{X_{ij} + M_{ij}} \tag{2.3}$$

NXR は -1 から 1 の間の値を取る。(2.3) 式より、輸出がゼロの場合

---

[4] なお、これらの輸入は日本企業など外国企業の直接投資を通じて行われている可能性がある。仮にそうだとしても、後開発途上国で製造業品を生産・輸出できている点は注目に値するといえる。

($X_{ij} = 0$)、NXR は -1 となり、輸入がゼロの場合 (M_{ij})、NXR は 1 となることがわかるだろう。NXR は輸出だけでなく輸入も考慮している点、計算が簡便という長所を持っている。

これらの指標はそれぞれ各国の比較優位を捉える指標として頻繁に利用されているが、比較優位として見ることの問題も指摘されている。たとえば Bowen ([1983]、p.465) は、RCA は各国がすべての財を大なり小なり輸出していることを暗黙に仮定しており、この仮定が成り立たなければ、i 国が j 財に比較優位を持っていても、RCA は 1 を下回ることがあると指摘している[5]。

一方、NXR は Balassa and Noland (1989b) が指摘しているように、貿易収支が黒字のときに大きくなりやすく、逆に貿易収支が赤字のときに小さくなりやすいという性質を持っている。また、他国の貿易は考慮されていない。

それぞれ一長一短があり、どちらも比較優位を示す指標としては不完全なものである。RCA を修正しようという試みは Bowen (1983) や Hoen and Oosterhaven (2006)、そして NXR を修正しようという試みは Balassa and Noland (1989b) によって行われているが、どちらの指標が優れているかについて、研究者の間で合意が得られているわけではない。

さらに、第 3 章でも述べるが、そもそも比較優位は貿易を行う前 (閉鎖経済) の状態が基準となるが、実際の貿易データは貿易を行った後の状態である。閉鎖経済の状態がわからない限り、比較優位の厳密な測定には限界がある。そこで本章ではその解釈に注意しつつ、後の分析との関係で NXR に注目して日本と諸外国の貿易パターンを財の生産要素集約度に基づき比較する。

分析の対象国は日本のほか、東・東南アジアの 8 カ国・地域 (中国、香港、インドネシア、韓国、マレーシア、フィリピン、シンガポール、タイ)、そしてドイツと米国である。分析には、国連の貿易データベース (UN Comtrade) より SITC-R1 の 3 桁ベースの輸出入データを利用した。分析の対象となる期間は 1970 年から 2013 年までである。

ただし、国によってデータが得られない年がある。その場合は、利用できる年すべてのデータを利用した。具体的には、中国は 1985 年から 2013 年、

---

[5] このほかの RCA の問題点については、Ballance *et al.* (1987) や Vollrath (1991)、Hoen and Oosterhaven (2006) を参照。

ドイツは 1991 年から 2013 年、香港は 1970 年から 2012 年、韓国は 1970 年から 2000 年、タイは 1988 年を除く 1970 年から 2013 年、日本とインドネシア、マレーシア、フィリピン、シンガポール、米国は 1970 年から 2013 年である[6]。

また、紙幅の関係上、本章では一般的に、最も労働集約的と考えられる非耐久消費財と最も資本集約的と考えられる資本財の貿易パターンに注目する[7]。

図 2-1 と図 2-2 はそれぞれ非耐久消費財と資本財の NXR と一人当たり GDP の関係をまとめたものである。一人当たり GDP は World Bank の *World Development Indicators* より実質値（米ドル、2005 年価格）を得た。図 2-1 より、非耐久消費財の貿易パターンは、一人当たり GDP の上昇とともに純輸入国から純輸出国へと転じ、再び純輸入国へと転じるという逆 U 字型の形状となっていることがわかる。この中で日本は 1978 年以降、純輸入の状態が続いている。一人当たり GDP の上昇とともに、純輸出国から純輸入国へと転じていることが確認できる。また、日本の後を追うかたちで香港、韓国、インドネシアといった国・地域が続いていることも確認できる。非耐久消費財の生産・輸出拠点が日本からアジア NIES（Newly Industrialized Economies）、ASEAN（Association of Southeast Asian Nations）へと移っていく様子を描いているともいえる。

一方、資本財については、逆 U 字ではなく右上がりの様子が見て取れる。すなわち、一人当たり GDP の上昇とともに、純輸入から純輸出へと転じるというパターンである。ここでも、日本からアジア NIES、ASEAN へと資本財の生産・輸出拠点が移りつつあることがうかがえる。また、日本や米国では、資本財が純輸出から純輸入へと向かう傾向にあり、米国はすでに資本財の輸入も純輸入になっていることがわかる。

---

6) 日本にとっては台湾も主要な貿易相手国の一つだが、台湾のデータは UN Comtrade では得ることができなかったため、分析の対象から外している。
7) ここで、非耐久消費財、資本財の分類は渡辺・梶原（1983）、木村・小浜（1995）に従った。具体的には、非耐久消費財は SITC-R1 の 553、571、654、656、657、831、841、842、851、863 に分類されるものであり、資本財は 695、711、712、714、715、717、718、719、722、723、726、729、731、734、735、861 に分類されるものである。700 番台と 800 番台というように、大きな分類をまたぐかたちで集計されている点に注意してほしい。

図 2-1 一人当たり GDP と非耐久消費財の純輸出比率、1970–2013 年

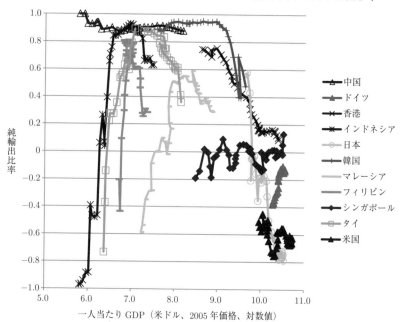

出所：UN Comtrade に基づき筆者作成。

　これらの結果の含意は二つにまとめられる。第一に、産業別で分類した場合（第3節）、日本の貿易の主要産業にそれほど大きな変動は見られなかったが、生産要素の集約度で分類した場合、より大きな系統的な変動が見えてくる点である。この結果は、いわゆる標準的な産業分類では、貿易パターンの重要な変化を見失う可能性があることを示唆している。この標準的な産業分類を利用することの問題点については、第7章と第8章で再度議論したい。

　第二に、東・東南アジア諸国が日本の貿易パターンに追随している点である。1980年以降、東・東南アジア諸国のキャッチアップが着実に進んでいることを確認するものである。

　また、これらの結果は、所得水準と生産・輸出する財の関係はランダムではなく、系統的な関係が存在することを示唆している。なお、このような生

図 2-2 一人当たり GDP と資本財の純輸出比率、1970–2013 年

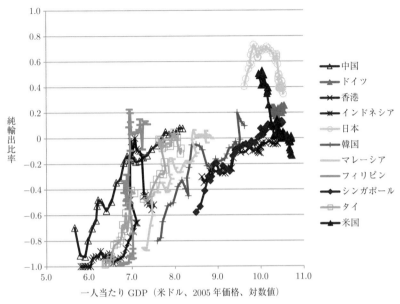

出所：UN Comtrade に基づき筆者作成。

産・輸出拠点が国際的に発展・伝播していく様子は雁行形態的産業発展と呼ばれることもある[8]。この雁行形態的産業発展については、第8章で詳しく議論する。

5 データから明らかになった事実

本章では、1980年から2009年までの30年の日本の貿易の変遷を見てきた。30年間で共通して見られる傾向として、次の二点が挙げられる。第一に、過去30年の輸出入の変遷を産業別で見てみると、天然資源（鉱業品）や繊維工業製品を輸入し、自動車、特殊産業機械、民生用電子・電気製品あるいは半導体素子・集積回路といった機械製品を輸出するというパターンが続いて

---

[8] この詳細については、小島（2003）を参照。

いる。

　第二に、輸出入に共通した主要な貿易相手国は米国や中国、韓国、ドイツであり、過去30年間ほぼ一貫している。輸入にはさらにサウジアラビア、アラブ首長国連邦、インドネシアといった天然資源の豊富な国が加わる。これらの国々が日本の貿易のかなりの部分を占めている。

　なぜ自動車や特殊産業機械は輸出を維持できているのだろうか。その理由は、第1章補論で説明したリカード・モデルによって説明できる。すなわち、日本の自動車や特殊産業機械の生産性は、外国の同じ産業の生産性よりもかなり高い状態にあり、要素価格や為替レートの多少の変動では比較優位は失われないためである。逆に、日本の繊維工業製品の生産性は外国の同じ産業の生産性よりもかなり低い状態にあり、要素価格や為替レートが多少変動したからといって、比較優位を取り戻すことができない。

　一方、変わった点としては、次の二点が挙げられる。第一に、貿易する産業の集中度は低下する傾向にあるが、相手国の集中度は高まる傾向にある。第二に、輸出生産比率、輸入需要比率とも、期間を通じて上昇している点である。この結果は、日本経済と諸外国との結びつきが強くなっていることを示唆している。また、諸外国と比較すると、1980年以降、東・東南アジア諸国のキャッチアップが着実に進んでいることもわかった。

　次章では、貿易と比較優位の関係についての根源的な疑問、すなわち、そもそも貿易は比較優位に基づいているのかという疑問を明らかにする。

表 2-8　JIP データベース 2012 の産業分類

通番	JIP 分類名	通番	JIP 分類名
1	米麦生産業	55	自動車部品・同付属品
2	その他の耕種農業	56	その他の輸送用機械
3	畜産・養蚕業	57	精密機械
4	農業サービス	58	プラスチック製品
5	林業	59	その他の製造工業製品
6	漁業	60	建築業
7	鉱業	61	土木業
8	畜産食料品	62	電気業
9	水産食料品	63	ガス・熱供給業
10	精穀・製粉	64	上水道業
11	その他の食料品	65	工業用水道業
12	飼料・有機質肥料	66	廃棄物処理
13	飲料	67	卸売業
14	たばこ	68	小売業
15	繊維工業製品	69	金融業
16	製材・木製品	70	保険業
17	家具・装備品	71	不動産業
18	パルプ・紙・板紙・加工紙	72	住宅
19	紙加工品	73	鉄道業
20	印刷・製版・製本	74	道路運送業
21	皮革・皮革製品・毛皮	75	水運業
22	ゴム製品	76	航空運輸業
23	化学肥料	77	その他運輸業・梱包
24	無機化学基礎製品	78	電信・電話業
25	有機化学基礎製品	79	郵便業
26	有機化学製品	80	教育（民間・非営利）
27	化学繊維	81	研究機関（民間）
28	化学最終製品	82	医療（民間）
29	医薬品	83	保健衛生（民間・非営利）
30	石油製品	84	その他公共サービス
31	石炭製品	85	広告業
32	ガラス・ガラス製品	86	業務用物品賃貸業
33	セメント・セメント製品	87	自動車整備業、修理業
34	陶磁器	88	その他の対事業所サービス
35	その他の窯業・土石製品	89	娯楽業
36	銑鉄・粗鋼	90	放送業
37	その他の鉄鋼	91	情報サービス業
38	非鉄金属製錬・精製	92	出版・新聞業
39	非鉄金属加工製品	93	その他の映像・音声・文字情報制作業

40	建設・建築用金属製品	94	飲食店
41	その他の金属製品	95	旅館業
42	一般産業機械	96	洗濯・理容・美容・浴場業
43	特殊産業機械	97	その他の対個人サービス
44	その他の一般機械	98	教育（政府）
45	事務用・サービス用機器	99	研究機関（政府）
46	重電機器	100	医療（政府）
47	民生用電子・電気機器	101	保健衛生（政府）
48	電子計算機・同付属装置	102	社会保険・社会福祉（政府）
49	通信機器	103	その他（政府）
50	電子応用装置・電気計測器	104	医療（非営利）
51	半導体素子・集積回路	105	社会保険・社会福祉（非営利）
52	電子部品	106	研究機関（非営利）
53	その他の電気機器	107	その他（非営利）
54	自動車	108	分類不明

出所：JIP データベース 2012 に基づき筆者作成。

第3章

比較優位は机上の空論か

- 本章では、貿易と比較優位の関係についての根源的な疑問、すなわち、そもそも貿易は比較優位に基づいているのかという疑問を明らかにする。
- この疑問に厳密に答えるためには、貿易がない状況と貿易がある状況を比較しなくてはならない。
- そこで本章では、日本の開国前後の貿易パターンの変化に注目する。
- 分析の結果、鎖国から開国へと向かう過程で、日本の貿易は比較優位の理論に基づくかたちで変化していたことが明らかになった。
- この結果は、比較優位は実際に日本の貿易によって支持されることを意味しており、「机上の空論」とは必ずしも言えないことがわかる。

┌─ 伊藤（[2003]、p.4）─────────────────┐
│ 残念ながら、経済学研究のフロンティアの成果は大変に難解である。一
│ 般の人が先端の研究成果を見ても、ちんぷんかんぷんだろう。
│ そのため、経済学に対して、まったく正反対の二つのタイプの過剰な反
│ 応が出てくる。一つは、「経済学は難しいから自分には無理だ」と、あ
│ きらめてしまう人たち。もう一つは、「ギリシャ文字を並べ替えている
│ だけの机上の空論である経済学は、現実の経済にはまったく役に立たな
│ い」と、ばっさり切り捨ててしまう人たちだ。どちらの反応も不幸なこ
│ とである。
└──────────────────────────────┘

1 日本の開国と比較優位

　第1章では、比較優位に基づく貿易によって、自国も外国もともに利益を得ることを説明した。しかし、そもそも貿易は比較優位に基づいて行われているのだろうか。机上の空論ではないだろうか。この疑問に対して「比較優位の法則」と呼ばれる比較優位と貿易の関係を理論的に示したのが Deardorff (1980) である。

　彼の研究の特徴は、比較的緩い仮定の下で、一般的に成り立つ比較優位と貿易の関係を導いている点にある。ただし、比較優位の法則が実際にデータによって支持されるかどうかを確かめるためには、後述するように、閉鎖経済下の価格の情報が必要になる。世界のいずれの国も、大なり小なり貿易を行っていることから、比較優位の法則が成立するかどうかを現実のデータで確かめるのは難しいとされていた。

　しかし、歴史を繙(ひもと)けば、閉鎖経済の国は存在していた。その一つが江戸時代の日本である。よく知られているように、日本では、1641年以降約200年間にわたって、長崎の出島を除いて国際貿易が禁じられるという、いわゆる鎖国の状態にあった[1]。当時の経済の規模と比べると、貿易量は無視できる

---

[1] 日本の江戸時代と明治時代の国際貿易については、たとえば Ito ([1992]、pp.8–12) や Huber (1971)、Bernhofen and Brown (2005) を参照。

ほど小さく、国際貿易論で言う閉鎖経済の状態にあった。

1853年のマシュー・ペリーの浦賀来航の後、1859年に当時の徳川幕府は開国を決定した。その後、日本経済は閉鎖経済から自由貿易の状態へと急速に移行していくことになる。この日本の開国前後に注目したのが Bernhofen and Brown（2004）である。

Bernhofen and Brown（2004）はこの閉鎖経済から自由貿易への移行期に注目し、Deardorff（1980）の比較優位の法則が成立するかどうかを当時のデータを利用して検証した。彼らは、閉鎖経済から自由貿易に移行するとき、比較優位に従って日本の貿易パターンが決まっていたことを明らかにした。

ここで注意しなければならないのは、Bernhofen and Brown（2004）の検証が Deardorff（1980）の比較優位の法則が貿易収支均衡の仮定、つまり輸出と輸入が等しいという仮定に基づいていた点である。しかし、貿易収支均衡は現実には必ずしも成立しておらず、この仮定の有無が検証の方法にも影響する。Bernhofen and Brown（2004）が比較優位の法則を検証した唯一の実証研究であることを踏まえると、彼らの結果が貿易収支の不均衡に影響されるかどうかを考察することは、意義のあることだと考えられる。

本章では、Deardorff（1980）の比較優位の法則を説明し、その実証研究である Bernhofen and Brown（2004）を批判的かつ建設的に紹介する。具体的には、次節では、比較優位の法則とその背景にある顕示選好理論を実証分析の観点から説明する。ここでは、貿易不均衡の下で比較優位の法則を検証する場合、自由貿易下の価格の情報だけでなく、閉鎖経済下の価格の情報が必要であることを示し、Bernhofen and Brown（2004）の検証の方法が間違っていたことを明らかにする。3節で分析に用いるデータを説明し、4節で貿易不均衡を考慮した検証を行う。5節で本章をまとめる。

2　比較優位と貿易パターンの論理

（1）　顕示選好の弱公準

実際に観測できるのは、所与の所得と価格の下での消費者の需要量であり、

無差別曲線そのものではない。サミュエルソンは、消費者の需要量を観察することを通じて(つまり、需要が消費者の選好を顕示しているとみなすことで)、顕示選好理論(revealed preference theory)を発展させた。

顕示選好理論の重要な帰結のひとつに、顕示選好の弱公準(weak axiom)と呼ばれるものがある。これは、次のように説明されるものである。いま、ある消費者の任意の2つの均衡(1と2)を考える。均衡1と2における財の価格ベクトルをそれぞれ p^1、p^2、均衡における財の需要量のベクトルをそれぞれ C^1、C^2 と表すとする。このとき、顕示選好の弱公準とは、

$$p^1 C^1 (= I^1) \geq p^1 C^2 \rightarrow p^2 C^1 > p^2 C^2 (= I^2) \tag{3.1}$$

が成立することを指す。この式の意味は次のとおりである。

まず、「$p^1 C^1 (= I^1) \geq p^2 C^2$ が成立する」ということは、「p^1 という価格の組み合わせの下で、消費者は C^1 という需要を行った、つまり C^1 という消費の組み合わせを決めた」ということを意味している。この消費者が消費を通じて自分の効用を最大化しているなら、p^1 という価格で実現できる消費の組み合わせと比べて(この例では、C^2 という選択肢と比べて)、$p^1 C^1$ は大きくなっているはずである。言い換えれば、$p^1 C^1$ は所得を使い切った状態であり、C^2 も所得内で収まることを意味している。このため、「$p^1 C^1$ は、$p^1 C^2$ と同じかそれ以上になる」ということになる。

次に、「$p^2 C^1 > p^2 C^2 (= I^2)$ が成立する」について考える。p^2 の価格の下でも様々な消費の組み合わせが考えられるが、消費者はここでは C^2 という消費の組み合わせを選んでいる。そして同様に p^2 という価格の下で所得を使い切った状態になっている($p^2 C^2 = I^2$)。このとき、「$p^2 C^1 > p^2 C^2$ が成立する」ということは、「C^1 は、p^2 という価格の下では、予算オーバーになっている」ことを意味している。また、「$p^2 C^1 > p^2 C^2 (= I^2)$ が成立する」ということは、「$p^2 C^2 (= I^2) \geq p^2 C^1$ が成立しない」ということと同じ意味になる。このため、顕示選好の弱公準とは「$I^1 \geq p^1 C^2$ と $I^2 \geq p^2 C^1$ が両立しない状況」ということもできる。

上の(3.1)式の顕示選好の弱公準をベクトルで表現すると

図 3-1 比較優位の法則と $\mathbf{p}^a\mathbf{T}$、$\mathbf{p}^f\mathbf{T}$ の関係

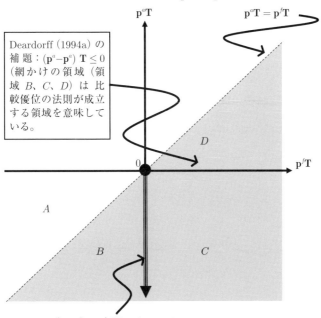

注：図の網かけ部分（B、C、D）は比較優位の法則が成り立つ領域。
出所：JIP データベース 2012 に基づき筆者作成。

$$\mathbf{p}^1\mathbf{C}^1 \geq \mathbf{p}^1\mathbf{C}^2 \to \mathbf{p}^2\mathbf{C}^1 > \mathbf{p}^2\mathbf{C}^2 \tag{3.2}$$

となる。

（2） 比較優位の法則

Deardorff（1980）は貿易収支均衡という仮定の下で、比較優位の法則と呼ばれる定理を導出した。以下では、彼の研究のポイントを紹介したい。彼の次のような設定に基づき議論を展開している。

1. 世界：M 国 $(i = 1, \ldots, M)$ と N 財 $(j = 1, \ldots, N)$ から成る。財市

場、要素市場は完全競争。
2. 生産：それぞれの国は生産可能性領域 $\mathbf{F}_i$ を持ち、生産者は完全競争的で、所与の生産可能性領域 $\mathbf{F}_i$ の下で、生産量を最大化するように行動。
3. 消費：前節で説明した顕示選好の弱公準に従う。
4. 財の移動：国際間を自由に移動（貿易障壁、輸送費はともに無視できるほど小さい）。輸出と輸入は等しい（貿易収支は均衡）。
5. 生産要素の移動：生産要素は国内で（産業間を）自由に移動。国際間では移動しない。

複雑化を避けるため、閉鎖経済と自由貿易という二つの状態に注目する。いま、i 国の閉鎖経済の下での財の生産ベクトルを $\mathbf{Q}_i^a$、自由貿易の下での財の生産ベクトルを $\mathbf{Q}_i^f$ で表す。この財のベクトルに対応する価格のベクトルをそれぞれ $\mathbf{p}_i^a$, $\mathbf{p}_i^f$ とする。閉鎖経済下と自由貿易下の財の消費ベクトルをそれぞれ $\mathbf{C}_i^a$, $\mathbf{C}_i^f$ で表す。また、自由貿易下の純輸出のベクトルを $\mathbf{T}_i (= \mathbf{Q}_i^f - \mathbf{C}_i^f)$ とする。

生産者の最大化行動より、次式が得られる。

$$\mathbf{p}_i^s \mathbf{Q}_i^s \geq \mathbf{p}_i^s \mathbf{Q}_i \quad \forall \quad \mathbf{Q}_i \in \mathbf{F}_i \quad (s = a, f) \tag{3.3}$$

また、顕示選好の弱公準より、(3.2) 式の均衡1を閉鎖経済 (a)、均衡2を自由貿易 (f) と読み直せば、次式が得られる。

$$\mathbf{p}_i^a \mathbf{C}_i^a \geq \mathbf{p}_i^a \mathbf{C}_i^f \Rightarrow \mathbf{p}_i^f \mathbf{C}_i^a > \mathbf{p}_i^f \mathbf{C}_i^f \tag{3.4}$$

そして最後に、貿易収支均衡の条件から

$$\mathbf{p}_i^f \mathbf{T}_i = 0 \tag{3.5}$$

これらの仮定の下で、Deardorff（1980）は比較優位の法則と呼ばれる次のような定理を導出した（以下では、一国の貿易に注目するため、添字 i を省略する）。

■定理（Deardorff、1980）：閉鎖経済下の価格で評価した純輸出は

ゼロと等しいかそれ以下である：

$$\mathbf{p}^a \mathbf{T} \leq 0$$

証明：本章6節を参照。

この式を (3.5) 式と合わせると、

$$(\mathbf{p}^a - \mathbf{p}^f)\mathbf{T} \leq 0 \tag{3.6}$$

が得られる。この定理は「相対閉鎖経済価格」で表現した比較優位である。いま財 j に注目すると、自国は閉鎖経済下の価格が自由貿易下の価格よりも低い財 $(p_j^a - p_j^f \leq 0)$ を輸出する傾向があり $(T_j > 0)$、逆に、閉鎖経済下の価格が自由貿易下の価格よりも高い財 $(p_j^a - p_j^f \geq 0)$ を輸入する傾向にある $(T_j < 0)$。大雑把に言えば安いもの（比較優位にある財）を輸出し、高いもの（比較劣位にある財）を輸入すると言っているにすぎないが、高いか安いかの基準は、閉鎖経済下の価格と自由貿易下の価格になっている点に注意する必要がある。

ここで、この国の代表的な消費者がホモセティックな選好を持つと仮定する[2]。貿易収支が均衡していないとき、次のような補題を導くことができる。

■補題（Deardorff、1994a）：定理を導く仮定とホモセティックな選好の仮定が成立するとし、貿易収支均衡の仮定を外すと、閉鎖経済下の価格で評価した純輸出はゼロと等しいかそれ以下である：

$$(\mathbf{p}^a - \mathbf{p}^f)\mathbf{T} \leq 0$$

証明：本章6節を参照[3]。

---

[2] ホモセティックの仮定の重要性については、Deardorff (1994a) を参照。
[3] Deardorff (1994a) の補題には等号は含まれていない。しかし、等号を含むかどうかは、$\mathbf{p}^a \mathbf{T} = \mathbf{p}^f \mathbf{T}$ のケースを含むかどうかのちがいにすぎない。Deardorff (1980) の定理は等号を含むかたちで記述されているため、ここでは補題も等号を含むかたちで記述している。

これらの定理と補題は、比較優位の法則の現実妥当性を問う上で、閉鎖経済下の価格ベクトル（$\mathbf{p}^a$）、自由貿易下の純輸出ベクトル（$\mathbf{T}$）、そして自由貿易下の価格ベクトル（$\mathbf{p}^f$）が必要であることを意味している。言い換えれば、閉鎖経済下の価格で評価した純輸出ベクトル（$\mathbf{p}^a\mathbf{T}$）だけでなく、自由貿易下の価格で評価した純輸出ベクトル（$\mathbf{p}^f\mathbf{T}$）が必要である。比較優位の現実妥当性を検証するためには、$\mathbf{p}^a\mathbf{T} \leq 0$ ではなく、$(\mathbf{p}^a - \mathbf{p}^f)\mathbf{T} \leq 0$ の関係を見る必要がある。

この $\mathbf{p}^a\mathbf{T}$ と $\mathbf{p}^f\mathbf{T}$ の関係は前出図 3-1 によって説明できる。図の横軸は $\mathbf{p}^f\mathbf{T}$ であり、縦軸は $\mathbf{p}^a\mathbf{T}$ を表している。図の 45 度線は $\mathbf{p}^a\mathbf{T} = \mathbf{p}^f\mathbf{T}$ となる線である。このため、比較優位の法則が成り立つためには、すなわち、$(\mathbf{p}^a - \mathbf{p}^f)\mathbf{T} \leq 0$ となるためには、図の網かけ部分（領域 B、C、D）に $\mathbf{p}^a\mathbf{T}$ と $\mathbf{p}^f\mathbf{T}$ が来る必要があり、これらの領域は Deardorff（1994a）の補題に対応している。

一方、貿易収支が均衡しているとき、すなわち、$\mathbf{p}^f\mathbf{T} = 0$、かつ $p^a\mathbf{T} \leq 0$ のときは Deardorff（1980）の定理が成立する。比較優位の法則は網かけ部分以外では成立しない。ここで、$\mathbf{p}^a\mathbf{T} \leq 0$ は領域 A、B、C に対応している点に注意してほしい。自由貿易下で貿易黒字の場合、比較優位の法則は $\mathbf{p}^a\mathbf{T} > 0$ でも成立しうる。これは $(\mathbf{p}^a - \mathbf{p}^f)\mathbf{T} \leq 0$ となる領域が C だけでなく、D も含んでいるためである。同様に、自由貿易下で貿易赤字の場合、$\mathbf{p}^a\mathbf{T} \leq 0$ であっても比較優位の法則が成り立つとは限らない。なぜなら、領域 A は $(\mathbf{p}^a - \mathbf{p}^f)\mathbf{T} > 0$ となっているためである。

図 3-1 の意味を理解するため、比較優位の法則を検証する上で、$\mathbf{p}^a\mathbf{T} \leq 0$ に注目したとしよう。この場合、貿易赤字が大きくなるにつれ、比較優位の法則が成り立つと判断する可能性が高まることになる、なぜなら、領域 A では、比較優位の法則が成り立たないためである。同様に、貿易黒字が大きくなるにつれ、比較優位の法則が成り立たないと判断する可能性が高くなる。なぜなら、領域 D では $\mathbf{p}^a\mathbf{T} \leq 0$ が成り立たないためである。

Bernhofen and Brown（2004）は比較優位の法則の現実妥当性を検証するため、$\mathbf{p}^a\mathbf{T} \leq 0$ を利用した。これは貿易収支が均衡しているときにのみ成立する条件である。そして、当時の日本の貿易収支は、観測期間を通じて不

均衡の状態にあった。貿易収支不均衡のとき、$\mathbf{p}^a\mathbf{T}$ と $\mathbf{p}^f\mathbf{T}$ が図 3-1 の領域 B、C、D に位置するかどうかを確かめる必要がある。

しかし、Bernhofen and Brown（2004）は領域 A、B、C にあるかどうかを検証していたことになる。これは、比較優位の法則の検証方法としては誤っていることがわかるだろう。比較優位の法則を検証するためには、閉鎖経済下の価格で評価した純輸出 $\mathbf{p}^a\mathbf{T}$ だけでなく、自由貿易下の価格で評価した純輸出 $\mathbf{p}^f\mathbf{T}$ が必要なのである。そこで次節では、貿易収支の不均衡を考慮して、比較優位の法則の現実妥当性を再検討する。

3　データ

前節で確認したように、貿易収支の不均衡を考慮して、比較優位の法則の現実妥当性を検証するためには、閉鎖経済下の価格で評価した純輸出額だけでなく、自由貿易下の価格で評価した純輸出額が必要になる。ここで、閉鎖経済下の価格で評価した純輸出額 $\mathbf{p}^a\mathbf{T}$ は、Bernhofen and Brown（2004）も利用しており、同論文の Table 2 からそのまま得ることができる。彼らは閉鎖経済下の価格の情報を様々な史料から入手しており、当時の輸出の 95％、輸入の三分の二をカバーできているとしている。また、史料で入手できない財の価格については、彼ら自身で推定している。

Bernhofen and Brown（2004、2005）によれば、日本は 1859 年以前は閉鎖経済下にあり、そして 1868 年から 1875 年は自由貿易下にあった。これは、1868 年から 1875 年の純輸出額が、自由貿易の価格ベクトル $\mathbf{p}^f$ と純輸出ベクトル $\mathbf{T}$ の内積にそのまま対応することを意味している。そこで 1868 年から 1875 年の純輸出額を Sugiyama（[1988]、p.46、Table 3–4）から得た[4]。

これで閉鎖経済下の価格で評価した純輸出額と自由貿易下の価格で評価し

---

[4] Sugiyama（[1988]、p.45）によれば、この時期は二種類の貿易統計が利用可能である。一つは英国総領事館による記録であり、そこには 1859 年以降の貿易が記録されている。もう一つは日本の公式の貿易統計であり、1868 年以降利用可能である。Sugiyama（1988）はこれらの史料をもとに、単位を円銀に統一してこの期間の純輸出額を推定した。ただし、Sugiyama（1988）によって推定された純輸出額は個々の財のレベルではなく、日本

た純輸出額をともに入手したことになるが、両者を比較するには、さらに二つの調整が必要である。

第一は両者の通貨が異なる点である。閉鎖経済下、すなわち、江戸時代の徳川幕府では金をベースとする両という単位が用いられていたが、自由貿易下、すなわち明治政府の下で、1871年に「円」（表記は「圓」）という新しい通貨が導入された。さらに、明治時代初頭は、金をベースとする円金と銀をベースとする円銀の二種類が用いられていた。Bernhofen and Brown（2004）の $\mathbf{p}^a\mathbf{T}$ は両で測られているが、Sugiyama（1988）の $\mathbf{p}^a\mathbf{T}$ は円銀で測られている。山本（[1994]、p.59、p.79）によれば、両と円金の為替レートは1両=1円金=1米ドルであり、両と円銀の為替レートは0.773両=1円銀だった。このため、ここでは0.773両=1円銀の為替レートを利用して、$\mathbf{p}^a\mathbf{T}$ をBernhofen and Brown（2004）と同じ両単位に統一した。

第二に、日本経済は江戸幕府末期に急激なインフレを経験している点である。閉鎖経済下の価格と自由貿易下の価格は、理論的には同一時点でなくてはならない。このため、インフレーションの影響を排除するため、1851–53年を基準価格として純輸出額を実質化した。価格指数には新保（[1978]、p.290、表5-10）の非貿易財の価格指数を利用した。非貿易財の価格指数を利用している理由は、貿易の影響が小さいと考えられるためである。結果の頑強性を調べるため、本章では輸出と輸入の価格指数を利用した分析も行う[5]。

4　明治初期の貿易パターンと比較優位

表3-1は閉鎖経済下の価格で評価した純輸出額 $\mathbf{p}^a\mathbf{T}$、自由貿易下の価格で評価した純輸出額 $\mathbf{p}^f\mathbf{T}$、および価格指数をまとめたものである。列[3]と[6]

　　全体の集計されたレベルである。この詳細については、Sugiyama（[1988]、pp.44–48）を参照。
[5]　新保（1978）では、輸出の価格指数では、1）生糸、2）絹織物（花色秩父絹）がカバーされている。また、輸入の価格指数では、1）繰綿（摂津綿）、2）綿糸（12番撚）、3）綿織物（備後白木綿）、4）種油、5）黒砂糖がカバーされている。非貿易財の価格指数では、1）米（肥後米）、2）大麦、3）小麦（相州小麦）、4）大豆、5）塩（讃州瀉元塩上品）、6）醤油（竜野醤油）、7）清酒、8）薪、9）炭（土佐炭、日向炭）、10）杉、11）鉄（芸州）、12）肥料（鯡〆粕）がカバーされている。

第 3 章 比較優位は机上の空論か　63

表 3-1　日本の開国と比較優位の法則：データ

	$\mathbf{p}^a\mathbf{T}$ (1851–53 年価格)			$\mathbf{p}^f\mathbf{T}$ (名目値)				価格指数 (1851–1853=1.00)		
	[1]	[2]	[3] (=[1]−[2])	[4]	[5]	[6] (=[4]−[5])	[7]	[8]	[9]	
	輸出	輸入	純輸出	輸出	輸入	純輸出	非貿易財	輸出	輸入	
1868	4.16	4.32	−0.16	17.77	14.96	2.81	4.11	4.71	3.30	
1869	3.43	5.89	−2.46	9.98	16.74	−6.76	4.27	4.99	3.40	
1870	4.11	10.43	−6.32	11.24	27.06	−15.82	4.10	5.44	3.53	
1871	5.23	9.41	−4.18	13.89	17.06	−3.17	3.99	5.55	3.66	
1872	5.14	9.42	−4.28	13.16	20.23	−7.07	3.65	5.14	3.42	
1873	4.15	10.46	−6.31	16.72	21.73	−5.00	3.40	4.78	3.25	
1874	5.19	10.31	−5.12	14.93	18.93	−4.00	3.26	4.63	3.14	
1875	4.90	12.96	−8.06	14.39	24.66	−10.27	3.33	4.46	3.04	

	ベースライン (非貿易財の価格指数を利用)			$\mathbf{p}^a\mathbf{T} - \mathbf{p}^f\mathbf{T}$ (1851–53 年価格)			頑強性のチェック (輸出入の価格指数を利用)			$\mathbf{p}^a\mathbf{T} - \mathbf{p}^f\mathbf{T}$ (1851–53 年価格)		
	$\mathbf{p}^f\mathbf{T}$ (1851–53 年価格)			[12] (=[10]−[11])	[13] 内積		$\mathbf{p}^f\mathbf{T}$ (1851–53 年価格)			[16] (=[14]−[15])	[17] 内積	
	[10] (=[4]/[7])	[11] (=[5]/[7])					[14] (=[4]/[8])	[15] (=[5]/[9])				
	輸出	輸入	純輸出				輸出	輸入	純輸出			
1868	4.32	3.64	0.68	−0.84			3.77	4.53	−0.76	−2.92	0.60	
1869	2.34	3.92	−1.59	−0.87			2.00	4.92	−2.92		0.46	
1870	2.74	6.59	−3.85	−2.47			2.07	7.67	−5.61		−0.71	
1871	3.48	4.27	−0.79	−3.39			2.50	4.66	−2.16		−2.02	
1872	3.60	5.54	−1.93	−2.35			2.56	5.92	−3.36		−0.92	
1873	4.91	6.38	−1.47	−4.84			3.50	6.68	−3.19		−3.12	
1874	4.57	5.80	−1.22	−3.90			3.22	6.03	−2.80		−2.32	
1875	4.32	7.41	−3.09	−4.97			3.22	8.11	−4.88		−3.18	

注：$\mathbf{p}^a\mathbf{T}$ は Bernhofen and Brown (2004) の Table 2 より得た。$\mathbf{p}^f\mathbf{T}$ は Sugiyama (1988), Table 3-4 (p.46) から得たものであり、Bernhofen and Brown (2004, Figure 2) と同じである。円銀から両 (金) へは 0.773 両 (金) = 1 円銀のレートを利用して換算した。輸出、輸入、純輸出の単位は百万両 (金) である。価格指数の基準年は 1851–53 年であり、新保 (1978)、表 5–10 (p.290) から得た。
出所：新保 (1978), p.290, 表 5–10, Sugiyama (1988), p.46, 表 3–4, Bernhofen and Brown (2004), Table 2)。

図 3-2 日本の開国と比較優位の法則

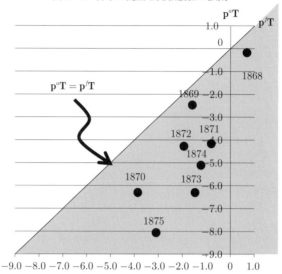

注：単位：百万両（金）、1851–53 年価格。網かけ部分は比較優位の法則が成立する領域。
出所：$\mathbf{p}^a\mathbf{T}$ と $\mathbf{p}^f\mathbf{T}$ は表 3-1 より得た。

はそれぞれ 1851 年–1853 年の価格で基準化した $\mathbf{p}^a\mathbf{T}$ と自由貿易下の価格で評価した純輸出額 $\mathbf{p}^f\mathbf{T}$ である。列 [12] は 1851 年–1853 年の価格で基準化した $\mathbf{p}^f\mathbf{T}$ であり、輸出額（列 [4]）と輸入額（列 [5]）を価格指数（列 [7]）で割り、その輸出額から輸入額の差を取ることで得たものである。本章 2 節の仮定は期間を通じて $\mathbf{p}^a\mathbf{T} - \mathbf{p}^f\mathbf{T} \leq 0$ が満たされれば、比較優位の法則が成立することになる。

表 3-1 の列 [13] が実際のデータから計算した $\mathbf{p}^a\mathbf{T} - \mathbf{p}^f\mathbf{T}$ である。また、図 3-2 は図 3-1 に対応させるかたちで $\mathbf{p}^a\mathbf{T}$ と $\mathbf{p}^f\mathbf{T}$ の値をプロットしたものである。図 3-2 より、すべての年が網かけ部分に位置していることがわかる。この結果は、$\mathbf{p}^a\mathbf{T} \leq 0$ と $\mathbf{p}^a\mathbf{T} - \mathbf{p}^f\mathbf{T} \leq 0$ がすべての年について成立していることを意味している。

ここで、$\mathbf{p}^a\mathbf{T} - \mathbf{p}^f\mathbf{T} \leq 0$ が統計的に有意に成立するかどうかを疑問に思っ

た方がいるかもしれない。そこで、帰無仮説を $H_0 : \mathbf{p}^a\mathbf{T} - \mathbf{p}^f\mathbf{T} > 0$ とする t-検定を行った結果、帰無仮説が1%水準で棄却されるという結果を得た。この結果は、Bernhofen and Brown (2004) の観測事実は、貿易収支の不均衡を考慮した上でも、成立することを意味している。

また、非貿易財の価格指数でカバーされている財は貿易財の価格指数でカバーされている財とは異なることから、非貿易財の価格指数を利用することに疑問を持つ方もいるかもしれない。つまり、どのような価格指数を用いるかによって、結果は変わってくる可能性もある。異なる価格指数に対する結果の頑強性を確認するため、非貿易財の価格指数でなく、輸出入の価格指数を用いて $\mathbf{p}^a\mathbf{T} - \mathbf{p}^f\mathbf{T}$ を再計算した。輸出入の価格指数は新保（[1978]、p.290、表5-10）から得た。

表3-1の列 [17] は輸出入の価格指数を用いて $\mathbf{p}^a\mathbf{T} - \mathbf{p}^f\mathbf{T}$ を再計算した結果である[6]。この結果より、$\mathbf{p}^a\mathbf{T} \leq 0$ はすべての年で成立しているが、$\mathbf{p}^a\mathbf{T} - \mathbf{p}^f\mathbf{T} \leq 0$ は1868年と69年で成立していないことがわかる。ただし、1868年と69年は平時の状態になかったことに注意する必要がある。

1868年と69年はちょうど戊辰戦争（1868年1月〜69年5月）の時期と一致しており、比較優位の法則の前提が成り立っていなかった可能性がある[7]。歴史的に見れば、これらの年は異常値といえるかもしれない。

帰無仮説を $H_0 : \mathbf{p}^a\mathbf{T} - \mathbf{p}^f\mathbf{T} > 0$ とする t-検定を行った結果、帰無仮説が5%水準で棄却されるという結果を得た。このため、本章の主要な結果は、異なる価格指数を用いることに、ある程度頑強（ロバスト）であるといえる。

5 比較優位は机上の空論ではない

本章では、貿易理論の最も基本的な原理のひとつ——比較優位の法則（Dear-

[6) ここで、1868年の純輸出が名目値と1851–63年価格で基準化した実質値の間で異なる符号を取っていることに注意してほしい。これは、二つの系列を異なる価格指数でデフレートし、両者を差し引くときに、しばしば起こる問題である。本章の分析の結果は1868年を除いても成立することから、ここではこの問題に立ち入らず、輸出入の価格指数を用いた結果はあくまで頑強性のチェックに利用した。

[7) たとえば、戦時には生産者が（平時のように）競争的に活動するのは難しいと想像できる。

dorff、[1980]、[1994a]）——が現実に成り立っていたかどうかを歴史的なデータをもとに検証したものである。本章の分析の新規性は、貿易収支の不均衡を考慮した上で比較優位の法則を検証している点にある。そのために、本章の分析では、閉鎖経済下の価格の情報だけでなく、自由貿易下の価格の情報も利用した。分析の結果、貿易収支の不均衡を考慮した上でも、比較優位の法則が成り立つことを明らかにした。

冒頭の疑問に戻ってみよう。比較優位は机上の空論だろうか。答えは「まったくの空論とは言えない」だろう。現実のデータ、しかも日本の幕末前後の歴史が、比較優位の妥当性を支持している。もちろん、本章の結果がすべての国・時代に当てはまるとまでは言い切れない。そもそも、比較優位を厳密に検証するためには鎖国と開国の状態を比較する必要があり、他の国で比較優位の妥当性を検証するのは難しい。しかし、比較優位を机上の空論と主張する人は、日本の貿易が比較優位に基づいたというエビデンスにも留意する必要があるだろう。

なお、本章の分析は、比較優位の源泉がどこにあるのかについては議論がなされていない。言い換えれば、何が比較優位を生み出しているのかという点については未解決のままである。第1章のリカード・モデルでは、比較優位の源泉に労働生産性のちがいがあることを議論した。次章では、たとえ労働生産性が同じであっても比較優位が生じること、より具体的には、比較優位の源泉として生産要素の要素賦存が考えられることを説明する。

6 比較優位の法則：証明

■定理（Deardorff、1980）：閉鎖経済下の価格で評価した純輸出はゼロと等しいかそれ以下である：

$$\mathbf{p}^a \mathbf{T} \leq 0$$

証明：以下のとおり。

生産者の利潤最大化より $\mathbf{p}^a \mathbf{Q}^a \geq \mathbf{p}^a \mathbf{Q}^f$。また財の需給が成立している均

衡では、$\mathbf{p}^a\mathbf{Q}^a = \mathbf{p}^a\mathbf{C}^a$。消費者にとっては、自由貿易で消費できる財の数量は閉鎖経済の価格の下では購入することはできない。このため、$\mathbf{p}^a\mathbf{C}^f \geq \mathbf{p}^a\mathbf{C}^a$ となる。これらの条件を組み合わせると、

$$\mathbf{p}^a\mathbf{C}^f \geq \mathbf{p}^a\mathbf{C}^a = \mathbf{p}^a\mathbf{Q}^a \geq \mathbf{p}^a\mathbf{Q}^f$$

となり、$\mathbf{p}^a(\mathbf{C}^f - \mathbf{Q}^f) \geq 0$ となる。ここで、純輸出が $\mathbf{T}(= \mathbf{Q}^f - \mathbf{C}^f)$ で表されることを利用すると、

$$\mathbf{p}^a\mathbf{T} \leq 0 \tag{3.7}$$

となる。

いま、自由貿易化の均衡が $\mathbf{p}^f\mathbf{T} = 0$ で表されることを利用すると、

$$\mathbf{p}^a\mathbf{T} = \mathbf{p}^a\mathbf{T} - \mathbf{p}^f\mathbf{T} = (\mathbf{p}^a - \mathbf{p}^f)\mathbf{T} \leq 0 \tag{3.8}$$

となる。この (3.8) 式より、輸出（$T_j > 0$ となるとき）は、自国の財 n の価格が国際価格より低く（$p_j^a - p_j^f \leq 0$）、逆に輸入（$T_j < 0$ となるとき）は、自国の財 j の価格が国際価格より高いとき（$p_j^a - p_j^f \geq 0$）であることがわかる。

■**補題（Deardorff、1994a）**：定理を導く仮定とホモセティックな選好の仮定が成立するとし、貿易収支均衡の仮定を外すと、閉鎖経済下の価格で評価した純輸出はゼロと等しいかそれ以下である：

$$(\mathbf{p}^a - \mathbf{p}^f)\mathbf{T} \leq 0$$

証明：以下のとおり。

貿易収支が均衡していない状況を考える。ホモセティックな選好の仮定は、$\mathbf{p}^f\lambda\mathbf{C}^f = \mathbf{p}^f\mathbf{Q}^f$ となるような $\lambda(>0)$ が存在することを意味する。このような消費ベクトル $\lambda\mathbf{C}^f$ を $\widetilde{\mathbf{C}}^f$ で表すとする。この $\mathbf{p}^f\widetilde{\mathbf{C}}^f = \mathbf{p}^f\mathbf{Q}^f$ より、次のような関係が成り立つ。

$$\widetilde{\mathbf{C}}^f = (\mathbf{p}^f \mathbf{Q}^f / \mathbf{p}^f \mathbf{C}^f) \mathbf{C}^f \tag{3.9}$$

ここで $\mathbf{p}^f \widetilde{\mathbf{C}}^f = \mathbf{p}^f \mathbf{Q}^f$ は、$\widetilde{\mathbf{C}}^f$ の消費ベクトルの下で、貿易収支が均衡していることを意味しているため、Deardorff（1980）の定理と同様に

$$(\mathbf{p}^a - \mathbf{p}^f)(\mathbf{Q}^f - \widetilde{\mathbf{C}}^f) \leq 0 \tag{3.10}$$

が成立する。ここで価格を $\mathbf{p}^a \mathbf{Q}^f = \mathbf{p}^f \mathbf{Q}^f$ となるように基準化しよう。すなわち、$(\mathbf{p}^a - \mathbf{p}^f)\mathbf{Q}^f = 0$ である。このため、

$$\begin{aligned}
(\mathbf{p}^a - \mathbf{p}^f)(\mathbf{Q}^f - \mathbf{C}^f) &= (\mathbf{p}^a - \mathbf{p}^f)\mathbf{Q}^f - (\mathbf{p}^a - \mathbf{p}^f)\mathbf{C}^f \\
&= (\mathbf{p}^f \mathbf{C}^f / \mathbf{p}^f \mathbf{Q}^f)(\mathbf{p}^a - \mathbf{p}^f)\mathbf{Q}^f \\
&\quad - (\mathbf{p}^f \mathbf{C}^f / \mathbf{p}^f \mathbf{Q}^f)(\mathbf{p}^a - \mathbf{p}^f)\widetilde{\mathbf{C}}^f \quad ((3.9) \text{ より}) \\
&= (\mathbf{p}^f \mathbf{C}^f / \mathbf{p}^f \mathbf{Q}^f)(\mathbf{p}^a - \mathbf{p}^f)(\mathbf{Q}^f - \widetilde{\mathbf{C}}^f) \\
&\leq 0 \tag{3.11}
\end{aligned}$$

が成立する。ここで、純輸出が $\mathbf{T}(=\mathbf{Q}^f - \mathbf{C}^f)$ で表されることを利用すると、

$$(\mathbf{p}^a - \mathbf{p}^f)\mathbf{T} \leq 0$$

となる。

第 II 部

HOモデルと
日本の貿易パターン

（HO: ヘクシャー＝オリーン）

第4章

貿易と生産要素をつなぐメカニズム

- 本章では、ヘクシャー＝オリーン・モデルの理論、実証研究の方法、およびこれまでの研究の流れを紹介する。
- 教科書的なリカード・モデルは二国（自国と外国）・二財・一要素（労働）、教科書的なヘクシャー＝オリーン・モデルは二国（自国と外国）・二財・二要素（資本と労働）を想定するが、実証研究では多国・多財・多要素のモデルへの拡張が必要になる。
- 本章では二要素モデルから出発し、多要素モデル、多国間モデル、およびこれらの枠組みに基づく研究を順に紹介していく。
- そしてここでは、特に要素コンテンツ・アプローチやクロス・インダストリー分析が日本の貿易パターンを分析する上で有用であることを確認する。
- 本章を通じて、どのような方法に基づき何が明らかにされているのか、そして何が今なお明らかにされていないのかを整理する。

> 『スター・ウォーズ　エピソード1「見えざる脅威」』
>
> オープニング・クロール
>
> A long time ago, in a galaxy far, far away...
>
> 銀河共和国を騒乱が襲った。辺境の星系を結ぶ交易ルートへの課税をめぐって論争が勃発したのだ。
> 貪欲な通商連合は武力での解決を図るべく、大規模な艦隊によって辺境の小惑星ナブーの物流を完全に止めてしまう。
> 共和国議会がこの非常事態について飽くなき討論を繰り広げている間に、最高議長は論争を調停すべく、平和と正義の守護者であるジェダイ・ナイト2人を密かに派遣したのだった…

1　貿易と資本、労働

(1)　二要素モデル

第1章では、リカード・モデルと比較優位の関係について紹介した。リカード・モデルでは、比較優位の源泉は、各国間の労働生産性の差にある。このため、労働生産性の差の小さな国の間よりも、労働生産性の差の大きな国の間で貿易が活発になるはずである。つまり、先進国間、開発途上国間よりも、先進国と開発途上国の間での貿易が活発になることが予想される。しかし現実は、先進国間、開発途上国間の貿易のほうが活発に行われている。そこで生じる疑問が、比較優位を労働生産性の差以外の要因に求められないかというものである。

本章では、仮に労働生産性の差や選好の差がなくても、比較優位に基づく貿易が生じるとする経済モデル、ヘクシャー＝オリーン・モデルを紹介する[1]。

---

[1]　ヘクシャー＝オリーン・モデルは、スウェーデンの経済学者 Eli Heckscher の1919年の論文と Bertil Ohlin の1924年の博士論文がもとになっている。ともにスウェーデン語で書かれていたが、オリーンの研究は1933年にハーバード大学出版会から *Interregional*

ヘクシャー＝オリーン・モデルでは、比較優位の源泉は、各国の要素賦存の差にある。以下では、ヘクシャー＝オリーン・モデルの理論的枠組みを説明し、その実証分析の流れを紹介する。

最も単純なヘクシャー＝オリーン・モデルの設定は次のようなものである。

1. **世界**：二国（自国と外国）・二財・二要素（資本、労働）から成る。財市場、要素市場ともに完全競争。
2. **生産**：一次同次の生産関数。両国で生産技術が同じ。二財の要素集約度の逆転や生産の特化は起こらない。
3. **消費**：社会的無差別曲線も両国共通。相似拡大的（homothetic）。そのほか、標準的な仮定を満たす（原点に向かって凸形など）。
4. **財の移動**：国際間を自由に移動（貿易障壁、輸送費はともに無視できるほど小さい）。輸出と輸入は等しい（貿易収支は均衡）。
5. **生産要素の移動**：生産要素は国内で（産業間を）自由に移動。国際間では移動しない。

モデルの詳細は標準的な国際経済学の教科書——たとえば、伊藤・大山（1985）や木村（2000）——に譲るとして、結論だけ述べると、これらの仮定の下で次の四つの定理が導かれる。

1. **ヘクシャー＝オリーンの定理**：労働（資本）が相対的に豊富な国は、労働（資本）集約的な財を輸出する。
2. **リプチンスキーの定理**：所与の価格の下で、労働（資本）の要素賦存量が増えると、労働（資本）集約的な財の生産はそれ以上に増加するが、資本（労働）集約的な財の生産は減少する。

---

and International Trade として出版された。ただし、これらの研究は経済モデルとしては叙述的であり、モデルの前提や定理の導出という意味で、厳密さに欠けていた。このヘクシャーとオリーンの標準的なモデル——二国・二財・二要素から成るモデル——を数理的に厳密に記述したのが、ポール・サミュエルソンである。このため、二国・二財・二要素のヘクシャー＝オリーン・モデルはヘクシャー＝オリーン＝サミュエルソン・モデルと呼ばれることもある。

3. **要素価格均等化定理**：両国が両財を同時に生産しているときには、生産要素の価格は両国で同じになる。
4. **ストルパー＝サミュエルソンの定理**：要素賦存量一定の下で、労働（資本）集約的な財の相対価格が上昇すると、労働（資本）価格はそれ以上に上昇するが、資本（労働）の価格は逆に下落する。

　ここでは、これらの四つの定理が定理と呼ばれる所以について説明したい。まずヘクシャー＝オリーンの定理について見てみよう[2]。

　ヘクシャー＝オリーンの定理は、それぞれの国はそれぞれが豊富な資源に集約的な財を輸出すると述べている。つまり、労働が豊富な国は労働集約的な財、資本が豊富な国は資本集約的な財、天然資源が豊富な国は天然資源集約的な財を輸出するというものである。この背後には、豊富な生産要素は相対的に価格が低くなり、豊富な生産要素集約的な財に比較優位を持つというメカニズムが働いている。一見すると、この定理はごく当たり前のことを言っているようにも聞こえる。なぜ定理と呼ばれているのだろうか。

　ここで、もう一度仮定に戻って考えてみよう。ヘクシャー＝オリーン・モデルの仮定では、生産技術は両国で同一で、社会的無差別曲線も同一である。つまり、二つの国は同じものを同じ技術でつくり、同じように消費していることになる。貿易が起こる理由を尋ねると、多くの人は「異なるものをつくっているため」あるいは「好みがちがうため」だと答えるだろう。このため、同じものをつくっていて、同じような好みを持っていると、貿易は起こらないと考えられてしまう。ヘクシャー＝オリーンの定理は、その考えが間違っていると指摘する。つまり、たとえ生産技術が同じで、同じような消費を持っていても、貿易が生じると述べているのである。

　標準的なヘクシャー＝オリーン・モデルは二国・二財・二要素という非常に狭い世界を想定しており、現実との間には距離がある。そこで、多国・多財・多要素へと拡張したモデルについて次節で紹介する。また、第5章と第6章で、ヘクシャー＝オリーンの定理に基づき日本の貿易パターンを分析する。

---

[2] なお、ヘクシャー＝オリーン・モデルは上記の諸仮定の下で成り立つ経済モデルを指し、そこから導かれる帰結のひとつがヘクシャー＝オリーンの定理である。両者のちがいに注意が必要である。

次に、リプチンスキーの定理を見てみよう。リプチンスキーの定理に基づけば、人口（労働）が増加すれば、労働集約的な財の生産が増加し、資本集約的な財の生産が減少する。たとえば、日本は少子高齢化により、労働力人口の減少に直面している。労働力人口の減少に伴い、すべての産業の生産が減少すると考えられがちである。しかし、そうならないと述べているのがリプチンスキーの定理である。他の条件が一定の下で労働が減少すると、労働集約的な財の生産は減少するが、逆に資本集約的な財の生産は拡大するのである。そしてこのような要素賦存と生産パターンの関係は、データによっても強く支持されている。この詳細については、第7章と第8章で紹介する。

要素価格均等化の定理は、貿易に伴い財の価格差が均等化すると、財の価格差の原因となっていた生産要素の価格差も均等化すると述べている。財が自由に取引される市場では、人々は同じ財であればより安いものを購入しようとする。このため、究極的には財価格は均等化する、というのはそれほど不思議ではないだろう。しかし、この定理は直接取引されていない生産要素の価格も均等化すると述べている。財の取引は、究極的にはその財のコンテンツ、すなわち、体化されている生産要素の取引としても表現できる。このため、財の価格が均等化することで、その財に体化されている生産要素の価格も均等化するのである。もちろん、現実には、生産要素の価格の均等化は成立していない。この詳細は第7章と第8章で議論するが、少なくとも貿易に要素価格均等化へと向かわせるような力があることは、注目に値するだろう。

最後に、ストルパー＝サミュエルソンの定理である。ストルパー＝サミュエルソンの定理は、ある財の価格が上昇すると、その財の生産に集約的に投入される生産要素の価格は上昇し、他の生産要素の価格は下落すると述べている。一般に、先進国は資本豊富国であり、開発途上国は労働豊富国である。また、貿易を行う前後で、その国に豊富な要素の財の価格が上昇する。すなわち、先進国では資本集約的な財の価格が相対的に上昇し、開発途上国では労働集約的な財の価格が相対的に上昇する。ストルパー＝サミュエルソンの定理から、先進国では資本の価格が相対的に上昇し、開発途上国では賃金が相対的に上昇することになる。

これらの定理の前提となる仮定をまとめたのが表4-1である。これらの仮

表 4-1　四つの定理に必要な仮定

	SS	R	FE	HO
両財の生産関数が一次同次	○	○	○	○
両財の要素集約度の逆転が起こらない	○	○	○	○
両財を生産（不完全特化）	○	○	○	
生産関数が両国に共通			○	○
両国の効用関数が同じで相似拡大的				○

注：SS はストルパー＝サミュエルソンの定理、R はリプチンスキー（Rybczynski, T.）の定理、FE は要素価格均等化定理、HO はヘクシャー＝オリーンの定理を表す。
出所：木村・小浜（1995、p.15）。

定のうち、「両財の生産関数が一次同次」、「両財の要素集約度の逆転が起こらない」、「両財を生産（不完全特化）」の仮定は、実は国内の生産に関する仮定である。つまり、これらの仮定については、国際貿易とは無関係である。そして、これらの仮定に基づく定理は、ストルパー＝サミュエルソンの定理とリプチンスキーの定理である。ヘクシャー＝オリーン・モデルは、要素賦存が財の生産から国際貿易へとつながっていくメカニズムを記述するものだが、リプチンスキーの定理はこのうち要素賦存と財の生産に注目したものである。また、ストルパー＝サミュエルソンの定理は財価格の変動と要素価格の変動に注目したものである。このためリプチンスキーの定理、ストルパー＝サミュエルソンの定理のいずれも、貿易から切り離して議論することも可能である。このうちリプチンスキーの定理に基づく実証分析を第 7 章と第 8 章で紹介する。

なお、標準的なヘクシャー＝オリーン・モデルは自由な貿易を想定しており、貿易障壁の存在は考慮していない。しかし、貿易障壁は貿易理論の予測を歪める要因の一つであり、ときには戦争の引き金ともなる重要な問題である。たとえば、第二次世界大戦は、各国の関税の引き上げ（そして、それに伴う世界貿易の縮小）に端を発していると言われている。貿易障壁はそれ自体が一大テーマであるため、本書の範囲を超えるものであることをお断りしたい。ちなみに、貿易障壁に端を発した最古の（そしておそらく最大の）戦争は、筆者が知る限り、章頭で紹介したスター・ウォーズである。

(2) レオンティエフ・パラドックス

　ヘクシャー＝オリーン・モデル、特にヘクシャー＝オリーンの定理の現実妥当性に関する本格的な実証研究は、旧ソ連出身の経済学者ワシリー・レオンティエフ（Wassily Leontief）による Leontief（1953）に始まった。前節で見たように、ヘクシャー＝オリーンの定理は、各国の貿易パターンが自国にどれだけ要素が存在するか（要素賦存度）と各財がどれだけ生産要素を要するか（要素集約度）によって決まるとするものである。レオンティエフはこのヘクシャー＝オリーンの定理の現実妥当性を、1947年の米国経済に注目して分析した。当時の米国は他国に比べると相対的に労働よりも資本が豊富であると考えるのが自然だろう。もしそうだとすれば、米国は資本集約的な財を輸出し、労働集約的な財を輸入していることになる。

　いま、財の輸出を通じた資本と労働の輸出をそれぞれ、K_X と L_X と表すとしよう。同様に、財の輸入を通じた資本と労働の輸入をそれぞれ、K_M と L_M と表すとしよう。米国が資本集約的な財を輸出し、労働集約的な財を輸入しているのであれば、輸出財の資本集約度（資本・労働比率）は輸入財の資本集約度を上回ることになる。すなわち、

$$\frac{K_M}{L_M} < \frac{K_X}{L_X} \quad \text{or} \quad \frac{K_M/L_M}{K_X/L_X} = \frac{L_X/L_M}{K_X/K_M} < 1 \tag{4.1}$$

の関係が成立することになる。この関係が成立するかどうかを確かめることは、レオンティエフのテストと呼ばれている。

　それでは、どのようにして財の貿易を通じた資本と労働の貿易を捉えればよいのだろうか。ここで注意しなければならないのは、中間財の存在である。標準的なヘクシャー＝オリーン・モデルでは、中間財の存在は捨象されており、最終財のみで議論が展開されている。このため、最終財に投入された資本と労働の比率を求めれば、そのまま資本集約度になる。しかし、現実には中間財が存在する。そして中間財が存在する場合、最終財に投入された資本と労働を求めるだけでは問題がある。この問題を理解するため、次のような例を考えてみよう。

　いま仮に、日産のマーチがタイの工場で組み立てられ、世界各国へ輸出さ

れているとしよう。そして、このマーチの組み立てはほとんどが人によってなされており、機械の投入はほとんど行われていないとしよう。このような場合、マーチを労働集約的な財とみなしてもよいだろうか。答えは No だろう。マーチの組み立て自体は労働集約的でも、マーチに投入されている様々な部品や素材（中間財）には多くの資本が投入されているためである。このため、マーチに投入された資本と労働の総量を求めるためには、中間財に投入された資本や労働も含めて計測する必要がある。

このような問題に対処するため、レオンティエフは産業連関表と呼ばれる統計を開発した。産業連関表とは、ある年のある国（地域）の産業間取引をまとめた表のことであり、投入・産出表とも呼ばれている。この産業連関表を用いることで、中間財に投入された資本と労働の量を計測できることが知られている[3]。彼は米国の産業連関表を用いて、財の生産と輸出に必要とした資本と労働の総量を推計した。分析の結果は驚くべきものだった。

$$\frac{L_X/L_M}{K_X/K_M} = 1.30 \tag{4.2}$$

となったのである。この結果は、当時の米国が資本豊富国であるにもかかわらず、資本集約的な財を輸入し、労働集約的な財を輸出していたことになる。つまり、ヘクシャー＝オリーンの定理とまったく逆の結果になっているのである。レオンティエフはその後、ちがう年の産業連関表を用いて分析を行っているが、結果は大きく変わらなかった。このいわば逆説的（パラドキシカル）な結果は、レオンティエフのパラドックスと呼ばれている。

その後、レオンティエフ・パラドックスの研究は、二つの方向で広がっていく[4]。一つは資本と労働だけでなく、他の生産要素も同時に考慮しようと試みるものであり、もう一つは二要素の下で、理論と実証分析の整合性を突き詰めるというものである。次節ではこの二つの流れを説明する。

---

[3] この産業連関表の詳細については、たとえば宮沢（2002）を参照。
[4] 1980 年初頭までのヘクシャー＝オリーン・モデルの実証研究については、Deardorff（1984）が詳しい。また、1990 年半ばまでの研究については、Leamer and Levinsohn（1995）を参照。

2　二要素モデルの拡張

（1）　二要素から多要素へ

　二国・二財・二要素のヘクシャー＝オリーン・モデルは現実世界を単純化することで、貿易と生産要素の結びつきを記述することに成功している。また、導かれる定理も、示唆に富むものとなっている。しかし、このヘクシャー＝オリーン・モデルと現実のデータを結びつけようとすると、その単純さゆえに、様々な問題が生じてくる。その一つは、国が二つ、財が二つ、そして生産要素が二つしかないという設定だろう。そこで本節では、この標準的なヘクシャー＝オリーン・モデルを多数の国、多数の財、多数の生産要素へと拡張したモデルを紹介する。

　多国・多財・多要素から成るヘクシャー＝オリーン・モデルは、Vanek (1968) によって始まった。ヘクシャー＝オリーン・モデルの多国・多財・多要素バージョンという性質から、ヘクシャー＝オリーン＝バーネック・モデル (Heckscher-Ohlin-Vanek model) と呼ばれることもある。このこのヘクシャー＝オリーン＝バーネック・モデルの設定は次のようなものである。

1. **世界**：M 国（$i = 1, \ldots, M$）と N 財（$j = 1, \ldots, N$）、J 要素（$k = 1, \ldots, J$）から成る世界を考える。財市場、要素市場は完全競争で生産要素は無駄なく利用される（完全雇用）。
2. **生産**：一次同次の生産関数。各国で生産技術が共通。各財の要素集約度の逆転や生産の特化は起こらない。
3. **消費**：社会的無差別曲線も各国共通。相似拡大的 (homothetic)。そのほか、標準的な仮定を満たす（原点に向かって凸型など）。
4. **財の移動**：国際間を自由に移動（貿易障壁、輸送費はともに無視できるほど小さい）。各国レベルでは、輸出と輸入は必ずしも一致しない（貿易収支は均衡しなくてもよい）が、世界全体の輸出と輸入は均衡している（世界全体で財の需給は均衡している）。
5. **生産要素の移動**：生産要素は国内で（産業間を）自由に移動。国際間で

は移動しない。
6. 価格:要素価格均等化が成立する。

このような設定の下で、i 国の産出、消費、純輸出を表すベクトル ($N \times 1$) をそれぞれ $\mathbf{Q}^i$、$\mathbf{C}^i$、$\mathbf{T}^i$ とする。このとき、この国の純輸出は $\mathbf{T}^i = \mathbf{Q}^i - \mathbf{C}^i$ で表される。要素賦存のベクトル ($J \times 1$) を $\mathbf{V}^i$ で表し、各財一単位の生産に必要な要素投入量を $\mathbf{A}^i$ で表すとする。ここで、$\mathbf{A}$ は $M \times N$ の行列である。同様に、世界全体の産出、消費、要素賦存のベクトルをそれぞれ $\mathbf{Q}^W$、$\mathbf{C}^W$、$\mathbf{V}^W$ で表すとする。

いま、財に体化された生産要素の純輸出のベクトル ($N \times 1$) を $\mathbf{F}^i \equiv \mathbf{A}^i \mathbf{T}^i$ と定義する。また、$\mathbf{A}$、$\mathbf{F}^i$、$\mathbf{V}^i$ の各要素をそれぞれ a、f、v で表すとする。仮に、前節のような二財(財1と財2)二要素(資本 K と労働 L)のモデルの場合、行列 $\mathbf{A}$ とベクトル $\mathbf{F}^i$、要素賦存ベクトル $\mathbf{V}^i$ はそれぞれ次のように表すことができる。

$$\mathbf{A}^i = \begin{pmatrix} a^i_{1L} & a^i_{2L} \\ a^i_{1K} & a^i_{2K} \end{pmatrix} \quad \mathbf{F}^i = \begin{pmatrix} f^i_L \\ f^i_K \end{pmatrix} \quad \mathbf{V}^i = \begin{pmatrix} v^i_L \\ v^i_K \end{pmatrix} \tag{4.3}$$

ここで、完全雇用の仮定は $\mathbf{A}^i \mathbf{Q}^i = \mathbf{V}^i$、各国で生産技術が同一という仮定は $\mathbf{A}^i = \mathbf{A} \ \forall M$ を意味している。また、社会的無差別曲線が各国共通で相似拡大的という仮定は、各国の消費が世界全体の消費に比例して決まることを意味する。この比例定数を s^i で表すとすると、$\mathbf{C}^i = s^i \mathbf{C}^W$ が成り立つことになる。世界全体で財の需給は一致していることから、$\mathbf{C}^i = s^i \mathbf{C}^W = s^i \mathbf{Q}^W$ が成り立つ。このため、

$$\begin{aligned}
\mathbf{F}^i &\equiv \mathbf{A}^i \mathbf{T}^i \\
&= \mathbf{A} \mathbf{T}^i \quad (\because \mathbf{A}^i = \mathbf{A} \ \forall M) \\
&= \mathbf{A}(\mathbf{Q}^i - \mathbf{C}^i) \quad (\because \mathbf{T}^i = \mathbf{Q}^i - \mathbf{C}^i) \\
&= \mathbf{A}(\mathbf{Q}^i - s^i \mathbf{Q}^W) \quad (\because \mathbf{C}^i = s^i \mathbf{C}^W = s^i \mathbf{Q}^W) \\
&= \mathbf{V}^i - s^i \mathbf{V}^W \quad (\because \mathbf{V}^i = \mathbf{A} \mathbf{Q}^i)
\end{aligned} \tag{4.4}$$

となる。

　この (4.4) 式は、各生産要素 k について次のような関係が成り立つことを意味している。

$$f_k^i = v_k^i - s^i v_k^W \tag{4.5}$$

この式は、左辺は各要素 k の純輸出量であり、現実に取引されている生産要素の貿易量を表している。一方、右辺は国 i の要素 k の（世界全体に対する相対的な）賦存量を表しており、いわばヘクシャー＝オリーン＝バーネック・モデルが予測する貿易量と解釈できる。

　また、(4.5) 式は次のように書き直すこともできる。

$$\frac{f_k^i}{v_k^W} = \frac{v_k^i}{v_k^W} - s^i \tag{4.6}$$

ここで、国 i の要素賦存 k と世界全体の要素賦存 k の比率が、国 i の GDP の世界シェアを上回る場合 $(v_k^i/v_k^W > s^i)$、国 i は要素 k が豊富な国であり、逆に下回る場合 $(v_k^i/v_k^W < s^i)$、生産要素 k が希少な国であると呼ばれる。このとき、次のような多国・多財・多要素バージョンのヘクシャー＝オリーンの定理（ヘクシャー＝オリーン＝バーネックの定理と呼ばれることもある）を導くことができる。

■**ヘクシャー＝オリーン＝バーネックの定理（Vanek、1968）**：各国はそれぞれの国に豊富な要素を純輸出し、希少な要素を純輸出する。
証明：国 i に豊富な要素は $v_k^i/v_k^W > s^i$。すなわち、$v_k^i - s^i v_k^W > 0$ となり、$f_k^i > 0$ となる。逆に、国 i に希少な要素は $v_k^i/v_k^W < s^i$。すなわち、$v_k^i - s^i v_k^W < 0$ となり、$f_k^i < 0$ となる。

　二国・二財・二要素のヘクシャー＝オリーン・モデルと同様に、豊富な要素に集約的な財は比較優位のある財である。ここで、このアプローチは財に体化された要素の貿易に注目している点に注意してほしい。

　一般に、多財・多要素のモデルでは、どの財を輸出（輸入）するかという

ことを説明することはできない。その理由は、財の数と生産要素の数が同じでなければ、数学的に一意に解を導くことができないという問題があるためである。しかし、どの要素に集約的な財を輸出（輸入）しているかという点は説明できる。財そのものの貿易を説明するのではなく、それらに体化された生産要素に問題を置き換えているところが、Vanek (1968) のアプローチの鋭さになっている。このヘクシャー＝オリーン＝バーネックのアプローチは、財に体化された要素の貿易に注目していることから、**要素コンテンツ・アプローチ**と呼ばれることもある。

さて、いまここで財と要素の数が同じだと仮定しよう。そうすると、$\mathbf{A}$ の逆行列を取ることが可能になる。このため、(4.4)式は次のように書き直すことができる。

$$\mathbf{T}^i = \mathbf{A}^{-1}(\mathbf{V}^i - s^i \mathbf{V}^W) \tag{4.7}$$

この式は、財の純輸出 $\mathbf{T}^i$ が財一単位当たりの要素投入量 $\mathbf{A}^{-1}$ と国 i の相対的な要素賦存量によって決まることを意味している。このうち、世界全体の要素賦存量 $\mathbf{V}^W$ の情報は容易には得られない。そこで Baldwin (1971) は、財の純輸出を要素投入量の関数として表現し、要素賦存量 $(\mathbf{V}^i - s^i \mathbf{V}^W)$ を未知のパラメーターとすることで、自国の情報のみでこの式の推定を試みた。具体的には、次のような回帰式を推定した。

$$T_j = \beta_0 + \beta_1 x_{1j} + \beta_2 x_{2j} + \ldots \beta_k x_{kj} + \ldots + \epsilon_j \tag{4.8}$$

ここで、j は産業、T_i は j 産業の純輸出額、k $(= 1, 2, \ldots)$ は生産要素の種類である。また、x_{kj} は j 産業における生産要素 k の投入量を表している。産業間の純輸出と要素投入のちがいに注目することから、**クロス・インダストリー分析**と呼ばれている。

Baldwin (1971) は、1962年の米国の60産業の貿易に注目し、労働を科学者や事務職員など7種類に分けて重回帰分析を行った。その結果、労働の職種のちがいを考慮した上でも、資本の係数がマイナスで有意になることを明らかにした。

この結果は、多数の要素を考慮した上でも、レオンティエフ・パラドック

スが解消されないことを示唆している。それと同時に、Baldwin（1971）をもとに、複数の生産要素を同時に考慮するという試みが広がっていくことになる。たとえば、人的資本を考慮した Stern and Maskus（1981）や、天然資源の役割を考慮した Wright（1990）などがある。なお、日本については Urata（1983）と木村・小浜（1995）、第1章の分析があるが、これらの分析については第6章で紹介したい。

このクロス・インダストリー分析は、多国・多財・多要素のヘクシャー＝オリーン・モデルのテストとしては、理論的に問題があることが知られている。どこに問題があるのだろうか。もう一度、(4.7) 式に戻って考えてみよう。(4.7) 式より、回帰式は $\mathbf{T}^i = \mathbf{A}^{-1}\beta$ となるはずである。ここで β は回帰式で推定されるパラメータであり、$\beta = \mathbf{V}^i - s^i\mathbf{V}^W$ である。

一方、(4.8) 式の右辺の x_{kj} は j 産業における生産要素 k の投入量を表している。これは二財二要素のとき行列で表現すると

$$\mathbf{A}' = \begin{pmatrix} a_{1L} & a_{1K} \\ a_{2L} & a_{2K} \end{pmatrix} \tag{4.9}$$

であり、$\mathbf{A}$ の逆行列ではなく、転置行列となっている。このため、

$$\mathbf{T}^i = \mathbf{A}'\beta \tag{4.10}$$

より、

$$\hat{\beta} = (\mathbf{A}\mathbf{A}')^{-1}\mathbf{A}\mathbf{T}^i = (\mathbf{A}\mathbf{A}')^{-1}(\mathbf{V}^i - s^i\mathbf{V}^W) \tag{4.11}$$

つまり、推定された $\hat{\beta}$ は $[(\mathbf{A}\mathbf{A}')^{-1} = \mathbf{I}$ とならない限り$]$、$(\mathbf{V}^i - s^i\mathbf{V}^W)$ と一致しない。このため、$\hat{\beta}$ の符号と $(\mathbf{V}^i - s^i\mathbf{V}^W)$ の符号は一致しない可能性がある。これは、たとえば i 国が資本豊富国であったとしても、推定される資本の係数はプラスになるとは限らないことを意味しているのである。

それでは、クロス・インダストリー分析は無意味なのだろうか。結論から言うと、必ずしもそうではない。まず、Bowen and Sveikauskas（1992）は $\hat{\beta}$ の符号と $(\mathbf{V}^i - s^i\mathbf{V}^W)$ の符号がどれほど一致しないのかをデータによって検証した。分析の結果、現実には符号の不一致が起こるのは稀であること

を示している。また、Petri (1991) は、一定の仮定の下で、(4.8) 式が HOV モデルと整合的になることを示している。さらに、Romalis (2004) は、より新しい貿易理論から、(4.7) 式と同様の式を導くことに成功している。このため、クロス・インダストリー分析は、そのままでは理論的に脆弱であるとしても、各産業の生産要素投入と純輸出の関係を見る上では有効な方法と考えられている[5]。

(2) 貿易収支不均衡

レオンティエフ・パラドックスはその後、約 30 年にわたってパラドックスであり続けた。パラドックスを説明するための様々な試みが行われたが、いずれの研究も、パラドックスを説明するには決定的とはいえなかった。その状況を打開したのが Leamer (1980) である。Leamer (1980) はレオンティエフの分析した当時の米国経済が、大幅な貿易黒字になっていたことに注目した。標準的なヘクシャー＝オリーン・モデルは、貿易収支が均衡している状態を仮定して議論を展開する。Leamer (1980) は、二要素モデルに基づき、貿易収支が不均衡の下では、レオンティエフのテストそのものが理論と整合的でないことを指摘した。以下では、この Leamer (1980) の批判について、少し詳しく説明することにしよう。

まず、資本と労働の純輸出をそれぞれ $K_T(=K_X-K_M)$、$L_T(=L_X-L_M)$ で表すことにする。また、米国の資本と労働の要素賦存量をそれぞれ K_{US}、L_{US}、資本と労働の消費量をそれぞれ K_C、L_C で表すとしよう。国内の賦存量と消費量の差は貿易によって調整されるため、

$$K_{US} - K_C = K_T(= K_X - K_M) \quad \text{および}$$
$$L_{US} - L_C = L_T(= L_X - L_M) \qquad (4.12)$$

という関係が成り立つ。米国が資本集約的な財を輸出し労働集約的な財を輸入しているなら、

---

[5] たとえば Feenstra (2004) は次のように述べている："As a descriptive tool to show how trade is related to industry factor requirements, this regression makes good sense, but as a definitive *test* of the HOV theorem it is inadequate" (p.44).

第 4 章　貿易と生産要素をつなぐメカニズム　85

$$K_T(= K_X - K_M) > L_T(= L_X - L_M) \tag{4.13}$$

が成立することになる。

　ここで、世界全体の資本と労働の要素賦存量をそれぞれ K_W、L_W で表すとする。世界全体で見て、米国が資本豊富国であるなら米国の資本・労働比率は世界全体の資本・労働比率を上回ることになる。すなわち、

$$\frac{K_{US}}{L_{US}} > \frac{K_W}{L_W} \tag{4.14}$$

が成立する。また、米国と世界全体の消費支出をそれぞれ C_{US}、C_W とすると、世界全体の消費支出に占める米国の消費支出の割合 s_{US} は

$$s_{US} = \frac{C_{US}}{C_W} \tag{4.15}$$

と表すことができる。

　ヘクシャー＝オリーン・モデルの下では、各国は同じ技術を持ち、ホモセティックで同一な選好を持つとされている。この仮定の下で、世界全体で自由貿易が行われているなら、各国の消費は世界全体の消費に比例することになる[6]。言い換えれば、米国は世界全体で生産されるあらゆる財の s_{US}%を消費する。財の消費はそこに投入された資本と労働の消費と解釈できる。つまり、米国が世界の財の s_{US}%を消費するということは、米国が世界全体の資本と労働の s_{US}%を消費することと同じ意味になる。このため、

$$K_C = s_{US} K_W \quad \text{and} \quad L_C = s_{US} L_W \tag{4.16}$$

となる。ここで、s_{US} は世界全体の消費のシェアに対する米国の消費のシェアを表している。(4.14) 式と (4.16) 式より、

$$\frac{K_{US}}{L_{US}} > \frac{K_W}{L_W} = \frac{s_{US} K_W}{s_{US} L_W} = \frac{K_C}{L_C} \tag{4.17}$$

が成立する。この式が Leamer (1980) が注目した関係であり、リーマーの

---

[6] 世界全体で自由貿易が行われているなら、財の価格は世界で同じになる。このとき、各国の消費者の選好がホモセティックで同一なら、財の消費の比率はすべての国で同じになる。

テストと呼ばれている。

ここで、貿易収支に注目しながら、レオンティエフのテストとリーマーのテストの関係を見てみよう。まず、貿易収支が均衡の下で米国が資本集約的な財を輸出し労働集約的な財を輸入しているなら、

$$K_T(=K_X-K_M)>0>L_T(=L_X-L_M) \tag{4.18}$$

が成立しなければならない。この関係は $K_X/K_M>1$ と $L_X/L_M<1$ と書き直すことができる。このため、

$$\frac{L_X/L_M}{K_X/K_M}<1 \tag{4.19}$$

が常に成り立つ。つまり、貿易収支が均衡している場合、レオンティエフのテストはリーマーのテストと一致する。

次に、レオンティエフ・パラドックスの生じた米国経済の当時の状況、すなわち、貿易収支黒字のケースを見てみよう。貿易収支黒字の場合、米国が資本豊富国であっても、労働集約的な財の輸出が労働集約的な財の輸入を上回る可能性が出てくる。すなわち、

$$K_T(=K_X-K_M)>L_T(=L_X-L_M)>0 \tag{4.20}$$

が成立することになる。この関係は $K_X/K_M>1$ と $L_X/L_M>1$ と書き直すことができる。このため、

$$\frac{L_X/L_M}{K_X/K_M} \lessgtr 1 \tag{4.21}$$

となる。つまり、米国が資本豊富国で、資本集約的な財を輸出し労働集約的な財を輸入していても、レオンティエフのテストが成立しないケースがあることになる。言い換えれば、Leamer (1980) は、貿易収支黒字の場合、レオンティエフのテストそのものが誤っていることを明らかにしたのである。

Leamer (1980) はレオンティエフが「パラドックス」を見出した1947年の米国のデータを用いて、まず $K_T(=K_X-K_M)>L_T(=L_X-L_M)>0$ が成立することを明らかにした。次に、彼は同じデータで (4.17) 式のリー

マーのテストを行った。その結果は次のようなものである。

$$\frac{K_{US}}{L_{US}} = 6{,}949 > \frac{K_C}{L_C} = 6{,}737 \tag{4.22}$$

つまり、理論どおりの結果が得られたことになる。この結果は、正しいテストを行えば、米国は資本集約的な財を輸出し、労働集約的な財を輸入していたことになる。言い換えれば、レオンティエフ・パラドックスはテストの誤りによって生じていたことになる。

この Leamer（1980）の研究によってレオンティエフ・パラドックスは解決されたかに見えたが、Brecher and Choudhri（1982）は別のパラドックスの存在を指摘した。(4.12) 式、(4.15) 式、および (4.16) 式より、

$$L_T = L_{US} - L_C = L_{US} - s_{US}L_W = L_{US} - \frac{C_{US}}{C_W}L_W \tag{4.23}$$

となる。ここで、(4.20) 式より $L_T > 0$ に注意すると、

$$L_{US} - \frac{C_{US}}{C_W}L_W > 0 \quad \text{or} \quad \frac{C_W}{L_W} > \frac{C_{US}}{L_{US}} \tag{4.24}$$

が得られる。(4.24) 式は、米国が労働の純輸出国であるとき、米国の労働者一人当たりの消費支出は世界の労働者一人当たりの消費支出（すなわち、世界の平均的な消費支出）を下回ることになることを意味している。しかし、レオンティエフが用いたデータでは、当時の米国の労働者一人当たりの消費支出は世界の平均的な消費支出をはるかに上回っていた。この結果より、Brecher and Choudhri（1982）は、レオンティエフ・パラドックスが今なお続いていると指摘した。

3　クロス・カントリー分析への拡張

これまで見てきたように、標準的な二財二要素のヘクシャー＝オリーン・モデルは、現実をうまく説明することができていない。しかし、要素を二要素から多要素へと拡張することで、あるいは貿易不均衡を考慮することで、ヘクシャー＝オリーン・モデルの説明力は改善する。

ただし、これらのいずれの拡張も、実証的に問題を抱えていた。この問題は (4.4) 式において、世界全体の要素賦存量 $\mathbf{V}^W$ の情報が入手できないことに起因している。言い換えれば、世界全体の要素賦存量 $\mathbf{V}^W$ の情報を入手できれば、理論と整合的なかたちでヘクシャー＝オリーンの定理をテストすることができる。そして、世界全体の要素賦存量の情報が入手できれば、次のようなテストが可能になる。

■符号テスト：現実の純輸出 (f_k^i) と理論の予測する純輸出 $(v_k^i - s^i v_k^W)$ の符号が一致しているかどうかのテスト

$$f_k^i(v_k^i - s^i v_k^W) > 0, \quad i = 1, \ldots, N; k = 1, \ldots, J \tag{4.25}$$

■順位テスト：現実の純輸出と理論の予測する輸出量の大小関係が各生産要素・国について一致するかどうかのテスト

$$f_k^i > f_l^i \Leftrightarrow v_k^i - s^i v_k^W > v_l^i - s^i v_l^W, \quad i = 1, \ldots, N; k, l = 1, \ldots, J \tag{4.26}$$

これらのテストでは、各国間の（生産要素の）純輸出と要素賦存のちがいに注目することから、クロス・カントリー分析と呼ばれている。この分析は、主にデータの得られる一年のみに注目するという点、そして日本のみに注目するわけではない点から本書の対象外だが、分析の流れを押さえておくことは重要だろう。そこで以下では、このクロス・カントリー分析の例を簡単に紹介したい。

クロス・カントリー分析の初期の代表的な研究は、Bowen et al. (1987) である。彼らは、1967 年の 27 カ国のデータをもとに、符号テストと順位テストを行った。ここで、(4.4) 式の $\mathbf{A}^i$ には米国の産業連関表の情報が利用されている。分析の結果、符号テストについてはサンプルのうち 61％程度、順位テストに至っては 49％しかクリアしないことが明らかにされた。この結果は、多国・多財・多要素のヘクシャー＝オリーン・モデルには現実の説明力がほとんどないことを示唆するものである。さらに、Bowen et al. (1987)

はヘクシャー＝オリーン・モデルのどの仮定が説明力を落としているのかを分析し，技術が世界で同一という仮定が最も強く効いているということも確認した。

このクロス・カントリー分析は，国や産業の数を増やすかたちで拡張していくが，1990 年代の Trefler（1995）によって新たな展開を見せる。Trefler（1995）は 33 カ国のデータをもとに，Bowen *et al.*（1987）と同様のテストを行った。その結果，やはり符号テストは 50%，順位テストは 60% しかクリアしないことが確認された。

さらに，Trefler（1995）は多国・多財・多要素のヘクシャー＝オリーン・モデルから予測される貿易量に比べて，現実の貿易量が極端に小さいことを明らかにした。具体的には，(4.7) 式の右辺からモデルから予測される貿易量を求め，左辺の現実の貿易量と比較し，右辺と比べ左辺が極端に小さいこと，言い換えれば理論の予測は現実を大きく上回ることを確認したのである。Trefler（1995）はこの結果を「失われた貿易（missing trade）」と呼んだ。

なぜ，理論の予測は現実を大きく上回るのだろうか。ここで，Trefler（1993）は，それ以前の実証研究が (4.4) 式の $\mathbf{A}$ に米国の技術（産業連関表）の情報を利用していることに注目した。

すでに述べたように，ヘクシャー＝オリーン・モデルは各国で生産技術が共通という仮定に基づいている。このため理屈の上では，どこか一つの国の技術の情報が入手できさえすれば，データに基づく実証研究が可能になる。1980 年頃までは，$\mathbf{A}$ の情報が利用できる国は限られていた。このため，それまでの実証分析では，慣例的に米国の技術の情報が利用されてきた。しかし実際には，生産技術は各国で異なっている。Trefler（1993）はこの点に注目し，$\mathbf{A}$ に各国の生産性のちがいを反映させることを考えた。具体的には，(4.5) 式に，次のような各国ごとの生産性のパラメーター π_k^i を取り入れる。

$$f_k^i = \pi_k^i v_k^i - s^i \sum_{j=1}^{N} \pi_k^j v_k^j \tag{4.27}$$

この π_k^i は各国の生産要素の賦存に生産性を掛けたものであり，$\pi_k^i v_k^i$ は生産性を考慮した要素賦存と解釈することができる。Trefler（1993）は，このよ

うなモデルの拡張により、理論の予測が現実のデータに近づくことを明らかにしている。

1990年代半ばからは各国の $\mathbf{A}$ のデータの整備に伴い、Davis and Weinstein (2001) はさらに一歩進んだ研究を行った。具体的には、Trefler (1993) のように $\mathbf{A}$ を比例的に変化させる生産性パラメーター π_k^i ではなく、$\mathbf{A}$ そのものが各国で異なるというモデルを提示し、OECD の 20 カ国を対象として、国ごとに異なる $\mathbf{A}$ を利用して分析を行った。分析の結果、多国・多財・多要素のヘクシャー＝オリーン・モデルの説明力は、各国の技術の差異を考慮すれば、大幅に改善することを明らかにした。近年の研究はそこからさらに発展し、Trefler and Zhu (2010) のように、中間財の生産技術を考慮して、中間財取引を貿易相手国ごとに分離するという試みが行われている。

以上がクロス・カントリー分析に基づく実証研究の大まかな流れである。このクロス・カントリー分析は、理論との整合性を高めるという利点がある一方で、必要とされるデータが膨大になるという難点もある。複数の国の生産要素や貿易のデータを必要とすることから、通常は一時点（単年）のデータが利用されている。

一方、貿易収支不均衡を考慮したリーマーのテストや複数要素を考慮したクロス・インダストリー分析は、他国との相対的なちがいを分析できないという難点があるが、一国のみを対象とすることから、日本の場合比較的長期にわたって分析が可能という利点がある。以下、本書は日本の国際貿易の時系列変化に注目するため、クロス・カントリー分析の手法ではなく、貿易収支不均衡を考慮したリーマーのテストや複数要素を考慮したクロス・インダストリー分析に注目する。

第 5 章

日本の純輸出は今なお熟練労働集約的か

- 多くの人は、世界全体で見れば、日本は非熟練労働より熟練労働が豊富な国だと考えるだろう。
- そして、ヘクシャー＝オリーンの定理に基づけば、日本は熟練労働集約的な財の生産に比較優位を持つことになる。
- 本章では「日本は今なお熟練労働集約的な財を純輸出しているのか？」という疑問をヘクシャー＝オリーン・モデルの要素コンテンツ・アプローチに基づき明らかにしようと試みる。
- 分析の結果、日本は1980年から2009年までの間、一貫して熟練労働集約的な財を純輸出しているものの、熟練・非熟練労働コンテンツは1994年をピークに低下を続けており、2000年代はすでに1980年代の水準を下回っていることが明らかになった。
- この結果は、日本が熟練集約的な財に対する比較優位を失いつつあることを示唆している。

―― 経済産業省・厚生労働省・文部科学省（[2002]、p.20）――――

製造業においては、海外生産比率の上昇等に伴い就業者数が減少するとともに、高齢化が進んでおり、製品の高付加価値化に対応できる人材の育成や、高度熟練技能の継承が重要な課題。

1 分析のねらい

　ヘクシャー＝オリーンの定理に基づけば、各国はその国に豊富な生産要素集約的な財に比較優位を持ち、輸出する。ここで、集約的とは、ある生産要素を他の生産要素と比べて、相対的により多く投入することを意味している。たとえば、資本と労働という二つの生産要素であれば、資本が豊富な国は資本集約的な財の生産に比較優位を持ち、労働が豊富な国は労働集約的な財の生産に比較優位を持つことになる。このため、資本豊富国は資本集約的な財を輸出し、労働集約的な財を輸入する。資本豊富国は、財の輸出を通じて、相対的に豊富な資本を輸出し、代わりに希少な労働を輸入することになるのである。

　同様のロジックは、労働を熟練労働と非熟練労働という二つのタイプに分けても成立する。すなわち、熟練労働が豊富な国は熟練労働集約的な財を輸出し、非熟練労働が豊富な国は非熟練労働集約的な財を輸出する。ここで、熟練労働とは、高度な技能や専門的知識を要する労働のことである。逆に、高度な技能や専門的知識を要しない労働は、非熟練労働と呼ばれている[1]。また、熟練労働集約的な財とは、非熟練労働と比べて熟練労働をより多く投入する財を意味している。

　本章で明らかにしようとしている疑問は「日本は今なお熟練労働集約的な財を純輸出しているのか？」である。多くの人は、世界全体で見れば、日本は非熟練労働より熟練労働が豊富な国だと考えるだろう。そして、ヘクシャー＝オリーンの定理に基づけば、日本は熟練労働集約的な財の生産に比較優位を

---

[1] 本章でいう熟練労働は英語の skilled labor に、非熟練労働は unskilled labor に対応している。熟練労働、非熟練労働をどのように測るかについては、本章 2 節で解説する。

持つことになる。したがって、日本は熟練労働集約的な財を輸出し、非熟練労働集約的な財を輸入することになる。

しかし現実には、そのような貿易パターンが成り立っているとは限らない。その理由の一つは、比較優位は時間を通じて変化するからである。日本は今なお熟練労働豊富国であり、熟練労働集約的な財の生産に比較優位を持っているかもしれない。その一方で、新興国の人的資本の蓄積に伴い、日本は熟練労働集約的な財の生産に対する比較優位をすでに失っている可能性もある。理論的にはどちらの可能性も考えられるため、この疑問に答えるためには、データに基づく実証分析が必要になってくる。

本章の疑問をより厳密に表現すると「日本は今なお熟練労働集約的な財を、非熟練労働集約的な財と比べて、純輸出しているのだろうか？」となる。この疑問を理解する上でポイントになるのが、以下の二つの相対的な関係である。

第一に、熟練労働と非熟練労働の関係である。日本に限らずどの国でも、大なり小なり熟練労働集約的な財を輸出しているだろう。つまり、熟練労働集約的な財の輸出の絶対量を見ても、得られる情報は限られている。本章で注目するのは、熟練労働の相対的な輸出量、すなわち非熟練労働集約的な財と比べて、熟練労働集約的な財をより多く輸出しているかどうかである。

第二に、輸出と輸入の関係である。仮に、日本が（非熟練労働集約的な財と比べて）熟練労働集約的な財を輸出していたとしても、それ以上に熟練労働集約的な財を輸入しているなら、日本は熟練労働を輸入していることになる。本章では、相対的な輸出量、すなわち輸出が輸入を上回っているかどうかという純輸出にも注目する。

本章は、上記の疑問を、第4章で紹介した要素コンテンツ・アプローチに基づき、1980年から2009年までのデータを利用して明らかにしようと試みる。

要素コンテンツ・アプローチのポイントは、ある財の生産に投入された生産要素だけでなく、その財の中間財生産に投入された生産要素も考慮している点にある。たとえば、自動車の生産に直接間接投入された熟練労働は、自動車そのものの生産に直接投入された熟練労働だけでなく、その部品や原材料の生産、研究開発に投入された熟練労働も含めて測る必要がある。要素コンテンツ・アプローチは、このような間接的な投入も含めて要素の投入を推

計するものである[2]。

　要素コンテンツ・アプローチに基づく研究は、これまでにも数多く行われている。しかし、その多くは資本と労働の関係に注目したものであり、熟練労働と非熟練労働の関係に注目した研究はほとんど行われていない[3]。その中でも日本を対象とした研究は、筆者の知る限り、Heller（1976）、Sakurai（2004）、Ito and Fukao（2005）、そして Kiyota（2013）に限られる[4]。

　これらの先行研究はそれぞれ一定の貢献があるが、改善の余地も残している。たとえば、Heller（1976）は 1955 年、1960 年、そして 1970 年の 6 産業から成る産業連関表を用いて、資本と労働の関係、および熟練労働と非熟練労働の関係について分析している。6 産業という大まかな分類の産業連関表ではなく、より詳細な産業分類の産業連関表を用いることができれば、一層精緻な分析が可能になる。

　Sakurai（2004）は 1980 年と 1990 年について製造業 39 産業から成る産業連関表を用いて、熟練労働と非熟練労働の関係について分析した。また、Ito and Fukao（2005）は 1980 年、1990 年、2000 年について、製造業 103 産業から成る産業連関表を用いて、熟練労働と非熟練労働の要素コンテンツを計測している。なお、Sakurai（2004）も Ito and Fukao（2005）も熟練労働者と非熟練労働者を職種に基づき分類している。具体的には、熟練労働者を非生産労働者、非熟練労働者を生産労働者としている。

　これらの研究は、Heller（1976）の研究と比べると、より詳細な産業分類の産業連関表を用いているが、製造業しか扱われていないという点で改善の余地を残している。なぜなら、製造業のみを対象とした分析では、たとえば研究開発サービスのように、非製造業において間接的に投入された熟練労働を考慮できないためである。事実、Kiyota（2005）は、1985 年から 1995 年

---

[2] この分析手法の詳細については、2 節(1)項で説明する。なお、要素コンテンツ・アプローチをわかりやすく説明した文献としては、木村・小浜（1995）がある。

[3] 要素コンテンツ・アプローチの中で、熟練労働と非熟練労働に注目した研究については、Wolff（2003）が文献サーベイを行っている。

[4] なお、日本で資本と労働の要素コンテンツに注目した研究としては、1951 年を対象とした Tatemoto and Ichimura（1959）、1960 年と 70 年を対象とした Syrquin and Urata（1986）、1990 年を対象とした木村・小浜（1995）、そして 2007 年を対象とした寺岡・植松（2011）がある。

にかけて、日本の製造業の輸出に投入される研究開発サービスが拡大していたことを明らかにした。Kiyota（2005）の結果を踏まえると、製造業のみに注目した分析では、製造業の輸出に間接的に投入された熟練労働、すなわち熟練労働コンテンツを過小評価してしまう可能性がある。

これらの研究を踏まえ、Kiyota（2013）は1980年から2005年までの109産業から成る産業連関表を用いて、資本と労働の関係、そして熟練労働と非熟練労働の関係について分析している。利用されている産業が109と細かく、また製造業と非製造業を含んでいることから、Heller（1976）やSakurai（2004）の問題点を克服した研究になっている。

ただし、Kiyota（2013）の分析は2005年までであり、最近の動向が捉えられていない。そこで、本章は現時点で得られる最新のデータを利用して、Kiyota（2013）の分析を2009年まで延長する。また、熟練・非熟練労働コンテンツの変化の要因を明らかにするため、Wolff（2003）に基づく要因分解を行う。

本章の以下の構成は次のとおり。次節では、本章の分析手法とデータについて解説する。3節で結果を紹介する。そして4節で結論を述べる。

2 要素コンテンツ・アプローチ

(1) 貿易の熟練労働・非熟練労働コンテンツ

分析手法はWolff（2003）に基づくものである。Wolff（2003）はヘクシャー＝オリーン・モデルの要素コンテンツ・アプローチを応用し、1947年から1996年の米国の熟練労働コンテンツを推計した[5]。以下ではこの分析手法を簡単に説明する。

ある国に N 産業から成る経済を考える $(1,\ldots,N)$。それぞれの産業の国内最終需要、輸出、輸入の $N \times 1$ ベクトルを $\mathbf{d}$、$\mathbf{x}$、$\mathbf{m}$ で表すとする。それ

---

[5] ヘクシャー＝オリーン・モデルの要素コンテンツ・アプローチは、各国共通の一次同次の生産関数、要素集約度の不逆転、自由貿易など、さまざまな仮定の下で成り立っている。これらの仮定は必ずしも現実的とは言えないが、本章は現実の一次近似としてこのアプローチに従う。

ぞれの要素は、D_j、X_j、M_j である $(j = 1, \ldots, N)$。同様に、産出と最終需要の $N \times 1$ ベクトルを $\mathbf{q}$ と $\mathbf{f}$ で表すとしよう。ここで、最終需要は国内最終需要と純輸出の和である：$\mathbf{f} \equiv \mathbf{d} + \mathbf{x} - \mathbf{m}$

また、l 産業の産出を Q_l、その産業の j 産業からの中間投入を q_{lj} と表す $(l = 1, \ldots, N)$。産業連関表の投入係数行列を $\mathbf{B}$ とする[6]。ここで、投入係数行列の要素は b_{jl} $(\equiv q_{jl}/Q_l)$ である。このため、産出は次のように定義できる：$\mathbf{q} \equiv \mathbf{Bq} + \mathbf{d} + \mathbf{x} - \mathbf{m}$

産業 j に投入された熟練労働と非熟練労働をそれぞれ S_j、U_j とする。日本全体の熟練労働者数と非熟練労働者数をそれぞれ S と U とする：$S \equiv \sum_j S_j$、および $U \equiv \sum_j U_j$ である。総労働者数 L は熟練労働者と非熟練労働者の和である：$L \equiv S + U$

産業 j の熟練労働と非熟練労働の労働投入係数をそれぞれ s_j $(\equiv S_j/Q_j)$ と u_j $(\equiv U_j/Q_j)$ で表し、これらの要素を対角に持つ $N \times N$ 行列をそれぞれ $\mathbf{S}$ と $\mathbf{U}$ で表す。また、$N \times N$ の単位行列を $\mathbf{I}$ とし、$\mathbf{Z} \equiv (\mathbf{I} - \mathbf{B})^{-1}$ とする。このとき、輸出の熟練労働、非熟練労働コンテンツをそれぞれ次のように定義する：

$$\mathbf{s}^X \equiv \mathbf{SZx} \qquad \mathbf{u}^X \equiv \mathbf{UZx} \tag{5.1}$$

同様に、輸入の熟練労働、非熟練労働コンテンツをそれぞれ次のように定義する：

$$\mathbf{s}^M \equiv \mathbf{SZm} \qquad \mathbf{u}^M \equiv \mathbf{UZm} \tag{5.2}$$

(5.1) 式と (5.2) 式は、それぞれ輸出と輸入に直接間接投入された熟練労働と非熟練労働の量である[7]。

一国全体の輸出と輸入の熟練労働コンテンツをそれぞれ S^X と S^M で表し、輸出と輸入の熟練労働コンテンツをそれぞれ U^X と U^M で表す。(5.1)

---

[6] 産業連関表の投入係数行列は慣例的に $\mathbf{A}$ と表されるが、第 4 章の $\mathbf{A}$（各財一単位の生産に必要な要素投入量）と区別するため、ここでは $\mathbf{B}$ と表している。

[7] 直接間接投入された生産要素は、財に体化された生産要素と表現されることもある。たとえば直接間接投入された熟練労働は、財に体化された熟練労働といわれる。

式と (5.2) 式で得られた各産業の輸出と輸入の熟練労働、非熟練労働コンテンツは、一国全体に集計することができる：$S^X = \sum_j S_j^X$、$S^M = \sum_j S_j^M$、$U^X = \sum_j U_j^X$、$U^M = \sum_j U_j^M$

このため、輸入に対する輸出の熟練・非熟練労働コンテンツ（relative skill content: RSC）を次のように定義する：

$$RSC \equiv \frac{S^X/U^X}{S^M/U^M} \tag{5.3}$$

(5.3) 式は熟練・非熟練労働の相対的な関係、および輸出と輸入の相対的な関係を反映していることに注意してほしい。もし $RSC > 1$ であれば、この国は非熟練労働集約的な財と比べて、熟練労働集約的な財を純輸出していることを意味している[8]。本章はこの RSC（すなわち、(5.3) 式）を熟練・非熟練労働の要素コンテンツの推計に利用する。

ここで、Leamer（1980）が指摘したように、貿易が均衡していないときには、$RSC > 1$ が必ずしも熟練労働の豊富さを意味しないことに注意する必要がある。いま、熟練労働と非熟練労働の総消費量（消費された生産要素の総量）をそれぞれ $S^C\ [\equiv S - (S^X - S^M)]$ と $U^C\ [\equiv U - (U^X - U^M)]$ で表す。Leamer（1980）は、貿易収支が均衡していないときにヘクシャー＝オリーンの定理の妥当性を検証する方法として、次のような条件を提案した。その方法とは、第 4 章で見たように、熟練労働豊富国の場合、生産に投入された熟練労働の（非熟練労働に対する）相対的な量が、消費に投入された熟練労働の（非熟練労働に対する）相対的な量を上回るかどうかを検証するというものである：

$$S/U > S^C/U^C \tag{5.4}$$

左辺は熟練労働と非熟練労働の要素賦存量であり、完全雇用の条件の下では、生産に投入された熟練労働と非熟練労働の比率を表すことになる。右辺は消費された生産要素であり、要素賦存から純輸出を差し引いたものである。また、貿易収支が均衡していないという現実を踏まえ、本章ではリーマーのテスト、すなわち (5.4) 式が成立しているかどうかも検証する[9]。

---

[8] 輸出入の相対的な要素コンテンツの解釈については Feenstra(2004)の第 2 章などを参照。
[9] 1980 年から 2009 年の輸出と輸入については、表 5-8 を参照。

(2) 熟練・非熟練労働コンテンツの変化：要因分解

Wolff (2003) は要素コンテンツの変化を二つの効果に分解した。ひとつは貿易効果であり、貿易構造の変化によって引き起こされた要素コンテンツの変化を意味している。もうひとつは産業効果であり、技術変化や要素需要の変化によって引き起こされた要素コンテンツの変化を意味している。この Wolff (2003) の方法は次のようなものである。

いま、$t-1$ から t 年の変化を Δ で表すとする。一国全体の輸出の熟練・非熟練労働コンテンツの変化を ΔS^X とすると、その変化率 ($\Delta S^X/S^X$) は変化 (ΔS^X) を水準 (S^X) で割ることで得られる[10]。輸入の熟練労働コンテンツ ($\Delta S^M/S^M$)、輸出と輸入の非熟練労働コンテンツ (それぞれ、$\Delta U^X/U^X$ と $\Delta U^M/U^M$) も同様に求めることができる。

熟練・非熟練労働コンテンツ $\{\text{RSC}\ [\equiv (S^X/U^X)/(S^M/U^M)]\}$ の変化率は次のようになる：

$$\frac{\Delta RSC}{RSC} \simeq \underbrace{\left(\frac{\Delta S^X}{S^X} - \frac{\Delta U^X}{U^X}\right)}_{\text{輸出の要素コンテンツの変化}} - \underbrace{\left(\frac{\Delta S^M}{S^M} - \frac{\Delta U^M}{U^M}\right)}_{\text{輸入の要素コンテンツの変化}} \quad (5.5)$$

もし $\Delta S^X/S^X - \Delta U^X/U^X > 0$ なら、輸出の熟練労働コンテンツは輸出の非熟練労働コンテンツよりも早く増加していることになり、熟練・非熟練労働コンテンツを引き上げることにつながる。同様に、もし $\Delta S^M/S^M - \Delta U^M/U^M < 0$ なら、輸入の熟練労働コンテンツは輸入の非熟練労働コンテンツよりも増加が遅いことになり、やはり熟練・非熟練労働コンテンツを引き上げることにつながる。

(5.1) 式と (5.2) 式より、次式が得られる[11]：

$$\Delta \mathbf{s}^X \simeq \underbrace{\Delta(\mathbf{SZ})\mathbf{x}}_{\text{産業効果}} + \underbrace{\mathbf{SZ}(\Delta \mathbf{x})}_{\text{貿易効果}} \qquad \Delta \mathbf{u}^X \simeq \underbrace{\Delta(\mathbf{UZ})\mathbf{x}}_{\text{産業効果}} + \underbrace{\mathbf{UZ}(\Delta \mathbf{x})}_{\text{貿易効果}}$$
(5.6)

---

[10] 分母には、$t-1$ 年と t 年の平均値を利用する。
[11] ここで、括弧外のベクトルと行列はすべて $t-1$ 年と t 年の平均値である。

$$\Delta \mathbf{s}^M \simeq \underbrace{\Delta(\mathbf{SZ})\mathbf{m}}_{\text{産業効果}} + \underbrace{\mathbf{SZ}(\Delta \mathbf{m})}_{\text{貿易効果}} \qquad \Delta \mathbf{u}^M \simeq \underbrace{\Delta(\mathbf{UZ})\mathbf{m}}_{\text{産業効果}} + \underbrace{\mathbf{UZ}(\Delta \mathbf{m})}_{\text{貿易効果}}$$
(5.7)

各式の第 1 項は、貿易構造を一定としたとき、どれだけの要素コンテンツの変化が労働投入係数や投入係数行列の変化によるものなのかを捉えたものである。第 1 項は産業構造 (各産業の労働需要や投入・産出構造) の変化の効果を表したものと解釈できるため、産業効果と呼ぶことにする。一方、第 2 項は産業構造を一定としたとき、どれだけの要素コンテンツの変化が貿易構造の変化によるものなのかを捉えたものである。第 2 項は貿易構造の変化の効果を表したものと解釈できるため、貿易効果と呼ぶことにしよう。なお、産業効果は Kiyota (2013) のように、さらに各産業の労働需要の効果と投入・産出構造の効果に分解することができる。しかし本章では、結果の解釈をわかりやすくするため、これらの効果をひとまとめにして分析を進める[12]。

(5.6) 式と (5.7) 式を利用すると、(5.8) 式が得られる。

$$(\Delta \mathbf{s}^X - \Delta \mathbf{u}^X) - (\Delta \mathbf{s}^M - \Delta \mathbf{u}^M)$$
$$\simeq \underbrace{(\Delta(\mathbf{SZ})\mathbf{x} - \Delta(\mathbf{UZ})\mathbf{x}) - (\Delta(\mathbf{SZ})\mathbf{m} - \Delta(\mathbf{UZ})\mathbf{m})}_{\text{産業効果}}$$
$$+ \underbrace{(\mathbf{SZ}(\Delta \mathbf{x}) - \mathbf{UZ}(\Delta \mathbf{x})) - (\mathbf{SZ}(\Delta \mathbf{m}) - \mathbf{UZ}(\Delta \mathbf{m}))}_{\text{貿易効果}} \quad (5.8)$$

(5.3) と同様に、(5.5) 式と (5.8) 式より、

$$\frac{\Delta RSC}{RSC} \simeq \underbrace{\left(\frac{\Delta S^X}{S^X} - \frac{\Delta U^X}{U^X} \right)}_{\text{輸出の要素コンテンツの変化}} - \underbrace{\left(\frac{\Delta S^M}{S^M} - \frac{\Delta U^M}{U^M} \right)}_{\text{輸入の要素コンテンツの変化}}$$
$$\simeq ([\text{輸出の産業効果}] - [\text{輸入の産業効果}])$$
$$+ ([\text{輸出の貿易効果}] - [\text{輸入の貿易効果}]) \quad (5.9)$$

---

[12] 標準的な貿易理論の実証研究では、各産業の労働需要の効果と投入・産出構造の効果をひとまとめにして要素投入行列、あるいは技術行列として扱うことが多い。この詳細については、たとえば Feenstra (2004) の第 2 章などを参照のこと。

が得られる。産業効果が正であれば、経済全体がより熟練労働集約的な財を生産するような産業構造へと変化していることを意味しており、逆に産業効果が負であれば、より非熟練労働集約的な財を生産するような産業構造へと変化していることを意味している。

また、貿易効果が正であれば、経済全体がより熟練労働集約的な財を輸出するような貿易構造へと変化していることを意味しており、逆に貿易効果が負であれば、より熟練労働集約的な財を輸入するような貿易構造へと変化していることを意味している。この (5.9) 式を熟練・非熟練労働コンテンツの要因分解に利用する。

(3) データ

本章では 1975 年から 2009 年の 108 産業をカバーする産業連関表を利用する。データの出所は経済産業研究所で整備されている日本産業生産性データベース 2012 である。JIP データベース 2012 は 1970 年から 2009 年までの 52 の製造業、56 の非製造業をカバーしたものである[13]。JIP データベース 2012 の元データは政府統計である。JIP データベース 2012 は産業レベルの生産性を計測することを目的としており、各年・産業レベルで産出、資本、労働などの情報が整備されている[14]。

JIP データベースを利用する利点は、産業連関表が実質・名目の両方で利用可能な点；投入係数行列が毎年更新されている点；産業分類が時間を通じて一貫しており、また生産要素のデータもそれに合わせて作成されている点；製造業だけでなく、非製造業もカバーされている点；などが挙げられる。

このデータベースから投入産出構造の変化を毎年捉えることができ、また価格変化の影響を考慮できることから、要素コンテンツに関するより詳細な分析が可能になっている。

---

[13] なお、JIP データベース 2012 では、1971 年と 1972 年の産業連関表は整備されていない。

[14] JIP データベースの詳細については深尾・宮川（[2008]、第 2 章）などを参照。JIP データベースは日本の産業の生産性を計測することを目的として整備されたものだが、国際貿易の実証研究でも活用されている。その例としては、複数の要素均等化領域の存在をテストした Kiyota (2012a) などがある。

JIP データベースはこのように非常に優れたデータだが、難点もある。その一つは、産業別教育水準別労働者数が公開されていないことである。一方、産業別職種別の労働者数は公開されている。

そこで本章では、Sakurai（2004）および Ito and Fukao（2005）と同様に、熟練労働と非熟練労働を職種によって定義した、具体的には、専門的・技術的職業従事者、管理的職業従事者を熟練労働者とし、事務従事者、販売従事者、サービス職業従事者、生産工程・労務作業者、保安職業従事者、農林漁業作業者、運輸通信従事者、分類不能を非熟練労働者としている。

職種別の労働者数のデータは 1980 年以降利用可能となっているため、最終的な分析対象期間は 1980 年から 2009 年までの 30 年間とした。価格変化の影響を排除するため、本章では 2000 年基準の実質価格の産業連関表を利用した[15]。

分析に入る前に、まずどのような産業で熟練労働者の割合が高いのかを確認しておこう。表5-1 は、2009 年の全従業者に対する熟練労働者の比率を産業別にまとめたものである。この表より、教育や情報サービス業、医療、研究開発といった産業で熟練労働者の比率が高いことがわかる。

また、製造業では、機械産業、特に電子計算機・同付属装置、電子応用装置・電気計測器、通信機器などの電気機械産業において、熟練労働比率が高い傾向にあることも確認できる[16]。

なお、この表の熟練労働者の割合は、それぞれの産業に直接投入された熟練労働者であり、産業間の取引を通じた間接的な投入は考慮していない点に注意してほしい。また、観測期間を通じて熟練労働集約的な産業も変化している[17]。たとえば 1980 年には、電子計算機・同付属品装置、電子応用装置といった産業は全体で 108 産業中 49 位と、ほぼ中程度の熟練労働比率だっ

---

[15] また、結果の解釈の参考とするため、資本・労働コンテンツについても分析を行った。この結果は補論を参照のこと。

[16] 電気機械産業とは、JIP データベース 2012 の産業分類のうち、重電機器、民生用電子・電気機器、電子計算機・同付属装置、通信機器、電子応用装置・電気計測器、半導体素子・集積回路、電子部品、その他の電気機器の 8 産業である。

[17] 1980 年と 2009 年の産業間の熟練労働比率の順位相関係数は 0.857 である。熟練労働集約的な産業と同様に、資本集約的な産業も観測期間を通じて変化している。この詳細については Kiyota（2014）を参照。

表 5-1 日本の各産業の熟練労働のシェア、2009 年

順位	JIP 分類名	シェア	順位	JIP 分類名	シェア
1	教育(民間・非営利)	0.7186	54	土木業	0.0994
1	教育(政府)	0.7186	56	鉱業	0.0980
3	情報サービス業(インターネット付随サービス業)	0.6713	57	石炭製品	0.0976
4	医療(民間)	0.6588	58	その他(政府)	0.0919
4	医療(政府)	0.6588	59	非鉄金属製錬・精製	0.0892
4	医療(非営利)	0.6588	59	非鉄金属加工製品	0.0892
7	その他の映像・音声・文字情報制作業	0.6136	61	ガス・熱供給業	0.0857
8	保健衛生(民間・非営利)	0.5891	62	陶磁器	0.0824
8	保健衛生(政府)	0.5891	63	その他の窯業・土石製品	0.0799
10	研究機関(民間)	0.5772	64	ゴム製品	0.0779
10	研究機関(政府)	0.5772	65	卸売業	0.0762
10	研究機関(非営利)	0.5772	66	精穀・製粉	0.0755
13	出版・新聞業	0.4879	67	銑鉄・粗鋼	0.0717
14	その他の対個人サービス	0.3633	67	その他の鉄鋼	0.0717
15	放送業	0.3577	69	ガラス・ガラス製品	0.0709
16	その他(非営利)	0.3549	70	印刷・製版・製本	0.0695
17	社会保険・社会福祉(政府)	0.3539	71	セメント・セメント製品	0.0694
17	社会保険・社会福祉(非営利)	0.3539	72	プラスチック製品	0.0656
19	広告業	0.2958	73	飼料・有機質肥料	0.0646
20	電子計算機・同付属装置	0.2550	74	飲料	0.0640
21	電子応用装置・電気計測器	0.2410	75	その他の製造工業製品	0.0625
22	通信機器	0.2339	76	建設・建築用金属製品	0.0616
23	その他の対事業所サービス	0.2255	76	その他の金属製品	0.0616
24	上水道業	0.1936	78	保険業	0.0613
24	工業用水道業	0.1936	79	水運業	0.0587
26	事務用・サービス用機器	0.1906	80	製材・木製品	0.0565
27	医薬品	0.1715	81	繊維工業製品	0.0560
28	民生用電子・電気機器	0.1655	82	家具・装備品	0.0555
29	精密機械	0.1513	83	紙加工品	0.0548
30	無機化学基礎製品	0.1512	84	廃棄物処理	0.0509
30	有機化学基礎製品	0.1512	85	パルプ・紙・板紙・加工紙	0.0507
30	有機化学製品	0.1512	86	業務用物品賃貸業	0.0506
33	電信・電話業	0.1500	87	その他運輸業・梱包	0.0485
34	化学繊維	0.1496	88	金融業	0.0483
35	その他の電気機器	0.1456	89	小売業	0.0480
36	その他の一般機械	0.1448	90	林業	0.0437
37	化学最終製品	0.1445	91	皮革・皮革製品・毛皮	0.0431
38	特殊産業機械	0.1390	92	鉄道業	0.0404
39	半導体素子・集積回路	0.1388	93	水産食料品	0.0375
39	電子部品	0.1388	94	その他の食料品	0.0371
41	娯楽業	0.1334	95	航空運輸業	0.0364
42	重電機器	0.1332	96	畜産食料品	0.0341
43	一般産業機械	0.1284	97	自動車整備業、修理業	0.0332
44	たばこ	0.1277	98	郵便業	0.0291
45	その他公共サービス	0.1230	99	旅館業	0.0291
46	農業サービス	0.1162	100	道路運送業	0.0261
47	自動車	0.1147	101	分類不明	0.0177
47	自動車部品・同付属品	0.1147	102	飲食店	0.0176
49	電気業	0.1147	103	洗濯・理容・美容・浴場業	0.0163
50	その他の輸送用機械	0.1121	104	漁業	0.0136
51	石油製品	0.1036	105	米麦生産業	0.0026
52	不動産業	0.1015	105	その他の耕種農業	0.0026
53	化学肥料	0.0999	105	畜産・養蚕業	0.0026
54	建築業	0.0994	108	住宅	n.a.

注:熟練労働のシェアは総労働者数に対する熟練労働者数の比率。n.a.: not available.
出所:JIP データベース 2012。

た。当時製造業の中で熟練労働集約的な産業は無機化学基礎製品、有機化学基礎製品、医薬品といった化学産業である。一方、教育や医療などの産業は、1980年時点でも熟練労働集約的だった。この1980年の熟練労働者比率については、表5-6としてまとめた。

3　日本の貿易の要素コンテンツ

　熟練・非熟練労働コンテンツ［RSC$\equiv (S^X/U^X)/(S^M/U^M)$］の推計結果をまとめたものが表5-2と図5-1である。これらの結果より、次の三つの興味深い事実を確認することができる。

　第一に、熟練・非熟練労働比率（要素賦存：S/U）は1980年の0.156から2009年には0.221へと増加している点である。1980年から94年にかけて、0.156から0.210と急激に上昇し、その後は2009年にかけて緩やかに上昇している。

　第二に、熟練・非熟練労働コンテンツは期間を通じて1を上回っている点である（$RSC > 1$）。この結果は、1980年から2009年までの過去30年間、日本が一貫して熟練労働集約的な財を（純）輸出していたことを示唆している。さらに、すべての年についてリーマーのテスト（すなわち、(5.4)式）が満たされている。日本が熟練労働豊富国であるとすれば、この結果は日本の貿易が日本の比較優位と整合的になっていることを意味している。

　第三に、熟練・非熟練労働コンテンツは1994年をピークに減少している点である。熟練・非熟練労働コンテンツは1980年の1.40から1994年に1.49へと上昇し、その後2009年に1.22まで低下している。さらに、2000年代の熟練・非熟練労働コンテンツは1980年代のそれを下回っていることも確認できる。これらの結果は、日本は今なお熟練労働集約的な財の純輸出国であるものの、熟練労働集約的な財に対する比較優位を失いつつあることを示唆している[18]。

---

[18] 読者の中には、1995年以降の日本の資本・労働コンテンツの変化に興味を持った方もおられるかもしれない。資本・労働コンテンツの場合、2001年にピークを迎え、その後低下傾向にある。この結果の詳細については、本章補論AおよびBを参照のこと。

表 5-2 日本の貿易の熟練・非熟練労働コンテンツ（RSC）、1980–2009 年

年	要素賦存 （比率） S/U	消費 （比率） S^C/U^C	$[(S/U)/$ $(S^C/U^C)]$	輸出 （比率） S^X/U^X	輸入 （比率） S^M/U^M	RSC $\equiv \frac{S^X/U^X}{S^M/U^M}$
1980	0.156	0.153	1.0172	0.111	0.079	1.40
1981	0.161	0.159	1.0139	0.113	0.080	1.42
1982	0.166	0.164	1.0136	0.117	0.081	1.44
1983	0.172	0.170	1.0112	0.121	0.083	1.45
1984	0.177	0.175	1.0097	0.125	0.087	1.43
1985	0.180	0.178	1.0101	0.128	0.087	1.47
1986	0.184	0.181	1.0119	0.131	0.091	1.44
1987	0.187	0.184	1.0168	0.131	0.090	1.46
1988	0.188	0.184	1.0231	0.132	0.090	1.47
1989	0.191	0.186	1.0261	0.131	0.093	1.41
1990	0.193	0.188	1.0248	0.131	0.094	1.39
1991	0.196	0.191	1.0247	0.133	0.093	1.43
1992	0.199	0.195	1.0227	0.133	0.092	1.45
1993	0.204	0.199	1.0241	0.137	0.093	1.48
1994	0.207	0.201	1.0283	0.140	0.094	1.49
1995	0.210	0.203	1.0324	0.142	0.097	1.45
1996	0.209	0.202	1.0317	0.138	0.099	1.39
1997	0.210	0.205	1.0252	0.134	0.099	1.35
1998	0.211	0.206	1.0215	0.132	0.099	1.33
1999	0.210	0.205	1.0248	0.128	0.094	1.37
2000	0.211	0.206	1.0244	0.128	0.095	1.35
2001	0.213	0.208	1.0225	0.124	0.095	1.31
2002	0.215	0.211	1.0202	0.126	0.096	1.31
2003	0.216	0.212	1.0172	0.125	0.097	1.28
2004	0.218	0.215	1.0161	0.123	0.097	1.28
2005	0.219	0.215	1.0174	0.122	0.095	1.29
2006	0.221	0.218	1.0113	0.125	0.103	1.21
2007	0.219	0.218	1.0048	0.129	0.110	1.16
2008	0.221	0.220	1.0026	0.132	0.114	1.16
2009	0.221	0.219	1.0129	0.133	0.109	1.22

出所：JIP データベース 2012 にもとづき筆者作成。

図 5-1　日本の貿易の熟練・非熟練労働コンテンツ（RSC）、1980–2009 年

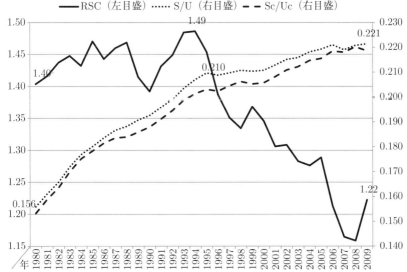

注：S/U は熟練労働と非熟練労働の要素賦存（比率）、S^C/U^C は熟練労働と非熟練労働の消費（比率）を表す。
出所：JIP データベース 2012 に基づき筆者作成。

　ここで、Leamer（1980）の指摘から、熟練・非熟練労働コンテンツの変化は貿易収支の変化と関係しているのではないかという疑問を抱いた方もいるかもしれない。そこで、各年の熟練・非熟練労働コンテンツと純輸出比率（Net Export Ratio: NXR）との関係を見たのが図 5-2 である。純輸出比率とは純輸出（= 輸出 − 輸入）を総輸出（= 輸出 + 輸入）で除したものであり、−1 から 1 の間の値をとる。純輸出比率 = 0 は貿易収支の均衡を意味し、マイナスの値は貿易赤字、プラスの値は貿易黒字を表している。
　次に、図 5-2 より、熟練・非熟練労働コンテンツと純輸出比率の間に系統的な関係を見出すことは難しいことがわかる。両者の相関係数は −0.21 であり、熟練・非熟練労働コンテンツの低下は、貿易収支の変化とは必ずしも関係があるとは言えない。
　それでは、熟練・非熟練労働コンテンツはなぜ 1994 年以降減少している

図 5-2　熟練・非熟練労働コンテンツ（RSC）と純輸出比率（NXR）、1980–2009 年

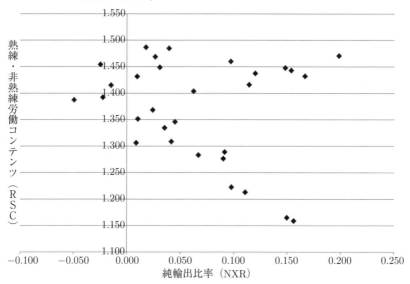

注：純輸出比率とは純輸出（＝輸出 − 輸入）を総輸出（＝輸出 ＋ 輸入）で除したもの。
出所：JIP データベース 2012 に基づき筆者作成。

のだろうか。以下では、この疑問に答えるため (5.9) 式に従って、熟練・非熟練労働コンテンツの変化を産業効果と貿易効果の二つに分解する。そして、これらの効果が 1994 年前後でどのように変化したのかを分析する。

表 5-3 は分解の結果をまとめたものである。注目すべき点として、次の二つの点が挙げられる。第一に、1980 年から 2009 年までの期間全体で見ると、マイナスの貿易効果がプラスの産業効果を上回っている点である。熟練・非熟練労働コンテンツの年平均成長率は −0.45％であり、そのうち 0.14％ポイントが産業効果によるもの、そして −0.60％ポイントが貿易効果によるものである[19]。

このマイナスの貿易効果は 1994 年以降特に顕著になっている。1994 年から 2009 年の熟練・非熟練労働コンテンツの年平均成長率は −1.29％であり、

---

[19]　四捨五入のため、産業効果と貿易効果の合計は必ずしも全変化と一致しないことに注意。

表 5-3　熟練・非熟練労働コンテンツの変化：要因分解、1980–2009 年

	全変化	産業効果	貿易効果
1980–2009 年			
全変化	−0.45	**0.14**	−0.60
輸出 $(\Delta S^X/S^X - \Delta U^X/U^X)$	**0.56**	0.25	0.30
輸入 $(-\Delta S^M/S^M + \Delta U^M/U^M)$	−1.01	−0.11	−0.90
1980–1994 年			
全変化	**0.42**	**0.19**	0.23
輸出 $(\Delta S^X/S^X - \Delta U^X/U^X)$	**1.70**	1.08	0.62
輸入 $(-\Delta S^M/S^M + \Delta U^M/U^M)$	−1.27	−0.89	−0.38
1994–2009 年			
全変化	−1.29	**0.01**	−1.30
輸出 $(\Delta S^X/S^X - \Delta U^X/U^X)$	−0.35	−0.42	0.06
輸入 $(-\Delta S^M/S^M + \Delta U^M/U^M)$	−0.94	0.43	−1.36

注：単位は％、または％ポイント（年平均）。四捨五入のため、産業効果と貿易効果の合計は必ずしも全変化と一致しない。
出所：JIP データベース 2012 に基づき筆者作成。

その内訳は産業効果が 0.01％ポイント、貿易効果は −1.30％ポイントとなっている。産業効果がほぼゼロに近いことを踏まえると、熟練・非熟練労働コンテンツの低下のほとんどは、マイナスの貿易効果によって説明できることになる。

さらに、マイナスの貿易効果の内訳は輸出が 0.06％ポイント、輸入が −1.36％ポイントであり、輸入における貿易構造の変化が大きく寄与していることを意味している。これらの結果は、日本の熟練・非熟練労働コンテンツの低下に寄与しているのは、主に貿易構造、とりわけ輸入の変化にあることを示唆するものである。

第二に、1994 年以降は、輸入 $(-\Delta S^M/S^M + \Delta U^M/U^M)$ だけでなく輸出 $(\Delta S^X/S^X - \Delta U^X/U^X)$ もマイナスの効果になっている点である。1994 年以前は、輸出の効果は 1.70％ポイントであり、輸入の効果（−1.27％ポイント）を（絶対値で）上回っていた。このため、熟練・非熟練労働コンテンツの年平均変化率は 0.42％だった。一方、1994 年以降は輸出と輸入の効果はそれぞれ −0.35％ポイント、−0.94％ポイントとなっている。この結果、熟練・非熟練労働コンテンツの変化は −1.29％となった。

この輸出の −0.35％ポイントの変化の内訳は、産業効果が −0.42％ポイント、貿易効果が 0.06％ポイントとなっている。このマイナスの産業効果は、熟練労働から非熟練労働への代替が輸出額の大きな産業において進んでいることを示唆している。

それでは、1994 年以降、何の、どの国からの輸入が拡大していたのだろうか。この疑問に答えるため、まず、どの産業の輸入が拡大しているのかを見てみよう[20]。

表 5-4 は鉱業と製造業について、1994 年から 2009 年の産業別輸入シェア上位 20 産業をまとめたものである。この表より、電気機械産業の輸入シェアが急速に拡大していることがわかる。電気機械産業の輸入シェアは 1994 年の 4.7％から、2005 年には 24.5％へと急速に拡大している。その後、2009 年には 18.8％へと落ち込んでいるが、この落ち込みはリーマン・ショックの影響かもしれない。

この電気機械産業の輸入の拡大は、国によって偏りがあったのだろうか。表 5-5 は電気機械産業の輸入のうち、東・東南アジア 10 カ国・地域（韓国、中国、台湾、香港、ベトナム、タイ、シンガポール、マレーシア、フィリピン、インドネシア）のシェアの推移をまとめたものである。電気機械産業の輸入のうち東・東南アジア 10 カ国・地域の占める割合は 1994 年から 2009 年にかけて、46.4％から 78.0％へと拡大した。特に注目すべきは中国からの輸入の拡大であり、同じ期間に 6.5％から 42.4％へと拡大していた。表 5-1 で電気機械産業の熟練労働比率が高い値を示していたことを踏まえると、この結果は、中国からの電気機械産業の輸入の拡大が、1994 年以降の日本の熟練・非熟練労働コンテンツ低下を引き起こしていたことを示唆している[21]。

本章の分析の主要な結果は次の三点にまとめられる。

---

[20] 本章 2 節（表 5-1）で観測期間を通じて熟練労働集約的な産業が変化していることを説明したため、本節で産業単位で輸入を見ることに違和感を覚えた人もいるかもしれない。しかし、1994 年と 2009 年の産業間の熟練労働比率の順位相関係数は 0.939 であり、この期間の産業間の熟練労働比率は比較的安定して推移している。

[21] ただし、中国から日本へと電気機械製品を輸出しているのが中国企業なのか、それとも日本（あるいは米国など）の海外子会社なのか、という区別はできないため、この結果の解釈には注意が必要である。

第 5 章　日本の純輸出は今なお熟練労働集約的か　109

表 5-4　日本の産業別輸入シェア：上位 20 産業（鉱業、製造業）、1994–2009 年

順位	1994 年 産業	シェア(%)	2000 年 産業	シェア(%)	2005 年 産業	シェア(%)	2009 年 産業	シェア(%)
1	鉱業	25.4	鉱業	19.0	鉱業	15.7	鉱業	24.5
2	繊維工業製品	7.1	繊維工業製品	6.8	電子計算機・同付属装置	11.0	繊維工業製品	6.3
3	石油製品	4.5	電子計算機・同付属装置	6.6	半導体素子・集積回路	7.4	電子計算機・同付属装置	5.6
4	非鉄金属製錬・精製	4.3	半導体素子・集積回路	5.0	繊維工業製品	6.3	半導体素子・集積回路	4.9
5	水産食料品	4.1	石油製品	4.1	その他の製造工業製品	3.2	石油製品	3.5
6	その他の製造工業製品	3.8	非鉄金属製錬・精製	3.5	電子部品	3.1	有機化学製品	2.8
7	畜産食料品	3.1	水産食料品	3.4	民生用電子・電気機器	3.0	民生用電子・電気機器	2.6
8	有機化学製品	2.8	その他の製造工業製品	3.2	石油製品	3.0	非鉄金属製錬・精製	2.5
9	製材・木製品	2.7	畜産食料品	2.9	精密機械	2.8	精密機械	2.5
10	自動車	2.4	有機化学製品	2.6	非鉄金属製錬・精製	2.6	畜産食料品	2.4
11	その他の食料品	2.1	特殊産業用機械	2.5	特殊産業用機械	2.6	その他の製造工業製品	2.4
12	精密機械	1.8	精密機械	2.4	水産食料品	2.5	電子部品	2.2
13	たばこ	1.8	製材・木製品	2.3	畜産食料品	2.1	医薬品	2.2
14	電子計算機・同付属装置	1.8	民生用電子・電気機器	2.1	製材・木製品	1.8	水産食料品	2.1
15	飲料	1.7	その他の食料品	1.9	その他の食料品	1.8	その他の食料品	1.9
16	民生用電子・電気機器	1.5	自動車	1.9	有機化学製品	1.8	その他の輸送用機械	1.9
17	皮革・皮革製品・毛皮	1.5	電子部品	1.8	自動車	1.6	通信機器	1.8
18	その他の輸送用機械	1.5	化学最終製品	1.6	医薬品	1.6	特殊産業機械	1.8
19	半導体素子・集積回路	1.4	その他の輸送用機械	1.5	化学最終製品	1.5	電子応用装置・電気計測器	1.6
20	化学最終製品	1.4	重電機器	1.4	その他の食料品	1.5	化学最終製品	1.4
Top20		76.8		76.4		76.7		76.8
うち電気機械産業		4.7		16.9		24.5		18.8

注：電気機械産業とは、JIP データベース 2012 の産業分類のうち、重電機器、民生用電子・電気機器、電子計算機・同付属装置、通信機器、電子応用装置・電気計測器、半導体素子・集積回路、電子部品、その他の電気機械の 8 産業である。シェアは貿易部門（JIP データベースの産業分類の 1～59）の輸入の合計額に対する比率である。なお、表 2-1 と異なり、ここでは鉱工業のランキングとなっている点（ランキングに農林水産業は含んでいない点）に注意してほしい。
出所：JIP データベース 2012 に基づき筆者作成。

表 5-5　日本の電気機械産業の輸入の相手国別シェア：東・東南アジア
10 カ国・地域、1994–2009 年

年	世界	10 カ国地域計	東・東南アジア 10 カ国・地域								
			韓国	中国	台湾	香港	ベトナム	タイ	シンガポール	マレーシア	フィリピン	インドネシア
1994	100.0	46.4	10.4	6.5	6.8	1.2	0.0	4.8	7.9	6.7	1.8	0.4
1995	100.0	51.3	10.8	7.4	8.8	1.6	0.0	4.9	8.6	6.6	2.1	0.6
1996	100.0	51.0	7.9	8.8	9.0	1.2	0.0	4.8	7.8	7.1	3.5	1.0
1997	100.0	50.8	7.4	10.4	8.0	1.2	0.1	4.7	6.3	7.1	4.4	1.2
1998	100.0	51.6	6.4	11.9	8.4	1.2	0.1	4.7	5.9	6.9	4.4	1.6
1999	100.0	58.2	9.3	12.0	10.9	1.1	0.1	4.4	5.5	8.6	4.7	1.5
2000	100.0	62.2	9.5	13.0	13.5	0.8	0.2	4.3	5.1	8.9	5.4	1.6
2001	100.0	63.6	8.6	17.2	11.5	0.7	0.2	4.6	4.7	8.6	5.6	1.9
2002	100.0	68.5	8.9	23.6	11.4	0.7	0.3	4.9	4.1	7.0	6.0	1.8
2003	100.0	72.7	9.6	28.8	10.6	0.6	0.4	5.1	3.9	6.6	5.5	1.8
2004	100.0	75.2	9.4	32.3	10.2	0.5	0.4	5.4	3.3	6.3	5.5	1.7
2005	100.0	76.4	9.2	36.5	9.9	0.4	0.5	5.7	3.2	5.4	4.2	1.4
2006	100.0	76.0	10.7	36.0	10.5	0.4	0.5	5.2	3.0	4.9	3.6	1.2
2007	100.0	74.4	10.4	36.0	10.1	0.4	0.5	5.0	2.9	4.7	3.4	1.1
2008	100.0	76.0	8.8	39.5	10.1	0.3	0.9	4.7	2.8	5.0	2.8	1.2
2009	100.0	78.0	7.9	42.4	10.4	0.2	1.1	4.7	3.1	4.9	2.2	1.1

注：電気機械産業とは、JIP データベース 2012 の産業分類のうち、重電機器、民生用電子・電気機器、電子計算機・同付属装置、通信機器、電子応用装置・電気計測器、半導体素子・集積回路、電子部品、その他の電気機器の 8 産業である。
出所：JIP データベース 2012 に基づき筆者作成。

　第一に、日本は 1980 年から 2009 年までの間、熟練・非熟練労働コンテンツが 1 を上回っている点である。この結果は、日本がこの期間を通じて、一貫して熟練労働集約的な財を純輸出していることを意味している。
　第二に、熟練・非熟練労働コンテンツは 1994 年をピークに低下を続けており、2000 年代はすでに 1980 年代の水準を下回っている点である。この結果は、日本が熟練集約的な財に対する比較優位を失いつつあることを示唆している。
　そして第三に、日本の熟練・非熟練労働コンテンツの低下には、貿易構造、とりわけ輸入の変化が寄与している点である。より具体的には、中国からの電気機械産業の輸入の拡大が、1994 年以降の日本の熟練・非熟練労働コンテンツ低下を引き起こしていた可能性がある。

4　失われつつある熟練労働集約財の比較優位

　本章は「日本は今なお熟練労働集約的な財を純輸出しているのだろうか？」という疑問に注目した。多くの人は、世界全体で見れば、日本は非熟練労働より熟練労働が豊富な国だと考えるだろう。そして、ヘクシャー＝オリーンの定理に基づけば、日本は熟練労働集約的な財の生産に比較優位を持つことになる。したがって、日本は熟練労働集約的な財を輸出し、非熟練労働集約的な財を輸入することになる。

　しかし、現実には、そのような貿易パターンが成り立っているとは限らない。なぜなら、比較優位は時間を通じて変化するからである。日本は今なお熟練労働豊富国であり、熟練労働集約的な財の生産に比較優位を持っているかもしれない。その一方で、新興国の人的資本の蓄積に伴い、日本は熟練労働集約的な財の生産に対する比較優位をすでに失っている可能性もある。理論的にはどちらの可能性も考えられるため、この疑問に答えるためには、データに基づく実証分析が必要になってくる。

　本章は、この疑問を、ヘクシャー＝オリーン・モデルの要素コンテンツ・アプローチに基づき、1980年から2009年までの過去30年のデータを用いて分析した。分析には、経済産業研究所が整備する日本産業生産性データベース（JIPデータベース）を利用した。結果は衝撃的である。日本は1980年から2009年までの間、熟練・非熟練労働コンテンツが1を上回っていることが明らかになった。

　この結果は、日本がこの期間を通じて、一貫して熟練労働集約的な財を純輸出していることを意味している。ただし、熟練・非熟練労働コンテンツは1994年をピークに低下を続けており、2000年代はすでに1980年代の水準を下回っていることも明らかになった。この結果は、日本が熟練集約的な財に対する比較優位を失いつつあることを示唆している。

　本章は重要な政策的課題を提示している。本章は、熟練・非熟練労働コンテンツの低下の要因として、マイナスの貿易効果（貿易構造の変化）がプラスの産業効果（労働需要や投入産出構造の変化）を上回っていることを確認

表 5-6 日本の各産業の熟練労働のシェア、1980 年

順位	JIP 分類名	シェア	順位	JIP 分類名	シェア
1	教育（民間・非営利）	0.7362	49	電子部品	0.0985
1	教育（政府）	0.7362	49	その他の電気機器	0.0985
3	医療（民間）	0.7177	57	鉱業	0.0973
3	医療（政府）	0.7177	58	金融業	0.0941
3	医療（非営利）	0.7177	58	保険業	0.0941
6	社会保険・社会福祉（政府）	0.6503	60	建築業	0.0914
6	社会保険・社会福祉（非営利）	0.6503	60	土木業	0.0914
8	研究機関（民間）	0.5497	62	精密機械	0.0914
8	研究機関（政府）	0.5497	63	航空運輸業	0.0905
8	研究機関（非営利）	0.5497	64	その他の対個人サービス	0.0885
11	その他（非営利）	0.5083	65	建設・建築用金属製品	0.0825
12	放送業	0.4432	65	その他の金属製品	0.0825
13	その他の対事業所サービス	0.4218	67	電信・電話業	0.0824
14	広告業	0.4081	68	銑鉄・粗鋼	0.0814
14	情報サービス業（インターネット付随サービス業）	0.4081	68	その他の鉄鋼	0.0814
16	印刷・製版・製本	0.1852	70	パルプ・紙・板紙・加工紙	0.0810
16	出版・新聞業	0.1852	70	紙加工品	0.0810
18	廃棄物処理	0.1848	72	その他の製造工業製品	0.0773
18	保健衛生（民間・非営利）	0.1848	73	自動車	0.0773
18	保健衛生（政府）	0.1848	73	自動車部品・同付属品	0.0773
21	その他公共サービス	0.1673	73	その他の輸送用機械	0.0773
22	娯楽業	0.1602	76	ガラス・ガラス製品	0.0759
22	その他の映像・音声・文字情報制作業	0.1602	76	セメント・セメント製品	0.0759
24	不動産業	0.1540	76	陶磁器	0.0759
25	化学肥料	0.1462	76	その他の窯業・土石製品	0.0759
25	無機化学基礎製品	0.1462	80	水運業	0.0729
25	有機化学基礎製品	0.1462	81	製材・木製品	0.0724
25	化学最終製品	0.1462	82	畜産食料品	0.0715
25	化学繊維	0.1462	82	水産食料品	0.0715
25	化学最終製品	0.1462	82	精穀・製粉	0.0715
25	医薬品	0.1462	82	その他の食料品	0.0715
32	業務用物品賃貸業	0.1269	82	飼料・有機質肥料	0.0715
33	電気業	0.1265	82	飲料	0.0715
33	ガス・熱供給業	0.1265	82	たばこ	0.0715
33	上水道業	0.1265	89	ゴム製品	0.0636
33	工業用水道業	0.1265	89	プラスチック製品	0.0636
37	卸売業	0.1252	91	家具・装備品	0.0570
38	その他運輸業・梱包	0.1170	92	鉄道業	0.0557
39	一般産業機械	0.1170	93	自動車整備業、修理業	0.0523
39	特殊産業機械	0.1170	94	繊維工業製品	0.0514
39	その他の一般機械	0.1170	95	道路運送業	0.0480
39	事務用・サービス用機器	0.1170	96	旅館業	0.0455
43	その他（政府）	0.1150	97	皮革・皮革製品・毛皮	0.0454
44	石油製品	0.1109	98	小売業	0.0421
44	石炭製品	0.1109	99	林業	0.0395
46	分類不明	0.1069	100	飲食店	0.0183
47	非鉄金属製錬・精製	0.0999	101	漁業	0.0159
47	非鉄金属加工製品	0.0999	102	洗濯・理容・美容・浴場業	0.0138
49	重電機器	0.0985	103	米麦生産業	0.0032
49	民生用電子・電気機器	0.0985	103	その他の耕種農業	0.0032
49	電子計算機・同付属装置	0.0985	103	畜産・養蚕業	0.0032
49	通信機器	0.0985	103	農業サービス	0.0032
49	電子応用装置・電気計測器	0.0985	107	郵便業	0.0000
49	半導体素子・集積回路	0.0985	n.a.	住宅	n.a.

注：熟練労働のシェアは総労働者数に対する熟練労働者数の比率。n.a.: not available.
出所：JIP データベース 2012。

表 5-7 日本の各産業の資本集約度、2009 年

順位	JIP 分類名	資本集約度	順位	JIP 分類名	資本集約度
1	工業用水道業	1113.7	55	セメント・セメント製品	9.8
2	上水道業	479.4	56	医療（民間）	9.8
3	電気業	345.2	57	事務用・サービス用機器	9.6
4	たばこ	185.1	58	プラスチック製品	9.5
5	石油製品	174.8	59	その他の一般機械	9.3
6	有機化学基礎製品	157.3	60	その他の耕種農業	9.1
7	電信・電話業	152.0	61	畜産・養蚕業	9.1
8	ガス・熱供給業	109.2	62	教育（民間・非営利）	9.0
9	鉄道業	99.0	63	その他の窯業・土石製品	7.9
10	航空運輸業	91.9	64	繊維工業製品	7.7
11	石炭製品	71.7	65	金融業	7.6
12	不動産業	68.8	66	電子部品	7.6
13	化学繊維	67.6	67	旅館業	7.5
14	業務用物品賃貸業	65.6	68	教育（政府）	7.0
15	林業	62.4	69	ゴム製品	6.9
16	その他運輸業・梱包	49.7	70	紙加工品	6.9
17	有機化学製品	48.7	71	建設・建築用金属製品	6.8
18	その他の鉄鋼	48.1	72	畜産食料品	6.7
19	半導体素子・集積回路	42.0	73	廃棄物処理	6.5
20	化学肥料	41.2	74	道路運送業	6.2
21	米麦生産業	36.6	75	陶磁器	6.1
22	放送業	35.3	76	保険業	5.7
23	無機化学基礎製品	34.9	77	自動車整備業、修理業	5.6
24	水運業	34.6	78	印刷・製版・製本	5.6
25	その他（政府）	32.5	79	製材・木製品	5.5
26	研究機関（政府）	31.6	80	卸売業	5.0
27	自動車	31.5	81	その他の食料品	4.8
28	精穀・製粉	31.1	82	その他の金属製品	4.2
29	パルプ・紙・板紙・加工紙	29.1	83	皮革・皮革製品・毛皮	4.2
30	医薬品	28.6	84	水産食料品	4.2
31	飲料	22.9	85	家具・装備品	4.0
32	銑鉄・粗鋼	22.8	86	保健衛生（民間・非営利）	3.8
33	鉱業	21.6	87	農業サービス	3.8
34	重電機器	19.6	88	その他（非営利）	3.7
35	非鉄金属加工製品	19.4	89	社会保険・社会福祉（政府）	3.7
36	民生用電子・電気機器	18.1	90	医療（非営利）	3.7
37	化学最終製品	18.1	91	土木業	3.2
38	ガラス・ガラス製品	18.0	92	その他の映像・音声・文字情報制作業	3.2
39	非鉄金属製錬・精製	17.4	93	情報サービス業	3.1
40	その他の輸送用機械	14.5	94	医療（政府）	3.0
41	通信機器	14.4	95	小売業	3.0
42	一般産業機械	13.8	96	郵便業	2.5
43	精密機械	13.5	97	保健衛生（政府）	2.1
44	飼料・有機質肥料	13.4	98	建築業	2.1
45	漁業	13.3	99	研究機関（民間）	2.0
46	自動車部品・同付属品	12.6	100	飲食店	2.0
47	電子応用装置・電気計測器	12.4	101	その他の対個人サービス	1.9
48	その他の電気機器	11.8	102	その他公共サービス	1.4
49	娯楽業	11.2	103	その他の対事業所サービス	1.2
50	その他の製造工業製品	11.2	104	洗濯・理容・美容・浴場業	1.1
51	電子計算機・同付属装置	11.0	105	社会保険・社会福祉（非営利）	0.5
52	広告業	10.6	106	研究機関（非営利）	0.5
53	出版・新聞業	10.1	107	分類不明	0.0
54	特殊産業機械	9.9	n.a.	住宅	N.A.

注：資本集約度は実質資本ストックを労働者数 × 労働時間で割ったもの。n.a.: not available.
出所：JIP データベース 2012。

した。さらに、1994年以降、マイナスの貿易効果が拡大し、プラスの産業効果が縮小していることもわかった。プラスの産業効果を拡大するには、(純)輸出の大きな産業で熟練労働の需要が高まる必要がある。

1990年代中旬以降、中国をはじめとする新興国からの輸入が拡大していること、熟練労働の(非熟練労働)に対する要素賦存の伸びが鈍化していることを踏まえると、熟練労働集約的な財の比較優位を維持していくためには、グローバル化に耐えうるような人材育成を加速させる必要があるだろう。それと同時に、熟練労働から非熟練労働への代替を促すような技術革新だけでなく、熟練労働を生かせるような技術革新についても考えていく必要があるのかもしれない。

なお、本章の分析はヘクシャー＝オリーン・モデルの要素コンテンツ・アプローチに基づくものだが、ヘクシャー＝オリーン・モデルそのものがいくつもの強い仮定の下に成り立っていることには注意する必要がある。その仮定の中でも特に強い仮定は、各国で生産技術が共通としている点、すなわち、世界各国が一つの不完全特化錐(世界全体で要素価格均等化が成立する領域)に含まれているとしている点だろう。現実には、先進国と開発途上国では、生産技術が大きく異なっているかもしれない。事実、Schott (2003) や Kiyota (2012a) は、世界各国に、あるいは一国内の地域間においてさえ、複数の不完全特化錐が存在することを確認している。この点は第7章で再度議論する。

その一方で、中国をはじめとする新興国の成長により、日本とアジア諸国との要素価格の均等化が進んでいると考えられる。また、貿易自由化の進展や運搬・通信技術の進歩により、貿易のコストも低下している。つまり、現実の世界は、ヘクシャー＝オリーン・モデルのいくつかの仮定に近づく方向に向かっているという側面もある。

また、本章の分析では、技術の要因を固定した上でも大きな貿易効果が確認されていることにも注意が必要である。このため、たとえ技術の差異などの要因を考慮したとしても、本章の主要な結論がひっくり返る可能性は低いと推察される。しかし、本章の結果が本当に技術のちがいに頑強(ロバスト)かどうかについては、より精緻な分析の結果を待つ必要がある。

本章の分析は、熟練労働、非熟練労働のデータの精度という点でも改善の

余地を残している。特に大きな課題は、熟練・非熟練労働の労働時間のちがいを考慮できていない点である。たとえば、パートやアルバイト、あるいは非正規労働者の増加は、非熟練労働者の労働時間の短縮を引き起こしているかもしれない。その場合、労働者数で測った非熟練労働の投入は拡大していても、マンアワーとしては変化していない可能性もある。つまり、1994年以降、非熟練労働に対する熟練労働の要素賦存の伸びが鈍化しているが（図5-1）、これは単に労働時間の短縮の影響であり、マンアワーで見た熟練・非熟練労働の要素賦存の伸びは鈍化していないかもしれない。

さらに、熟練労働と非熟練労働だけでなく、資本やエネルギーといった生産要素の影響も考慮すべきという指摘もあるだろう。要素コンテンツ・アプローチは二要素の相対的な関係に注目するため、三つ以上の生産要素を考慮する場合には、要素コンテンツ・アプローチ以外のアプローチが必要になってくる。そこで次章では、複数の生産要素の影響を同時に考慮する回帰分析に基づき、日本の貿易パターンを分析する。

5 補論A 記述統計

表5-8は輸出（X）、輸入（M）、総労働者数（L）、輸出の労働コンテンツ（L^X）、輸入の労働コンテンツ（L^M）、輸出の熟練労働、非熟練労働コンテンツ（S^X, U^X）、そして輸入の熟練労働、非熟練労働コンテンツ（S^M, U^M）をまとめたものである。この表の注目すべき点として、次の四つが挙げられる。

第一に、期間を通じて、貿易収支の均衡が成立していないことである。

第二に、1990年代半ばから、総労働者数が減少している点である。この結果は、日本の少子高齢化を反映したものと考えられる。

第三に、輸出と輸入の労働コンテンツ、および輸出の熟練労働、非熟練労働コンテンツは増加しているものの、輸入の熟練労働、非熟練労働コンテンツが減少している点である。

第四に、その結果、熟練労働コンテンツのシェア（S^X/L^X）は1995年の0.124をピークに、2009年には0.117へと減少している点である。一方で、非熟練労働コンテンツのシェア（S^M/L^M）は、2000年から2009年にかけ

第 II 部　HO モデルと日本の貿易パターン

表 5-8　記述統計

年	輸出 X	輸入 M	労働者数 L	輸出(労働) L^X	輸入(労働) L^M	輸出(熟練労働) S^X	輸出(非熟練労働) U^X	輸入(熟練労働) S^M	輸入(非熟練労働) U^M	輸出(比率) S^X/L^X	輸入(比率) S^M/L^M
1980	23,840,449	21,049,434	58,377,547	5,124,777	4,781,286	511,004	4,613,773	349,678	4,431,608	0.100	0.073
1985	32,863,830	21,983,453	60,743,463	6,049,967	4,319,626	686,084	5,363,883	345,696	3,973,930	0.113	0.080
1990	34,793,095	36,391,489	64,270,655	5,090,743	5,921,777	588,038	4,502,706	507,875	5,413,902	0.116	0.086
1995	39,379,662	41,380,006	66,857,587	5,142,621	6,648,770	638,529	4,504,091	590,659	6,058,111	0.124	0.089
2000	52,682,388	48,165,208	65,252,360	6,102,059	6,836,402	694,313	5,407,746	595,418	6,240,984	0.114	0.087
2005	72,393,155	60,289,980	63,916,284	6,830,642	6,932,270	745,025	6,085,617	601,334	6,330,936	0.109	0.087
2009	63,667,528	52,345,526	63,274,228	6,872,633	6,720,713	805,683	6,066,951	658,580	6,062,133	0.117	0.098

注：輸出 X と輸入 M の単位は百万円 (2000 年価格)。労働者数 L、輸出の労働コンテンツ L^X、輸入の労働コンテンツ L^M、輸出の熟練労働コンテンツ S^X、輸入の熟練労働コンテンツ S^M、輸出の非熟練労働コンテンツ U^X、輸入の非熟練労働コンテンツ U^M の単位は人。四捨五入のため、輸出 (輸入) の熟練労働コンテンツと非熟練労働コンテンツの合計 $S^X + U^X$ ($S^M + U^M$) は、輸出 (輸入) の労働コンテンツ L^X (L^M) に一致するとは限らない。

出所：JIP データベース 2012 に基づき筆者作成。

て 0.087 から 0.098 へと拡大した。

6 補論B　日本の貿易の資本・労働コンテンツ

図 5-3 と表 5-9 は輸出の資本、労働コンテンツ（K^X、L^X）、および輸入の資本、労働コンテンツ（K^M、L^X）をまとめたものである[22]。資本（K）は実質資本ストックであり、労働（L）は労働者数×労働時間である[23]。貿易不均衡を考慮するため、資本・労働比率（要素賦存：K/L）と資本・労働の消費（K^C/L^C）も推計した。推計の方法は熟練・非熟練労働コンテンツの分析と同様である。

これらの結果の注目すべき点として、次の三つが挙げられる。

第一に、熟練・非熟練労働の要素賦存とは異なり、資本・労働の要素賦存は一貫して上昇している点である。資本・労働比率は 1980 年の 5.06 から 2009 年には 13.32 へと増加している。

第二に、熟練・非熟練労働コンテンツと同様に、資本・労働コンテンツ（Relative Capital Contents: RCC$\equiv (K^X/L^X)/(K^M/L^M)$）もほぼ一貫して 1 を上回っている点である。また、1984–87 年を除くすべての年で、リーマーのテストが満たされている。日本が資本豊富国であるとすると、レオンティエフ・パラドックスが観測されるのは一部の年に限られている[24]。

最後に、熟練・非熟練労働コンテンツと似たように、近年、資本・労働コ

---

[22] 各産業の資本集約度については、表 5-7 を参照。
[23] 労働時間は職業別では利用できなかったため、熟練・非熟練労働コンテンツの分析では両者で労働時間が同じものとして分析を行った（このため、熟練・非熟練労働の比率を取れば、両者の労働時間は相殺されることになる）。
[24] ただし、Brecher and Choudhri (1982) によって指摘された別のパラドックスは、30 年中 15 年で観測されている。そのパラドックスとは、第 4 章で見たように、日本が労働の純輸出国であるという点である（$L^T \equiv L^X - L^M = L - L^C > 0$）。ホモセティックな選好（homothetic preference）の下では $L^C = L^W(C/C^W)$ が成立する。ここで、L^W は世界の労働供給であり、C と C^W はそれぞれ日本と世界の（生産要素ではなく）財の消費である。このため、$L^T = L - L^W(C/C^W) = L\{1 - (C/L)/(C^W/L^W)\} > 0$ が成立する。この結果は、日本の一人当たりの消費が世界の平均的な一人当たり消費を下回っていることを意味している（$C^W/L^W > C/L$）。

図 5-3　日本の貿易の資本・労働コンテンツ（RCC）、1980–2009 年

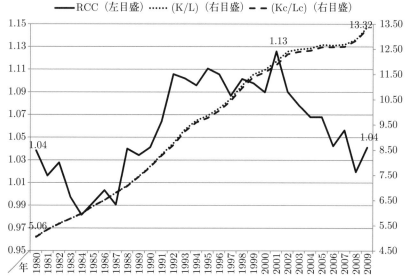

注：K/L は資本と労働の要素賦存（比率）、K^C/L^C は資本と労働の消費（比率）を表す。
出所：JIP データベース 2012 に基づき筆者作成。

ンテンツも低下している点である。資本・労働コンテンツは 1980 年の 1.04 から 2001 年に 1.13 とピークを迎え、2009 年には 1.04 へと低下している。ただし、資本・労働コンテンツは、1980 年代を下回るほどには低下していない。

表 5-9　日本の貿易の資本・労働コンテンツ（RCC）、1980–2009 年

年	要素賦存 （比率） K/L	消費 （比率） K^C/L^C	$[(K/L)/$ $(K^C/L^C)]$	輸出 （比率） K^X/L^X	輸入 （比率） K^M/L^M	RCC $\equiv \dfrac{K^X/L^X}{K^M/L^M}$	純輸出 （比率） L^X/L^M
1980	5.06	5.05	1.003	5.23	5.04	1.04	1.120
1981	5.34	5.33	1.002	5.46	5.37	1.02	1.266
1982	5.58	5.57	1.003	5.70	5.54	1.03	1.289
1983	5.77	5.77	1.000	5.76	5.77	1.00	1.395
1984	5.96	5.97	0.997	5.74	5.85	0.98	1.459
1985	6.27	6.27	0.999	6.12	6.17	0.99	1.488
1986	6.51	6.51	1.000	6.44	6.42	1.00	1.339
1987	6.79	6.80	0.999	6.70	6.77	0.99	1.186
1988	7.08	7.06	1.003	6.98	6.71	1.04	0.991
1989	7.45	7.43	1.003	7.30	7.05	1.03	0.899
1990	7.85	7.82	1.004	7.70	7.39	1.04	0.904
1991	8.32	8.28	1.005	8.37	7.86	1.06	0.925
1992	8.76	8.69	1.008	9.04	8.18	1.11	0.973
1993	9.30	9.23	1.008	9.68	8.79	1.10	0.959
1994	9.67	9.59	1.008	10.03	9.15	1.10	0.892
1995	9.86	9.77	1.009	10.33	9.30	1.11	0.791
1996	10.15	10.06	1.010	10.47	9.47	1.11	0.782
1997	10.53	10.45	1.008	10.77	9.91	1.09	0.886
1998	11.06	10.96	1.009	11.41	10.36	1.10	0.938
1999	11.50	11.40	1.009	11.82	10.76	1.10	0.904
2000	11.68	11.58	1.009	11.91	10.93	1.09	0.924
2001	12.01	11.87	1.012	12.61	11.20	1.13	0.903
2002	12.41	12.30	1.009	12.71	11.66	1.09	0.958
2003	12.49	12.40	1.008	12.68	11.76	1.08	1.003
2004	12.53	12.44	1.007	12.77	11.96	1.07	1.032
2005	12.67	12.58	1.007	13.07	12.24	1.07	1.020
2006	12.65	12.58	1.005	13.03	12.50	1.04	1.079
2007	12.69	12.60	1.007	13.06	12.36	1.06	1.157
2008	12.88	12.84	1.003	13.26	13.00	1.02	1.192
2009	13.39	13.32	1.005	14.64	14.07	1.04	1.038

出所：JIP データベース 2012 に基づき筆者作成。

第6章

日本の純輸出はエネルギー節約的か[1]

- 本章では、日本の純輸出はエネルギー節約的なのか、という疑問に注目する。
- 本章は、エネルギー投入だけでなく、資本や熟練労働といった複数の生産要素の影響を同時に考慮した分析を試みる。
- 分析の結果、日本は資本集約的な財と熟練労働集約的な財を（純）輸出し、非熟練労働集約的な財とエネルギー使用的な財を（純）輸入する傾向にあることが明らかになった。
- この結果は、1980年から2009年までの平均的には、日本は資本集約的な財と熟練労働集約的な財に比較優位を持っていることを示唆している。
- ただし、輸入だけに注目すると、多くの年について、要素投入との間に系統的な関係を見出すことができず、さらに2000年以降は輸出と純輸出についても、系統的な関係を確認しにくくなっていることもわかった。

> 日本経済新聞（2015年1月10日付朝刊、p.2）
>
> 原油安が進んでいるのに、エネルギー費用の負担減のためにトラック事業者や漁業者などへの支援を盛り込んだ。政府がまとめた2014年度補正予算案には、疑問が残るといわざるを得ない…最大の問題はエネルギー対策だ。原油価格が1バレル50ドル前後で推移している。ガソリンや灯油の値段も下がっている。そんな中で中小トラック事業者や漁業者への支援が本当に必要なのだろうか。ガソリンなどの燃料費を補助する政策は、財政赤字を膨らませたり、エネルギー効率を高める努力を妨げたりするとして、国際機関が新興国や途上国に縮減を求めてきたものだ。最近では、インドやインドネシアなども燃料補助金の縮小に動いている。これに対し、先進国の日本が逆行する政策を打ち出しているのは理解に苦しむ。

1 貿易理論が予測する日本の貿易パターン

　第5章では、熟練労働と非熟練労働（および資本と労働）の二要素に注目し、日本の貿易と生産要素の関係について分析した。しかし、第5章の分析には、二つ以上の生産要素を同時に考慮できないという問題もあった。貿易が二つの生産要素で決まっているとする仮定は、現実の日本の貿易を説明する上では強すぎるものかもしれない。特に日本の貿易を見る上で無視できないのが、エネルギーの存在だろう。日本は天然資源が希少な国であり、石油や天然ガスなどの天然資源を輸入し、それらをエネルギーとして投入し、工業品を輸出するという貿易を行ってきた。このため、資本や熟練労働だけでなくエネルギー投入も、無視できない要素であるといえる。

　それでは、資本や熟練労働だけでなくエネルギー投入も考慮すると、第5章の結論は変わってくるのだろうか。本章ではエネルギー投入も含む複数の生産要素を同時に考慮しつつ、生産要素と貿易の関係を分析する。

---

1) 本章を執筆する上で、元慶應義塾大学産業研究所共同研究員の水田岳志氏より有益なコメントを頂いた。記して謝意を表したい。

日本は環境技術が発展している国といわれている。しかし、「日本の純輸出はエネルギー節約的か」という疑問に答えた研究は、筆者が知る限り、後述するUrata（1983）に限られている。1990年半ば以降についてはこの疑問に対するエビデンスは存在しないため、複数の生産要素を同時に考慮しつつ生産要素と貿易の関係を見ることは、日本の貿易の決定要因を明らかにしていく上で、意義があると考えられる。

分析の手法は、第4章で紹介したクロス・インダストリー分析である。第4章で述べたように、このクロス・インダストリー分析の研究はBaldwin（1971）に始まる。その後、人的資本を考慮したStern and Maskus（1981）や、天然資源の役割を考慮したWright（1990）へと発展する。このクロス・インダストリー分析に基づき、日本の貿易と各産業の要素投入の関係を分析した研究に、Urata（1983）と木村・小浜（1995、第1章）がある。Urata（1983）は1967年と75年の日本の製造業を対象として、各産業の要素投入と貿易パターンの関係を分析した。

分析では、資本、熟練労働、非熟練労働、エネルギーの四つの生産要素が注目されている。分析の結果、1967年は非熟練労働集約的な財を輸出し、資本集約的な財を輸入していたことが確認された。しかし、この貿易パターンは1975年にはまったく異なるものになる。すなわち、日本は資本集約的な財を輸出し、非熟練労働集約的な財を輸入していたことが確認された。オイル・ショックの時期を境に、日本の貿易パターンが大きく変化したことを示唆する興味深い結果となっている。

また、木村・小浜（1995）は1990年の日本の製造業を対象として、Urata（1983）と同様に、各産業の要素投入と貿易パターンの関係を分析した。彼らの分析でも、資本、熟練労働（人的資本）、非熟練労働（労働）、エネルギーの四つの生産要素が注目されている。彼らの分析では、日本が非熟練労働集約的な財を輸入し、熟練労働集約的な財を輸出するというパターンが明らかにされている。

これらの分析は日本の貿易パターンを考える上で示唆に富むものだが。分析は1990年で止まっており、やや古い結果となってしまっている。そこで本章では、これらの分析をアップデートするかたちで、1980年から2009年

をカバーした分析を行う。

本章の以下の構成は次のとおり。次節では、本章の分析手法とデータについて解説する。3節で結果を紹介する。そして4節で、結論を述べる。

2　クロス・インダストリー分析

(1) 分析手法

複数の生産要素の影響を同時に考慮するため、本章では、第4章で紹介した回帰分析アプローチに基づき分析を行う。従属変数は輸出、輸入に加え、純輸出にも注目する。

$$\left.\begin{array}{r}X_j \\ M_j \\ NX_j\end{array}\right\} = \beta_0 + \beta_1 x_{1j} + \beta_2 x_{2j} + \ldots \beta_k x_{kj} + \ldots + \epsilon_j \quad (6.1)$$

ここで、X_j、M_j、NX_j はそれぞれ j 産業の輸出、輸入、純輸出を表している。また、x_k は生産要素 $k\ (=1,2,\ldots)$ の要素投入量を表しており、ϵ_j は誤差項である。

本章では、生産要素として、資本、熟練労働、非熟練労働、エネルギー投入の四つを考える。資本、熟練労働、非熟練労働、エネルギー投入をそれぞれ K、S、U、E で表すとすると、回帰式は次のように表すことができる。

$$\left.\begin{array}{r}X_j \\ M_j \\ NX_j\end{array}\right\} = \beta_0 + \beta_1 K_j + \beta_2 S_j + \beta_3 U_j + \beta_4 E_j + \epsilon_j \quad (6.2)$$

日本の要素賦存は、直観的には、(世界全体と比べて) 資本と熟練労働が豊富で、非熟練労働とエネルギーが希少な国だと考えられる。この直観が成り立つとすれば、次のような仮説を導くことができる。

■仮説：日本は資本集約的な財と熟練労働集約的な財を輸出し、非熟練労働集約的な財とエネルギー集約的な財を輸入することになる。

日本が資本集約的な財を輸出しているなら純輸出と輸出に関して $\beta_1 > 0$、輸入に関しては $\beta_1 < 0$ が成立する。同様に熟練労働については、純輸出と輸出に関して $\beta_2 > 0$、輸入に関しては $\beta_2 < 0$ が成立する。逆に、非熟練労働の純輸出と輸出に関しては $\beta_3 < 0$、輸入に関しては $\beta_3 > 0$、そしてエネルギーの純輸出と輸出に関しても $\beta_4 < 0$、輸入に関しては $\beta_4 > 0$ が予想される。

（2）データ

回帰分析のデータは JIP データベース 2012 より得た。分析の対象期間は 1980 年から 2009 年であり、対象となる産業は貿易財産業（表 2-8 の JIP 産業分類の 1 から 59 まで）である。純輸出額、輸出額、輸入額は実質値を利用し、資本ストックには産業別の実質純資本ストックを利用した。また第 5 章と同様に熟練労働と非熟練労働を職種によって定義し、これらの従業者数のデータを利用した[2]。具体的には、専門的・技術的職業従事者、管理的職業従事者を熟練労働者とし、事務従事者、販売従事者、サービス職業従事者、生産工程・労務作業者、保安職業従事者、農林漁業作業者、運輸通信従事者、分類不能を非熟練労働者とした[3]。なお、分析期間が 1980 年から 2009 年までとなっているのは、職種別の労働者数のデータは 1980 年以降利用可能となっているためである。エネルギー投入は、EU-KLEMS に従い、JIP の産業分類の 7（鉱業）、30（石油製品）、31（石炭製品）、62（電気業）、63（ガス・熱供給業）の実質投入額を利用した。

---

[2] 熟練労働と非熟練労働を教育水準で定義する研究もあるが、日本では利用できるデータが限られていることから、職種に基づく分類が一般的である。たとえば、Sakurai（2001, 2004）も熟練労働と非熟練労働を職種に基づき分類している。

[3] これらの職種の分類は、産業別職種別労働者数の原データである『国勢調査』の分類に基づいている。なお、2006 年から 2009 年については、『国勢調査』の分類の変更の関係で、非熟練労働者は事務従事者、販売従事者、サービス職業従事者、生産工程・労務作業者、保安職業従事者、農林漁業作業者、輸送・機械運転従事者、建設・採掘従事者、運搬・清掃・包装等従事者、分類不能としている。

第 II 部　HO モデルと日本の貿易パターン

表 6-1　エネルギー節約的産業：上位 20 産業、1980–2009 年

順位	番号	産業名	1980年	番号	産業名	1990年	番号	産業名	2000年	番号	産業名	2009年
1	10	精穀・製粉	0.001	10	精穀・製粉	0.002	10	精穀・製粉	0.002	48	電子計算機・同付属品	0.002
2	14	たばこ	0.004	14	たばこ	0.004	14	たばこ	0.004	10	精穀・製粉	0.002
3	19	紙加工品	0.006	3	畜産・養蚕業	0.006	54	自動車	0.007	14	たばこ	0.003
4	21	皮革・皮革製品・毛皮	0.006	54	自動車	0.008	48	電子計算機・同付属品	0.007	47	民生用電子・電気機器	0.004
5	3	畜産・養蚕業	0.008	17	家具・装備品	0.009	3	畜産・養蚕業	0.008	54	自動車	0.005
6	54	自動車	0.009	12	飼料・有機質肥料	0.009	50	電子応用装置・電気計測器	0.008	49	通信機器	0.006
7	12	飼料・有機質肥料	0.009	21	皮革・皮革製品・毛皮	0.010	45	事務用・サービス用機器	0.009	50	電子応用装置・電気計測器	0.006
8	17	家具・装備品	0.010	43	特殊産業機械	0.010	49	通信機器	0.010	45	事務用・サービス用機器	0.008
9	13	飲料	0.011	45	事務用・サービス用機器	0.010	47	民生用電子・電気機器	0.010	43	特殊産業機械	0.011
10	44	その他の一般機械	0.011	8	畜産食料品	0.011	8	畜産食料品	0.011	57	精密機械	0.012
11	43	特殊産業機械	0.011	42	一般産業機械	0.011	43	特殊産業機械	0.012	29	医薬品	0.012
12	8	畜産食料品	0.011	50	電子応用装置・電気計測器	0.011	17	家具・装備品	0.013	55	自動車部品・同付属品	0.013
13	9	水産食料品	0.013	20	印刷・製版・製本	0.011	1	米麦生産業	0.013	42	一般産業機械	0.013
14	55	自動車部品・同付属品	0.013	13	飲料	0.012	13	飲料	0.014	19	紙加工品	0.014
15	42	一般産業機械	0.014	47	民生用電子・電気機器	0.012	55	自動車部品・同付属品	0.014	20	印刷・製版・製本	0.014
16	53	その他の電気機器	0.014	1	米麦生産業	0.012	42	一般産業機械	0.014	52	電子部品	0.014
17	40	建設・建築用金属製品	0.015	19	紙加工品	0.013	9	水産食料品	0.014	1	米麦生産業	0.014
18	56	その他の輸送用機械	0.015	55	自動車部品・同付属品	0.013	46	重電機器	0.014	8	畜産食料品	0.015
19	20	印刷・製版・製本	0.015	9	水産食料品	0.013	12	飼料・有機質肥料	0.015	3	畜産・養蚕業	0.015
20	57	精密機械	0.015	57	精密機械	0.013	21	皮革・皮革製品・毛皮	0.016	51	半導体素子・集積回路	0.015

出所：JIP データベース 2012 に基づき筆者作成。

第6章 日本の純輸出はエネルギー節約的か 127

表6-2 エネルギー使用的産業：上位20産業、1980-2009年

順位	番号	産業名	1980年	番号	産業名	1990年	番号	産業名	2000年	番号	産業名	2009年
1	25	有機化学基礎製品	0.826	30	石油製品	0.470	30	石油製品	0.510	31	石炭製品	0.707
2	38	非鉄金属製錬・精製	0.561	25	有機化学基礎製品	0.468	25	有機化学基礎製品	0.475	25	有機化学基礎製品	0.643
3	31	石炭製品	0.489	31	石炭製品	0.442	31	石炭製品	0.376	30	石油製品	0.557
4	30	石油製品	0.462	38	非鉄金属製錬・精製	0.322	38	非鉄金属製錬・精製	0.307	38	非鉄金属製錬・精製	0.347
5	36	銑鉄・粗鋼	0.243	36	銑鉄・粗鋼	0.249	36	銑鉄・粗鋼	0.193	36	銑鉄・粗鋼	0.301
6	33	セメント・セメント製品	0.240	24	無機化学基礎製品	0.225	24	無機化学基礎製品	0.171	24	無機化学基礎製品	0.235
7	24	無機化学基礎製品	0.211	33	セメント・セメント製品	0.171	33	セメント・セメント製品	0.135	23	化学肥料	0.222
8	35	その他の窯業・土石製品	0.176	35	その他の窯業・土石製品	0.134	7	鉱業	0.129	33	セメント・セメント製品	0.197
9	7	鉱業	0.162	23	化学肥料	0.130	35	その他の窯業・土石製品	0.123	35	その他の窯業・土石製品	0.168
10	32	ガラス・ガラス製品	0.143	7	鉱業	0.115	34	陶磁器	0.108	7	鉱業	0.133
11	23	化学肥料	0.141	32	ガラス・ガラス製品	0.110	23	化学肥料	0.103	32	ガラス・ガラス製品	0.115
12	51	半導体素子・集積回路	0.109	18	パルプ・紙・板紙・加工紙	0.089	32	ガラス・ガラス製品	0.103	34	陶磁器	0.113
13	18	パルプ・紙・板紙・加工紙	0.107	34	陶磁器	0.082	18	パルプ・紙・板紙・加工紙	0.092	27	化学繊維	0.099
14	27	化学繊維	0.105	27	化学繊維	0.081	27	化学繊維	0.075	18	パルプ・紙・板紙・加工紙	0.093
15	34	陶磁器	0.102	51	半導体素子・集積回路	0.069	26	有機化学製品	0.068	26	有機化学製品	0.066
16	6	漁業	0.080	26	有機化学製品	0.057	6	漁業	0.059	37	その他の鉄鋼	0.058
17	48	電子計算機・同付属品	0.071	6	漁業	0.051	37	その他の鉄鋼	0.051	6	漁業	0.058
18	37	その他の鉄鋼	0.066	37	その他の鉄鋼	0.051	4	農業サービス	0.048	4	農業サービス	0.052
19	29	医薬品	0.055	4	農業サービス	0.036	39	非鉄金属加工製品	0.037	39	非鉄金属加工製品	0.035
20	26	有機化学製品	0.053	5	林業	0.031	51	半導体素子・集積回路	0.031	41	その他の金属製品	0.031

出所：JIPデータベース2012に基づき筆者作成。

まず、どのような産業がエネルギー節約的か、あるいは使用的かについて確認しておこう。表 6-1 と表 6-2 はそれぞれエネルギー節約的な産業上位 20 産業とエネルギー使用的な産業上位 20 産業の変遷をまとめたものである。ここでエネルギー節約的、使用的というのはエネルギー集約度、すなわち実質産出額に占める実質エネルギー投入額として定義した[4]。

表 6-1 より、2009 年時点で、エネルギー節約的な産業上位 5 産業は電子計算機・同付属品、精穀・製粉、たばこ、民生用電子・電気機器、自動車である。このうち、精穀・製粉とたばこは 1980 年から、自動車は 1990 年から継続して上位 5 位に属している。一方、エネルギー使用的な産業は石炭製品、有機化学基礎製品、石油製品、非鉄金属製錬・精製、銑鉄・粗鋼といった産業である。さらにこれら五つの産業は、1980 年から一貫して上位 5 位を独占していることも確認できる。

これらのエネルギー節約的な産業の輸出が大きく、逆にエネルギー使用的な産業の輸入が大きい場合、日本はエネルギー節約的な産業の純輸出が大きくなる。もちろん、第 5 章で確認したように、純輸出のパターンは熟練労働や資本といった他の生産要素からも影響を受ける。このため次節では、他の生産要素の影響を考慮しつつ、エネルギー投入と純輸出の関係について分析する。

3 仮説の検証

表 6-3 は (6.2) 式に基づき、日本の要素投入と輸出の関係を 1980 年から 2009 年にかけて、約 5 年ごとに見たものである。この表より、次の三つの点が確認できる。

第一に、日本は資本集約的な財を輸出する傾向にある点である。ただし、この傾向は必ずしも強くなく、2000 年代半ばからは弱まる傾向にある。

第二に、日本は熟練労働集約的な財を輸出し、非熟練労働節約的な財を輸出する傾向にある点である。

---

[4] すべての産業のエネルギー集約度については、後出の表 6-8 にまとめた。

表 6-3　日本の要素投入と輸出パターンの変遷、1980–2009 年

年	1980	1985	1990	1995	2000	2005	2009
資本	0.079	0.095*	0.075	0.075**	0.070*	0.106	0.090
	(0.050)	(0.057)	(0.046)	(0.035)	(0.040)	(0.066)	(0.055)
熟練労働	5.458**	7.575**	9.240***	11.781***	19.202***	29.289***	23.864***
	(2.397)	(2.881)	(1.833)	(2.386)	(4.027)	(5.633)	(3.619)
非熟練労働	−0.203	−0.391**	−0.497**	−0.708**	−0.992**	−1.646**	−1.434**
	(0.123)	(0.195)	(0.233)	(0.290)	(0.408)	(0.682)	(0.549)
エネルギー	0.064	−0.113	−0.061	−0.062	−0.071	−0.075	0.032
	(0.051)	(0.093)	(0.091)	(0.061)	(0.065)	(0.085)	(0.084)
N	59	59	59	59	59	59	59
決定係数	0.270	0.316	0.308	0.427	0.406	0.430	0.460

注：括弧内は頑強性を考慮した標準誤差。***、**、* はそれぞれ統計的有意水準 1％、5％、10％を表す。
出所：JIP データベース 2012 に基づき筆者作成。

そして第三に、エネルギー投入は統計的に有意となっていない点である。

これらの結果をまとめると、輸出については、資本と熟練労働、非熟練労働については仮説と整合的な結果となっている。他方、エネルギー投入については仮説とは整合的ではない。すなわち、日本の輸出は必ずしもエネルギー節約的ではないということになる。

次に、輸入について見てみよう。表 6-4 は (6.2) 式に基づき、日本の要素投入と輸入の関係を表 6-3 と同様にまとめたものである。1985 年時点では、日本は資本と熟練労働の符号がマイナスで有意、そして非熟練労働とエネルギーの符号がプラスで有意となっている。この結果は仮説と整合的である。ただし、1990 年以降は資本、熟練労働、非熟練労働の係数は有意性を失っており、2000 年以降はエネルギーの符号も有意ではなくなっている。この結果は、要素投入と輸入の間に系統的な関係を見出すことが難しくなっていることを意味している。

それでは、輸出と輸入を同時に考慮した純輸出でみた場合、何か系統的な関係は見出せるのだろうか。表 6-5 は純輸出についての結果である。期間を通じて、資本と熟練労働の係数はプラスで有意、非熟練労働の係数はマイナスで有意になっている。エネルギーも期間を通じて一貫してマイナスの係数だが、2005 年以降は有意性を失っている。

Urata (1983) や木村・小浜 (1995) では、要素投入と貿易パターンの関係が OECD 加盟国と非加盟国の間で異なることが確認されている。それで

表 6-4　日本の要素投入と輸入パターンの変遷、1980–2009 年

年	1980	1985	1990	1995	2000	2005	2009
資本	−0.018	−0.017*	−0.019	−0.025	−0.018	0.005	−0.005
	(0.015)	(0.009)	(0.012)	(0.015)	(0.014)	(0.024)	(0.016)
熟練労働	−0.453	−1.162*	−1.108	−1.407	0.231	5.594	2.290
	(0.782)	(0.650)	(1.205)	(1.810)	(2.183)	(4.377)	(3.817)
非熟練労働	0.106	0.151**	0.191	0.304	0.265	−0.269	−0.120
	(0.067)	(0.068)	(0.138)	(0.236)	(0.307)	(0.473)	(0.355)
エネルギー	0.188***	0.256***	0.276***	0.163***	0.161***	0.070	0.095
	(0.027)	(0.049)	(0.059)	(0.056)	(0.057)	(0.082)	(0.098)
N	59	59	59	59	59	59	59
決定係数	0.029	0.052	0.043	0.025	0.018	0.021	0.005

注：括弧内は頑強性を考慮した標準誤差。***、**、* はそれぞれ統計的有意水準 1%、5%、10% を表す。
出所：JIP データベース 2012 に基づき筆者作成。

表 6-5　日本の要素投入と純輸出パターンの変遷、1980–2009 年

年	1980	1985	1990	1995	2000	2005	2009
資本	0.097*	0.113*	0.094**	0.100***	0.088**	0.102*	0.095*
	(0.050)	(0.057)	(0.044)	(0.034)	(0.038)	(0.054)	(0.050)
熟練労働	5.911***	8.737***	10.348***	13.188***	18.971***	23.695***	21.574***
	(2.151)	(2.786)	(2.071)	(2.964)	(3.790)	(4.452)	(4.254)
非熟練労働	−0.309**	−0.542***	−0.689***	−1.012***	−1.257***	−1.376**	−1.315**
	(0.128)	(0.193)	(0.246)	(0.360)	(0.434)	(0.565)	(0.502)
エネルギー	−0.252***	−0.369***	−0.337***	−0.225***	−0.232***	−0.145	−0.063
	(0.061)	(0.086)	(0.080)	(0.069)	(0.072)	(0.105)	(0.126)
N	59	59	59	59	59	59	59
決定係数	0.100	0.227	0.206	0.239	0.270	0.252	0.185

注：括弧内は頑強性を考慮した標準誤差。***、**、* はそれぞれ統計的有意水準 1%、5%、10%を表す。
出所：JIP データベース 2012 に基づき筆者作成。

は、相手国のちがいを考慮すれば、期間を通じて安定的に系統的なパターンを見出すことができるのだろうか。この疑問に答えるため、Urata (1983) や木村・小浜 (1995) と同様に、OECD 加盟国と非加盟国のちがいを考慮して分析する[5]。輸出入それぞれについても分析は可能だが、以下では紙幅の関係上、純輸出の結果のみに焦点を当てる。

---

[5] ここで、OECD 加盟国とは OECD29 カ国（アイスランド、アイルランド、イタリア、オーストラリア、オーストリア、オランダ、カナダ、ギリシャ、スイス、スウェーデン、スペイン、スロバキア、チェコ、デンマーク、ドイツ、トルコ、ニュージーランド、ノルウェー、ハンガリー、フィンランド、フランス、ベルギー、ポーランド、ポルトガル、メキシコ、ルクセンブルク、英国、韓国、米国）としている。厳密には 1980 年から 2009

表 6-6 日本の要素投入と純輸出パターンの変遷：貿易相手国のちがい、1980–2009 年

OECD 加盟国

年	1980	1985	1990	1995	2000	2005	2009
資本	0.046	0.062	0.053	0.044**	0.043*	0.047	0.035
	(0.030)	(0.041)	(0.032)	(0.019)	(0.024)	(0.030)	(0.022)
熟練労働	2.129***	4.652***	5.646***	6.590***	9.948***	13.266***	10.612***
	(0.764)	(1.581)	(1.186)	(1.292)	(1.728)	(2.140)	(1.408)
非熟練労働	−0.187**	−0.328**	−0.411**	−0.475***	−0.633***	−0.746**	−0.619**
	(0.076)	(0.146)	(0.164)	(0.153)	(0.214)	(0.321)	(0.249)
エネルギー	−0.053	−0.132*	−0.059	−0.041	−0.089**	−0.038	−0.010
	(0.039)	(0.073)	(0.064)	(0.036)	(0.042)	(0.048)	(0.046)
N	59	59	59	59	59	59	59
決定係数	0.167	0.229	0.217	0.329	0.306	0.296	0.258

OECD 非加盟国

年	1980	1985	1990	1995	2000	2005	2009
資本	0.051*	0.050**	0.042***	0.056***	0.045**	0.055*	0.060*
	(0.027)	(0.023)	(0.015)	(0.018)	(0.017)	(0.029)	(0.031)
熟練労働	3.781**	4.084***	4.702***	6.598***	9.023***	10.429***	10.962***
	(1.452)	(1.286)	(1.076)	(1.916)	(2.545)	(3.528)	(3.454)
非熟練労働	−0.122	−0.215**	−0.278***	−0.537**	−0.624**	−0.630	−0.696**
	(0.074)	(0.082)	(0.104)	(0.229)	(0.294)	(0.371)	(0.328)
エネルギー	−0.199***	−0.237***	−0.278***	−0.184***	−0.142***	−0.107	−0.052
	(0.029)	(0.042)	(0.038)	(0.043)	(0.046)	(0.076)	(0.093)
N	59	59	59	59	59	59	59
決定係数	0.074	0.143	0.146	0.149	0.145	0.120	0.112

注：括弧内は頑強性を考慮した標準誤差。***、**、* はそれぞれ統計的有意水準 1％、5％、10％を表す。
出所：JIP データベース 2012 に基づき筆者作成。

　表 6-6 が OECD 加盟国と非加盟国に分けて分析した結果である。この表より、OECD 加盟国、非加盟国にかかわらず、日本は熟練労働集約的な財を輸出し、非熟練労働集約的な財を輸入する傾向にあることが確認できる。一方、エネルギー投入と資本投入については、OECD 非加盟国との貿易で、より顕著に現れることがわかる。すなわち OECD 非加盟国との貿易において、日本は資本集約的な財とエネルギー節約的な財を純輸出する傾向にある。ただし、2000 年以降は、エネルギー投入の係数の有意性が失われており、この関係が弱まっていることが示唆される。

年の間に OECD に加盟した国があるが、加盟国の増加の影響を避けるため、ここでは期間を通じて 29 カ国を OECD 加盟国に分類した。

表 6-7　日本の要素投入と純輸出パターンの変遷：製造業、1980–2009 年

年	1980	1985	1990	1995	2000	2005	2009
資本	0.184**	0.261***	0.186**	0.147***	0.167**	0.277**	0.235***
	(0.086)	(0.092)	(0.092)	(0.055)	(0.076)	(0.114)	(0.076)
熟練労働	2.907	5.179*	8.109**	14.468***	16.374***	14.023	9.192
	(2.693)	(2.882)	(3.352)	(4.053)	(5.914)	(8.626)	(6.399)
非熟練労働	−0.287	−0.614***	−1.002***	−1.742***	−1.935***	−2.006***	−1.810***
	(0.248)	(0.208)	(0.187)	(0.273)	(0.479)	(0.743)	(0.592)
エネルギー	−0.326***	−0.570***	−0.467***	−0.314***	−0.364***	−0.376**	−0.316**
	(0.067)	(0.140)	(0.125)	(0.075)	(0.104)	(0.141)	(0.122)
N	52	52	52	52	52	52	52
決定係数	0.442	0.543	0.490	0.603	0.503	0.438	0.499

注：括弧内は頑強性を考慮した標準誤差。***、**、* はそれぞれ統計的有意水準 1％、5％、10％を表す。
出所：JIP データベース 2012 に基づき筆者作成。

　これらの結果は鉱業部門の輸出入、すなわち、天然資源の輸出入も含む分析の結果である。それでは、製造業に絞った場合、同様の傾向は確認できるのだろうか。表 6-7 は製造業の純輸出に関する分析結果をまとめたものである。資本と熟練労働についてプラス、非熟練労働とエネルギーについてマイナスだが、2005 年以降、熟練労働の有意性が失われている。製造業に絞った場合、日本がエネルギー節約的な財を輸出するという傾向は、より顕著に現れるようになる。その一方で、熟練労働集約的な財を純輸出するという傾向は弱まる傾向にある。複数の生産要素を考慮した上でも、第 5 章と同様のメッセージが得られることがわかる。

　以上の結果をまとめると、ヘクシャー＝オリーン＝バーネックの定理に基づく貿易パターンは、複数の生産要素を同時に考慮しても、ある程度確認できているといえる。すなわち、日本は熟練労働と資本集約的な財を純輸出し、非熟練労働集約的な財とエネルギー使用的な財を純輸入する傾向にある。そしてこの結果は、OECD 非加盟国との貿易、あるいは製造業の貿易で、より顕著に確認できる。

　これらの結果は、1980 年から 2009 年までの平均的には、日本は資本集約的な財と熟練労働集約的な財に比較優位を持っていたことを示唆している。熟練労働集約的な財に比較優位を持っているという結果は、第 5 章の結果とも整合的である。ただし、輸入だけに注目すると、多くの年について、要素投入との間に系統的な関係を見出すことができず、さらに 2000 年以降は輸

出と純輸出についても、系統的な関係を確認しにくくなっている。

4　変わりつつある貿易パターン

　日本の純輸出はエネルギー節約的なのだろうか。また、複数の生産要素の影響を同時に考慮する場合、日本の貿易は生産要素で説明できるのだろうか。

　この疑問に答えるため、本章ではクロス・インダストリー分析に基づき、生産要素と純輸出の関係を分析した。分析には、1980年から2009年までの日本の貿易データ、および資本、熟練労働、非熟練労働、そしてエネルギー投入の四つの生産要素のデータを利用した。

　分析の結果、輸出と純輸出については、ヘクシャー＝オリーンの定理に基づく貿易パターンがある程度確認できた。すなわち、日本は資本集約的な財と熟練労働集約的な財を（純）輸出し、非熟練労働集約的な財とエネルギー使用的な財を（純）輸入する傾向にある。そしてこの結果は、農林水産業・鉱業を含むかどうか、OECD加盟国・非加盟国のちがいにかかわらず成立する。

　本章の結果は、1980年から2009年までの平均的には、日本は資本集約的な財と熟練労働集約的な財に比較優位を持っていたことを示唆している。熟練労働集約的な財に比較優位を持っているという結果は、第5章の結果とも整合的である。ただし、輸入だけに注目すると、多くの年について要素投入との間に系統的な関係を見出すことができず、さらに2000年以降は輸出と純輸出についても系統的な関係を確認しにくくなっている。

　それでは、なぜ輸入については系統的な関係を見出せないのだろうか。また、なぜ、近年、純輸出についても期待どおりの結果が得られなくなっているのだろうか。その理由として、大きく三つの点が考えられる。

　第一に、政策的な影響である。本書の依拠する標準的なヘクシャー＝オリーン・モデルは、政策的な影響が無視できるほど小さいという前提の下でモデルが構築されている。しかし、政策的な影響が大きな場合、ヘクシャー＝オリーン・モデルでは説明のできない貿易パターンが生じる可能性がある。たとえば、章頭の日本経済新聞（2015）が指摘するように、政府の補助金が企業のエネルギー効率を高めようとする努力を妨げているのかもしれない。こ

の影響が大きいとすれば、現実の日本の貿易は、一般に考えられているほどは、エネルギー節約的ではない可能性がある。

　第二に、企業の海外進出、すなわち直接投資の影響である。日本企業が海外進出し、現地で生産するという現象が、ヘクシャー＝オリーン・モデルの前提を崩している可能性がある。たとえば、第4章で述べたように、ヘクシャー＝オリーン・モデルは要素集約度の逆転がない世界を考えている。

　しかし、直接投資が要素集約度の逆転を引き起こし、労働豊富国が資本集約的な財を生産するといったことが生じている可能性もある。たとえば Kurokawa (2011) は米国とメキシコの電気機械産業の熟練労働集約度を計算し、米国では熟練労働集約的な産業であるにもかかわらず、メキシコでは非熟練労働集約的な産業になっていること、すなわち要素集約度の逆転が生じていることを明らかにした。この現象の背後には、米国の電気機械産業の多国籍企業が非熟練労働を求めてメキシコに進出している可能性がある。同様に、日本企業が中国や東南アジア諸国に進出することで、要素集約度の逆転が生じ、ヘクシャー＝オリーン・モデルでは説明できない貿易パターンが生じているのかもしれない。

　そして第三に、要素価格均等化の仮定である。第4章2節(1)項のように、多国・多財・多要素のヘクシャー＝オリーン＝バーネック・モデルは要素価格均等化が前提となっている。しかし、現実にはこの仮定はかなり厳しいものと言わざるをえない。このため、要素価格均等化と現実とのギャップがヘクシャー＝オリーン＝バーネック・モデルの説明力を落としている可能性もある。そこで第7章と第8章ではこの要素価格均等化の仮定を緩めた上で、モデルの現実妥当性を検討する。

表 6-8 産業別エネルギー集約度、1980–2009 年

番号	産業名	1980 年	1985 年	1990 年	1995 年	2000 年	2005 年	2009 年
1	米麦生産業	0.021	0.014	0.012	0.015	0.013	0.015	0.014
2	その他の耕種農業	0.019	0.018	0.016	0.019	0.021	0.022	0.021
3	畜産・養蚕業	0.008	0.007	0.006	0.007	0.008	0.015	0.015
4	農業サービス	0.016	0.031	0.036	0.046	0.048	0.052	0.052
5	林業	0.023	0.026	0.031	0.036	0.025	0.028	0.028
6	漁業	0.080	0.051	0.051	0.084	0.059	0.054	0.058
7	鉱業	0.162	0.118	0.115	0.137	0.129	0.101	0.133
8	畜産食料品	0.011	0.007	0.011	0.013	0.012	0.014	0.015
9	水産食料品	0.013	0.012	0.013	0.015	0.014	0.018	0.021
10	精穀・製粉	0.001	0.002	0.002	0.003	0.002	0.002	0.002
11	その他の食料品	0.022	0.017	0.020	0.024	0.021	0.025	0.026
12	飼料・有機質肥料	0.009	0.007	0.009	0.013	0.015	0.018	0.023
13	飲料	0.011	0.011	0.012	0.014	0.014	0.014	0.015
14	たばこ	0.004	0.003	0.004	0.004	0.004	0.003	0.003
15	繊維製品	0.022	0.022	0.019	0.021	0.019	0.027	0.026
16	製材・木製品	0.024	0.017	0.021	0.026	0.024	0.025	0.029
17	家具・装備品	0.010	0.009	0.009	0.012	0.013	0.013	0.016
18	パルプ・紙・板紙・加工紙	0.107	0.101	0.089	0.095	0.092	0.067	0.093
19	紙加工品	0.006	0.016	0.013	0.016	0.020	0.012	0.014
20	印刷・製版・製本	0.015	0.012	0.011	0.016	0.018	0.013	0.014
21	皮革・皮革製品・毛皮	0.006	0.008	0.010	0.015	0.016	0.014	0.017
22	ゴム製品	0.027	0.023	0.024	0.031	0.030	0.026	0.029
23	化学肥料	0.141	0.122	0.130	0.134	0.103	0.105	0.222
24	無機化学基礎製品	0.211	0.210	0.225	0.184	0.171	0.151	0.235
25	有機化学基礎製品	0.826	0.624	0.470	0.600	0.475	0.560	0.643
26	有機化学製品	0.053	0.078	0.057	0.064	0.068	0.057	0.066
27	化学繊維	0.105	0.087	0.081	0.081	0.075	0.082	0.099
28	化学最終製品	0.034	0.020	0.018	0.023	0.025	0.018	0.023
29	医薬品	0.055	0.029	0.020	0.021	0.022	0.014	0.012
30	石油製品	0.462	0.359	0.442	0.463	0.510	0.556	0.557
31	石炭製品	0.489	0.426	0.468	0.486	0.376	0.438	0.707
32	ガラス・ガラス製品	0.143	0.127	0.110	0.109	0.103	0.086	0.115
33	セメント・セメント製品	0.240	0.188	0.171	0.126	0.135	0.118	0.197
34	陶磁器	0.102	0.093	0.082	0.093	0.108	0.087	0.113
35	その他の窯業・土石製品	0.176	0.153	0.134	0.127	0.123	0.104	0.168
36	銑鉄・粗鋼	0.243	0.226	0.249	0.168	0.193	0.210	0.301
37	その他の鉄鋼	0.066	0.047	0.051	0.051	0.051	0.047	0.058
38	非鉄金属製錬・精製	0.561	0.380	0.322	0.299	0.307	0.265	0.347
39	非鉄金属加工製品	0.041	0.033	0.028	0.034	0.037	0.026	0.035
40	建設・建築用金属製品	0.015	0.017	0.016	0.018	0.018	0.019	0.021
41	その他の金属製品	0.040	0.031	0.027	0.029	0.030	0.027	0.031
42	一般産業機械	0.014	0.015	0.011	0.012	0.014	0.012	0.013
43	特殊産業機械	0.011	0.016	0.010	0.012	0.012	0.012	0.011
44	その他の一般機械	0.011	0.017	0.016	0.016	0.019	0.017	0.019
45	事務用・サービス用機器	0.017	0.015	0.010	0.010	0.009	0.008	0.008
46	重電機器	0.016	0.024	0.018	0.013	0.014	0.016	0.015
47	民生用電子・電気機器	0.017	0.015	0.012	0.012	0.010	0.007	0.004
48	電子計算機・同付属品	0.071	0.060	0.022	0.010	0.007	0.004	0.002
49	通信機器	0.018	0.022	0.018	0.011	0.010	0.006	0.006

50	電子応用装置・電気計測器	0.025	0.016	0.011	0.009	0.008	0.007	0.006
51	半導体素子・集積回路	0.109	0.108	0.069	0.043	0.031	0.022	0.015
52	電子部品	0.033	0.029	0.024	0.022	0.020	0.017	0.014
53	その他の電気機器	0.014	0.017	0.013	0.017	0.022	0.018	0.019
54	自動車	0.009	0.009	0.008	0.006	0.007	0.006	0.005
55	自動車部品・同付属品	0.013	0.015	0.013	0.013	0.014	0.012	0.013
56	その他の輸送用機械	0.015	0.017	0.015	0.017	0.018	0.022	0.021
57	精密機械	0.015	0.010	0.013	0.016	0.018	0.014	0.012
58	プラスチック製品	0.028	0.022	0.023	0.027	0.030	0.025	0.029
59	その他の製造工業製品	0.019	0.015	0.026	0.026	0.021	0.017	0.019

出所：JIP データベース 2012 に基づき筆者作成。

第Ⅲ部

拡張HO（ヘクシャー＝オリーン）モデルによる日本の産業構造分析

第7章

都道府県の産業構造と賃金格差

- 生産技術一定の仮定の背後には、要素価格均等化の仮定が存在するが、現実には要素価格の均等化は一国内でさえも成立していない。
- 本章は、マルチ・コーン・モデルにおけるリプチンスキーの定理に注目し、次の二つの主張の妥当性を実証的に検証する：1) マルチ・コーン・モデルのほうがシングル・コーン・モデルよりも現実のデータに適合する。2) コーンの数が増えれば増えるほど、モデルのデータへの適合度は高まる。
- 2000年の日本の都道府県のデータを用いた分析の結果、一つめの主張については妥当であるものの、二つめの主張はデータの支持が得られないことが明らかになった。
- この結果は、要素価格の均等化の仮定を緩めることは重要ではあるものの、それだけでヘクシャー＝オリーン・モデルの現実妥当性が高まるわけではないことを示唆している。
- さらに、人的資本蓄積の効果は資本蓄積が進んだ段階で顕在化しており、それが日本の地域間の賃金格差を説明する一因となっていることもわかった。

> Ohlin（[1967] p.26、筆者訳）
>
> 「完全な要素価格の均等化は…ほとんど考えられないし、実際にほとんどありそうもない」

1 国際貿易理論の拡張

　第4章から第6章では、ヘクシャー＝オリーンの定理に基づき、日本の生産要素と貿易の関係を分析した。これらの分析を通じて、ヘクシャー＝オリーンの定理が示唆するように、生産要素と貿易の間に、ある程度の系統的な関係が見出せることを確認した。ここで、生産要素と貿易の関係は、生産を介して、すなわち生産要素→（生産→）貿易というかたちで表れていることに注意してほしい。そして、標準的な貿易理論からは、生産要素と生産の間にも系統的な関係を導き出すことができる。第4章で紹介したリプチンスキーの定理である。それでは、生産要素と生産の間には、リプチンスキーの定理が示唆するような系統的な関係があるのだろうか。

　さらに、ヘクシャー＝オリーン・モデルは強い仮定の下に構築されていることから、それらの仮定に関する批判もある。特に、標準的なヘクシャー＝オリーン・モデルは、全世界で要素価格均等化が成立する状況を想定しているが、冒頭のオリーンの言葉のように、このような仮定は現実には成立していない。それでは、このような仮定を緩めると、ヘクシャー＝オリーン・モデルの説明力は失われてしまうのだろうか。それとも、説明力は一層高まるのだろうか。

　これらの問題意識に基づき、本章と続く第8章では、標準的なヘクシャー＝オリーン・モデルを拡張した分析を紹介する。具体的には、大きく二つの点で拡張を試みる。

　第一に、シングル・コーンからマルチ・コーンへの拡張である。標準的なヘクシャー＝オリーン・モデルでは、第4章で確認したように、世界全体で要素価格均等化が成立することになる（要素価格均等化定理）。この状況は、各国の要素賦存が一つの不完全特化錐の中に納まることを意味している。

この不完全特化錐は"cone of diversification"と呼ばれることから、シングル・コーン（single cone）の世界を想定することを意味している。本章と第8章では、世界全体での要素価格均等化が崩れる状況を考察する。この状況は、各国の要素賦存が複数の不完全特化錐に散らばることを意味しており、シングル・コーンに対してマルチ・コーン（multiple cone）と呼ばれている。

　第二に、要素賦存と貿易の関係ではなく、要素賦存と生産に注目する。このため、生産要素と生産の関係を説明したリプチンスキーの定理に注目する。

　世界全体での要素価格均等化、すなわちシングル・コーンの世界が成立していないという事実は、開発経済学、空間経済学、国際経済学といった分野で関心の高い問題の一つである[1]。なぜなら、ヘクシャー＝オリーン・モデルの現実妥当性を問う実証研究の多くは、シングル・コーンの世界を仮定しているためである。たとえば、第4章で見たヘクシャー＝オリーン・バーネックモデルは全世界で技術が同じという仮定に基づいており、これは世界全体で要素価格が均等化することを意味している[2]。多くの実証研究において、シングル・コーンは重要な仮定になっているが、Leamer and Levinsohn（1995）やLeamer and Schott（2005）らは、現実には各国・地域間で大きな賃金格差が存在していることを確認している。

　そもそも、われわれの世界はシングル・コーンの世界なのだろうか。この疑問に対し、大きく二つのアプローチから分析がなされてきた。

　一つめのアプローチは、要素賦存と産業の生産パターンを分析した研究である。要素賦存の変化に伴い、産業の生産パターンが変わっていく現象は「発展の経路（paths of development）」と呼ばれている。この「発展の経路」に注目した研究例に、Schott（2003）がある。Schott（2003）はマルチ・コーン・モデルとシングル・コーン・モデルのどちらが現実のデータに適合する

---

[1] ここで「コーン」とは不完全特化錐のことであり、ヘクシャー＝オリーン・モデルにおいて、所与の価格の下で、同じ生産要素価格、同じ財を生産するような要素賦存の組み合わせを意味している（Deardorff [2006]、p.72）。このため、コーンの数は要素価格均等化の成り立つ領域の数に等しい。不完全特化錐から成る（要素価格均等化の成り立つ領域が一つしかない）ヘクシャー＝オリーン・モデルはシングル・コーン・モデルと呼ばれる。一方、複数の不完全特化錐から成る（要素価格均等化の成り立つ領域が二つ以上ある）ヘクシャー＝オリーン・モデルはマルチ・コーン・モデルと呼ばれる。

[2] この詳細については、たとえばBhagwati et al.（1998）を参照。

かを明らかにするため、各国の資本・労働比率と産業の生産の関係を分析した。分析には1990年の諸外国のデータが利用されている。

分析の結果、シングル・コーン・モデルよりも、マルチ・コーン・モデルのほうが現実のデータに適合していることを確認した。この結果は、われわれの世界がマルチ・コーンの世界であることを示唆している。

もう一つのアプローチは、各国の資本・労働比率と各産業の資本・労働比率の分散の程度を比較するというものである。各国の資本・労働比率と各産業の資本・労働比率の分散の程度は、図で表現するとレンズのように描くことができる（Deardorff [1994b]）。このため、各国の資本・労働比率の分散の程度は要素賦存のレンズ、各産業の資本・労働比率の分散の程度は財のレンズと呼ばれている。

また、Deardorff (1994b) によれば、要素賦存のレンズが財のレンズに納まっていることは、要素価格均等化が成立していることを意味しており、「レンズ条件（lens condition）」と呼ばれている。このDeardorff (1994b) の研究に基づき、Debaere and Demiroglu (2003) と Debaere (2004) は、「レンズ条件」が成立するかどうかを実際のデータを用いて分析した。分析の結果、OECD諸国と各国の地域内で見た場合、要素賦存のレンズは財のレンズに納まっているが、世界全体で見た場合は要素賦存のレンズは財のレンズに納まっていないことを確認した[3]。この結果もまた、われわれの世界がマルチ・コーンの世界であることを示唆している。

これらの研究はこの分野に重要な貢献があったが、いずれの研究も、要素賦存と生産パターンの関係のみに注目したものであり、要素価格を明示的に考慮していなかった。しかし、要素価格均等化定理が重要な政策的含意を持っていること、そしてヘクシャー＝オリーン・モデルが一般均衡モデルに基づくことを踏まえると、要素価格は無視できないといえる。つまり、アカデミックな文脈からいえば、要素賦存と生産パターンだけでなく、要素賦存と要素

---

[3] Xiang (2007) はOECD諸国の中でもマルチ・コーンが支持されることを明らかにしている。ただし、彼のアプローチは産業の資本・労働比率の分布関数の推定に基づくものであり、Debaere and Demiroglu (2003) や Debaere (2004) とは異なるアプローチである。

価格の関係についても、より詳細な分析が必要である。

本章は、マルチ・コーン・モデルにおけるリプチンスキーの定理に注目し、次の二つの主張の妥当性を実証的に検証する：

1. マルチ・コーン・モデルのほうがシングル・コーン・モデルよりも現実のデータに適合する。
2. コーンの数が増えれば増えるほど、モデルのデータへの適合度は高まる。

さらに本章では、人的資本の蓄積が生産パターンや賃金にどのような影響を及ぼすのかについても分析を試みる。本章の分析の貢献の一つは、要素賦存と生産パターンだけでなく、要素価格も同時に考慮して分析を進めている点にある。ここで、標準的なリカード・モデルが教えるように、賃金格差は要素賦存のちがいだけでなく、生産性のちがいによっても影響を受けるという懸念があるかもしれない。そのような懸念を払拭するため、本章は日本の地域レベルのデータを利用する。なぜなら、国際間と比べると国内の地域間のほうが、技術格差が小さいと考えられるためである。Schott（2003）に倣い、本章は要素賦存と生産パターン、そして賃金格差の関係を分析する[4]。

ここで、同一国内の賃金格差はそれほど大きくないのではないかと懸念する人がいるかもしれない。しかし、一国の異なる地域間でも、ある程度大きな賃金格差が確認されている。たとえば、Bernard *et al.*（2013）は1972年と92年の米国の181地域の熟練労働と非熟練労働の相対賃金を分析し、地域間で相対賃金が大きく異なることを確認している。同様に、Bernard *et al.*（2008）は英国の67地域を対象とした分析で、英国内でも要素価格均等化が成り立たないことを明らかにしている。さらに、Tomiura（2005）は日本の47都道府県のデータを利用して、日本国内で要素価格均等化が成立するかどうかを分析した。分析の結果、地域間の生産性のちがいを考慮した上でも、要

---

[4] なお、Bernard *et al.*（2005）はレンズ条件の分析が、財や地域をどのように集計するかによって結果が大きく変わるという問題を指摘している。このため、本章では Debaere and Demiroglu（2003）や Debaere（2004）のアプローチではなく、Schott（2003）のアプローチに倣うことにした。

図 7-1 製造業の都道府県別平均賃金、2000 年

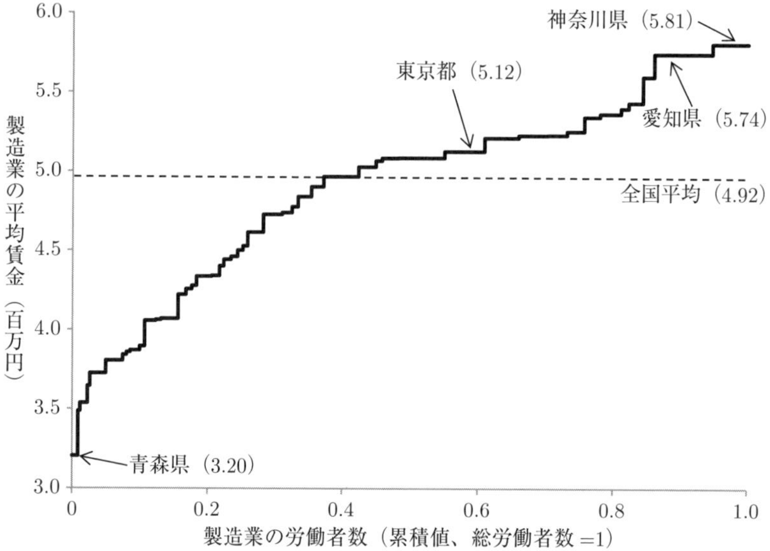

出所:経済産業省 (2000)、総務省 (2004) に基づき筆者作成。

素価格均等化が成立しないことが確認されている。

図 7-1 は 2000 年の日本の 47 都道府県の製造業の平均賃金の分布を示したものである[5]。図は Leamer and Levinsohn (1995) や Leamer and Schott (2005) に倣うものであり、横軸は各都道府県の労働者のシェア（累積値）、縦軸は各都道府県の製造業の平均賃金を表している。この図より、日本の都道府県間の賃金格差は無視できないほど大きいことがわかる。たとえば、神奈川県の製造業の平均賃金は青森県の製造業の平均賃金の二倍近くに達している。

Bernard et al. (2008) や Bernard et al. (2013)、そして Tomiura (2005) の研究は、地域間の賃金格差の一部が産業構造のちがいによって説明できるとしている。しかし、これらの研究は要素賦存のちがいを明確に考慮できていない。本章の分析は、これらの研究に欠けていた要素賦存を考慮している

---

[5] データの詳細は本章 3 節で説明する。

という点で新たな視点を提示するものであり、国内地域間賃金格差の理解を深める上でも有益であると考えられる。次節では本章が依拠する理論モデルを紹介する。分析手法とデータを3節で説明する。4節で結果を提示し、5節で結論を述べる。

2 マルチ・コーン・モデル

本章の理論モデルはSchott（2003）に基づくものである。彼の研究は標準的なシングル・コーンのヘクシャー＝オリーン・モデルをマルチ・コーンのヘクシャー＝オリーン・モデルへと拡張したものである。説明をわかりやすくするため、以下ではまず三財二要素のモデルを紹介し、次に多数財のモデルへと拡張する。

いま、三財（労働集約的な財 Y_1、中間集約的な財 Y_2、資本集約的な財 Y_3）、二要素（労働 L と資本 K）を考える。ここで、中間集約的な財とは、労働集約的な財と資本集約的な財の中間の資本集約度を持つ財という意味であり、各財の資本集約度は $k_1 < k_2 < k_3$ であるとする。また、$k_j = K_j/L_j$ $(j = 1, 2, 3)$ である。それぞれのコーンの閾値となる資本・労働比率を τ_j $(j = 0, 1, 2; \tau_0 = 0)$ で表す。境界となる点はノットと呼ばれる[6]。

産業 j の一人当たり産出と資本・労働比率をそれぞれ $y_j = Y_j/L_j$、$k_j = K_j/L_j$ で表す。ここで、$K_1 + K_2 + K_3 = K$、$L_1 + L_2 + L_3 = L$ であり、K と L は経済全体の資本と労働の賦存量である（ここで経済とは、国や地域を指す）。また、財 j の価格を p_j、賃金を w、資本価格を r で表すとする。経済は小国、完全競争であり、価格 p_j は所与で固定されているとする。財 j の産出額を Z_j $(= p_j Y_j)$ と表す。産出額を総労働者数（労働の賦存量）で除したものを z_j $(= p_j Y_j/L)$ で表すと、一人当たりGDPを z $(= z_1 + z_2 + z_3)$ で表すことができる。

標準的なヘクシャー＝オリーン・モデルを拡張する上で、Schott（2003）は二つの仮定を追加した。第一は、各産業の生産関数がレオンティエフ型生

---

[6] ノットという用語はスプライン回帰分析から来たものである。この詳細については、Greene（2011）、p.159 を参照。

図 7-2 一人当たり産出と資本・労働比率の関係：三財二要素モデル

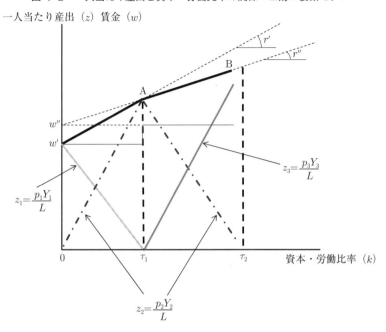

産関数で表されるというものである[7]。第二は、それぞれのコーンでは財と生産要素の数が等しいというものである。

図 7-2 はこの設定の下での一人当たり産出額 z と資本・労働比率 k の関係を描いたものである。直線 $w'AB$ はこの経済の一人当たり GDP を表すことになる。この直線は、資本蓄積が進むと、一人当たり GDP が増加することを意味している。

この経済の資本・労働比率が τ_0 と τ_1 の間に位置するとき、この経済は労

---

[7] Ishikawa (1992) や Deardorff (2000)、Kiyota (2012b) は（レオンティエフ型生産関数よりも一般的な）新古典派生産関数をもとにマルチ・コーンのヘクシャー＝オリーン・モデルの理論的考察を展開している。Cobb–Douglas 型生産関数のような新古典派生産関数はレオンティエフ型生産関数よりも一般的だが、実証分析を行うにあたっては二つの問題が生じる。第一に、経済が完全特化する可能性がある点である。第二は、推定するパラメーターの数が増えるため、計算が複雑になる点である。完全特化と計算の簡略化のため、本章ではレオンティエフ型生産関数を仮定している。Cobb–Douglas 型生産関数に基づく分析については、本章補論 B を参照。

働集約的な財と中間集約的な財を生産するが、資本集約的な財は生産しない。同様に、この経済の資本・労働比率が τ_1 と τ_2 の間に位置するとき、この経済は中間集約的な財と資本集約的な財を生産するが、労働集約的な財は生産しない[8]。資本・労働比率が τ_0 と τ_1 の間の領域、および τ_1 と τ_2 の間の領域は不完全特化錐（すなわち、要素価格均等化領域）に対応している。各産業の一人当たり産出額と経済全体の資本・労働比率の関係はマルチ・コーンのモデルにおけるリプチンスキーの定理であり、先に述べた「発展の経路」に相当するものである[9]。労働集約的な財、中間集約的な財、資本集約的な財の発展の経路はそれぞれ $w'\tau_1\tau_2$, $0A\tau_2$, $0\tau_1 B$ で表される。これらの発展の経路を財別にまとめたのが図 7-3 である。

図 7-2 は、要素賦存と要素価格の関係についても見ることができる。生産関数の線形同次性と完全競争の仮定から、直線 $w'AB$ の傾きが資本価格 r、直線 $w'AB$ の切片が賃金 w を表すことになる[10]。これらの生産要素価格は最初の不完全特化錐（コーン）では w' と r' で一定であり、二つめのコーンでは w'' と r'' で一定である。経済全体の資本蓄積が進むと、賃金は w' から w'' へと上昇し、逆に資本価格は r' から r'' へと低下する。このため、直線 $w'A$ の傾きは直線 AB の傾きよりも急になっている。

三財二要素モデルから多数財二要素モデルへの拡張は、理論的には単純である。図 7-4 が複数財のケースを図示したものである。財の数が増えるとともに、コーンの数も増加する。このため、財の数が増えるほど、賃金の取りうる値も増えることになる。資本蓄積が進むにつれ賃金も高くなることから、労働豊富国よりも資本豊富国のほうが高賃金になる。また、それぞれのコーンでは財と生産要素の数が等しいという仮定から、生産される財はそれぞれのコーンで二種類ずつであり、資本蓄積とともに、より資本集約的な財の生産へと生産が移っていくことになる。

---

[8] 図 7-2 の資本・労働比率の境界 τ_1, τ_2 は、以下の回帰分析で説明するノットに対応している。

[9] Leamer (1987) や Schott (2003) は、ある一時点の各国のデータを利用した分析だが、各産業の一人当たり産出額と一国全体の資本・労働比率の関係を「発展の経路」と呼んでいる。次章の分析では、本章の分析を時系列データに応用した例を紹介する。

[10] この証明については、Hahn and Matthews (1964) を参照のこと。

図 7-3 図 7-2 から示唆される発展の経路

パネル A：労働集約的な財 z_1

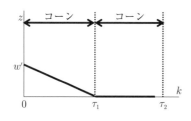

パネル B：中間集約的な財 z_2

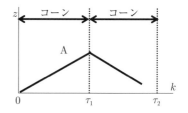

パネル C：資本集約的な財 z_3

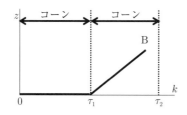

図 7-4 複数財のケース

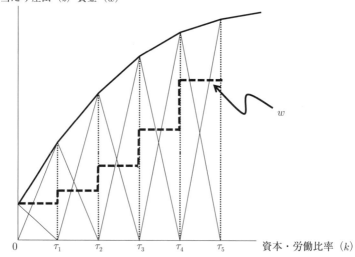

3 実証分析の枠組み

(1) データ

分析に利用するデータは 2000 年の日本の 47 都道府県、製造業 21 産業のデータである。ヘクシャー＝オリーン・モデルの仮定の一つは、各国（各地域）間で技術が同一というものである。しかし、Harrigan (1997) は要素賦存だけでなく、技術のちがいが各国の生産パターンに大きく影響していることを確認している。このため、ヘクシャー＝オリーン・モデルのデータへの適合性を厳密に検証しようとするなら、各国（各地域）間の生産性のちがいの影響を排除する必要がある。

さらに、Bernstein and Weinstein (2002) が指摘するように、国レベルのデータは、ときに測定誤差や政府の政策の影響を受けることがある。

日本の都道府県レベルのデータを利用する利点は、国内の地域間のほうが生産性格差が小さく、また測定誤差や貿易政策の影響も小さいと考えられることにある。つまり、一国内の地域間のデータを利用すれば、生産性のちがいや測定誤差が生産パターンや要素価格に及ぼす影響を軽微なものにできると思われる。

一方で、一国内の都道府県レベルのデータを国際貿易の理論の検証に利用することには難点もある。その一つは、国際間よりも都道府県間のほうが、生産要素の動きが活発になるというものである。このため、日本国内では要素価格の均等化が成立しやすくなっているという懸念が出てくる。しかし、第 8 章 1 節で確認するが、要素価格均等化が成り立っていないという事実は、国際間だけでなく一国内の地域間でも確認されている。

加えて、日本国内の都道府県間の労働の流動性は、他国と比べるとそれほど大きくない。総務省 (2000) によれば、製造業の従業者の都道府県間の移動率は 1995 年から 2000 年にかけて 6.6% である[11]。この結果は、1 年当た

---

[11] ここで移動率は、各都道府県に流入してきた製造業の従業者をその都道府県の製造業の全従業者で除したものとして定義される。

りの移動率は約1%程度であることを意味しており、それはスイスの国際的な労働移動率と同程度である[12]。

本章の分析では、JIPデータベース2009を利用する。JIPデータベース2009は1970年から2006年までの期間で整備されているが、本章では基準年とされている2000年のデータをベースラインとして利用する。JIPデータベース2009より、産出として付加価値、投入として労働と資本のデータを得た。

ここで付加価値額は実質値であり、実質産出額から実質投入額を差し引いたものである。労働は従業者数であり、資本は実質純資本ストック額である。賃金の情報は経済産業省（2000）の『工業統計表』から入手した。具体的には、各都道府県の給与支払総額を従業者数で割ることで、各都道府県の平均賃金を求めた。さらに、都道府県の物価水準のちがいを考慮するため、これらの平均賃金を総務省（2004）の『平成14年全国物価統計調査』の都道府県の物価指数（全国平均=1）で除している[13]。

JIPデータベース2009は地域レベルでは利用できない[14]。一方、『工業統計表：市町村編』は都道府県レベルで利用できるが、資本ストックに関連する情報としては、有形固定資産額の情報しか得られないという制約もある。都道府県レベルの投入、産出の情報を得るため、工業統計表の都道府県シェアを利用して、JIPデータベースの全国・各産業レベルの実質付加価値額、従業者数、実質資本ストック額を都道府県・各産業レベルで案分するという方法を採用した。具体的には、次のように案分した。

$$Z_{jm} = s_{jm}^Z Z_j, \ K_{jm} = s_{jm}^K K_j, \ \text{and} \ L_{jm} = s_{jm}^L L_j \tag{7.1}$$

ここでZ_{jm}は都道府県m $(m = 1, \ldots, M)$の産業j $(j = 1, \ldots, N)$の実質付加価値額；K_mとL_mはそれぞれ各都道府県mの資本と労働の賦存量

---

[12] この詳細については、Organization for Economic Corporation and Development (OECD)（2006）、p.32、Chart I.1 を参照のこと。

[13] 全国物価指数統計は1977年から5年ごとに利用可能であり、2000年については調査されていない。このため、本章では直近の2002年の物価指数を利用した。

[14] 本章の原論文であるKiyota（2012a）執筆時点2012年より、都道府県レベルのJIPデータベースがR-JIPデータベース2012として公開されている。

である。s_{jm}^Z、s_{jm}^K、s_{jm}^L はそれぞれ都道府県 m、産業 j の名目付加価値額、有形固定資産額、労働者数のシェアである[15]。

(2) 産業の異質性とデータの集計

日本標準産業分類のようないわゆる「標準的」な産業分類を利用することには、懸念もある。Schott (2003) が指摘したように、標準的な産業分類は繊維製品や輸送用機械など使途で分類されており、実際の要素集約度で分類されていない。

このため、同じ産業でも、都道府県によって、資本集約度は変わってくるおそれがある。表 7-1 は各都道府県、各産業の資本集約度をまとめたものである。

いま、都道府県 m の産業 j の資本集約度を $k_{jm}\ (=K_{jm}/L_{jm})$ で表すとする。また、各都道府県 m の資本・労働比率(要素賦存)を $k_m\ (=K_m/L_m)$ で表すとしよう。表の白、薄い灰色、灰色、濃い灰色、黒は各都道府県、各産業の資本集約度がそれぞれ $k_{jm}=0$(生産がない場合)、$0<k_{jm}\leq 5$、$5<k_{jm}\leq 15$、$15<k_{jm}\leq 20$、そして $k_{jm}>20$ に対応している[16]。

表の縦方向は各都道府県を資本・労働比率の小さい順で並べたものであり、横方向は産業の資本集約度(全国平均)を小さい順で並べたものである。もし同質の財が生産されているなら、資本・労働比率が高まれば、資本集約度もそれに比例して上昇することになる。このため、表 7-1 の各セルは左から右へ、そして上から下に行くほど黒に近づくことになる。言い換えれば、もし都道府県間で同質の財が生産されているなら、海の深さを表す図のように、右下方向に行くほど黒くなり、逆に左上方向に行くほど白くなる。

実際の資本集約度は、このようなパターンから二つの意味で乖離している。第一に、ある県で資本集約的な産業が、別の都道府県でも同様に資本集約的

---

[15] これらのシェアは『工業統計表』から計算した。なお、データの利用可能性を踏まえ、『工業統計表』4 人以上の従業者を持つ事業所の情報を利用している。また、データの秘匿の問題から資本ストックのデータが利用できない場合、原材料投入のシェアで代用した。国レベルのデータと整合性を取るため、各都道府県、各産業を全国レベルに集計すると、JIP データベース 2009 と一致するように計算している。

[16] 単位は百万円/人である。

表 7-1 産業別都道府県別資本集約度

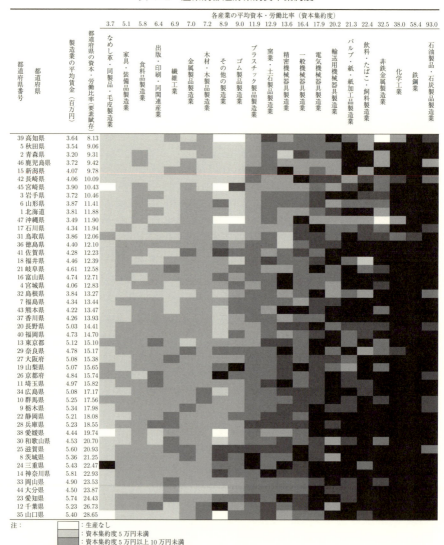

出所：JIP データベース 2009、経済産業省 (2000)、総務省 (2004) に基づき著者作成。

とは限らない。たとえば、沖縄県では一般機械器具製造業は輸送用機械器具製造業よりも資本集約的である。しかし、東京都では輸送用機械器具製造業のほうが一般機械器具製造業よりも資本集約的である。

第二に、ある産業がある県で資本集約的でも、別の県で資本集約的であるとは限らない。たとえば、東京都の輸送用機械器具製造業は沖縄県の輸送用機械器具製造業よりも資本集約的である。逆に、沖縄県の一般機械器具製造業は東京都の一般機械器具製造業よりも資本集約的である。これらの結果は、同じ産業でも、各都道府県によって生産しているものが大きく異なること、すなわち、産業に異質性があることを意味している[17]。

表 7-1 はまた、製造業の平均賃金を示している。資本豊富な都道府県ほど、高い賃金を払う傾向にあることが確認できる。平均賃金と都道府県の資本・労働比率の相関係数は 0.786 と高い値を示している。

ここで、資本集約度が各都道府県で異なることの何が問題なのかと疑問に思う人もいるかもしれない。なぜなら、たとえ生産関数が同じだったとしても、各都道府県で異なる比率で労働と資本を投入していれば、資本集約度は都道府県によって変わってきうるためである。しかし、もし各都道府県が同じ生産関数を持っているとすれば、資本集約度の産業間の順位は各都道府県で変わらないはずである。すなわち、各都道府県が同じ生産関数を持っているとすれば、異なる二つの都道府県間の産業の資本集約度の順位相関は 1 になる。

表 7-2 は異なる二つの都道府県間の産業の集約度の順位相関をまとめたものである。都道府県のペアの総数は 1081（= 46 + 45 + ... + 1）となる。表 7-2 は相関係数が 0.9 を超えるペアがわずか 6.9％しかないこと、そして、57.2％のペアは相関係数が 0.8 にも満たないことを示している。この結果は、地域間の産業の異質性を確認するものである。たとえば、電気機械器具製造業は全国の各都道府県に立地しているが、ある県の電気機械器具製造業は資

---

[17] 表 7-1 より、資本・労働比率は都道府県間で大きく異なっていることも確認できる。山口県の資本・労働比率は高知県の資本・労働比率の 3.5 倍に達している。このように、一国内の地域間で不均一に要素賦存が配分されている状況では、要素賦存の不均一な配分そのものが貿易パターンに影響を及ぼすことが、Courant and Deardorff（1992）によって明らかにされている。

表 7-2 産業の資本集約度の都道府県間順位相関係数、2000 年

スペアマンの順位相関係数 (ρ)	製造業 21 産業の都道府県ペアの数	シェア (%)
$\rho = 1.0$	0	0.0
$0.9 \leq \rho < 1.0$	75	6.9
$0.8 \leq \rho < 0.9$	388	35.9
$0.7 \leq \rho < 0.8$	346	32.0
$0.6 \leq \rho < 0.7$	182	16.8
$0.5 \leq \rho < 0.6$	70	6.5
$0.4 \leq \rho < 0.5$	14	1.3
$0.3 \leq \rho < 0.4$	5	0.5
$0.2 \leq \rho < 0.3$	1	0.1
$0.1 \leq \rho < 0.2$	0	0.0
$0 \leq \rho < 0.1$	0	0.0
$\rho < 0$	0	0.0
Total	1081	100.0

注：順位相関係数の総数は 1081 (= 地域のペアの数 (46 + 45 + … + 1))。
出所：JIP データベース 2009、経済産業省 (2000)、総務省 (2004) に基づき筆者作成。

本集約度の高い半導体や人工衛星を生産し、別の県の電気機械器具製造業は資本集約度の低い照明器具を生産している。つまり、電気機械器具製造業といっても、その資本集約度は地域によって幅がある。このため、「標準的」な産業分類によってその産業の資本集約度を判断することはできないということになる。理論モデルのデータへの適合性を厳密に検証するためには、資本集約度を反映するような分類が必要になってくる。

各産業と資本集約度の関係を理論と整合的なものにするため、ここでは Schott (2003) によって提示された「ヘクシャー＝オリーン集計」と呼ばれる方法を採用する。この方法は各産業を「標準的」な産業分類に従って集計するのではなく、実際の資本集約度によって集計するものである。

いま、ヘクシャー＝オリーン集計の閾値となる資本集約度を h_l で表すとする。すなわち、l 番目のヘクシャー＝オリーン集計の資本集約度の最大値と最小値は、それぞれ h_l と h_{l-1} で表される ($h_0 = 0$)。本章の分析では、三財

二要素モデルをベースラインとする。この場合、都道府県 m の j 産業の資本集約度 k_{jm} と h_l の関係は次のように表すことができる：

$$l = \begin{cases} 1 \text{ （労働集約的産業グループ）} & \text{if } 0 < k_{jm} < h_1 \\ 2 \text{ （中間集約的産業グループ）} & \text{if } h_1 \leq k_{jm} < h_2 \\ 3 \text{ （資本集約的産業グループ）} & \text{if } k_{jm} \geq h_2 \end{cases} \quad (7.2)$$

ここで、資本集約度がゼロの産業（生産量がゼロの産業）はどのグループにも含めるか決められないことに注意していただきたい。このため、$k_{jm} = 0$ のとき、その産業の全国平均の値を利用してグループ分けを行った[18]。

いま、都道府県 m の l 番目のヘクシャー＝オリーン集計の付加価値額を Z_{lm} で表すとする。この付加価値額は資本集約度が h_{l-1} と h_l の間にあるすべての産業の総和である。すなわち、

$$Z_{lm} = \sum_{j \in \{j | k_{jm} \in [h_{l-1}, h_l)\}} Z_{jm} \quad (7.3)$$

三財モデルを推定する場合、このヘクシャー＝オリーン集計に基づき、製造業 21 産業を三つのグループ（労働集約的産業グループ、中間集約的産業グループ、資本集約的産業グループ）へと集計する。

（3）回　帰　式

三財モデルの場合、発展の経路は前出図 7-3 のようなスプライン関数の形状となる：労働集約的産業グループは $w'\tau_1\tau_2$、中間集約的産業グループは $0A\tau_2$、資本集約的産業グループは $0\tau_1B$ である。いま、τ_{l-1} と τ_l（$\tau_0 = 0$）の間に都道府県 m の要素賦存 k_m が位置するときに 1、それ以外のときに 0 の値をとるダミー変数 d_l を考える。このとき、回帰式は次のように表すことができる[19]：

---

[18] 全国平均値は、$k_{jm} > 0$ の都道府県のデータをもとに計算した。
[19] 回帰式の導出の詳細については、本章の補論 A を参照。

労働集約的産業グループ

$$z_{1m} = \beta_1(k_m - \tau_1)d_1 + \epsilon_{1m} \tag{7.4}$$

中間集約的産業グループ

$$z_{2m} = \beta_2 \left\{ k_m d_1 + \frac{\tau_1}{\tau_1 - \tau_2}(k_m - \tau_2)d_2 \right\} + \epsilon_{2m} \tag{7.5}$$

資本集約的産業グループ

$$z_{3m} = \beta_3(k_m - \tau_1)d_2 + \epsilon_{3m} \tag{7.6}$$

賃金

$$w_m = -\beta_1 \tau_1 d_1 - \frac{\tau_1}{\tau_2 - \tau_1} \left\{ \beta_3(\tau_2 - \tau_1) - \beta_2 \tau_2 \right\} d_2 + \epsilon_{4m} \tag{7.7}$$

ここで、

$$-\beta_1 \tau_1 < -\frac{\tau_1}{\tau_2 - \tau_1} \left\{ \beta_3(\tau_2 - \tau_1) - \beta_2 \tau_2 \right\} \tag{7.8}$$

推定されるパラメーターは β_1、β_2、そして β_3 である。ここで、賃金の式は β_1、β_2、β_3 のすべてのパラメーターが含まれている点に注意してほしい。これは、賃金の式が (7.4) 式–(7.6) 式の制約条件となっていることを意味している。この制約条件がなければ、推定される β_1、β_2、β_3 は実際の賃金のパターンと矛盾する値になってしまうかもしれない。この点は、次節でより詳しく議論する。

また、各都道府県の要素賦存 k_m が (7.4) 式–(7.6) 式に含まれていることから、これらの式の誤差項は相関している可能性がある。このため、(7.7) 式の制約の下で、(7.4) 式 (7.6) 式を同時に推定するため、見かけ上無相関な回帰 (Seemingly Unrelated Regressions: SUR) モデルと呼ばれる推定方法を用いた。

さらに、ヘクシャー＝オリーン集計の閾値 h_l、およびノット τ_l の位置は未知である。このため、これらについてはデータの範囲の中で外生的に与え、赤池の情報量基準 (Akaike informaiton criterion: AIC) が最小となる結果

を探索した[20]。

4　二つの主張の現実妥当性

(1)　ベースラインの結果

多数財への拡張は理論的には単純だが、財の増加とともに、探索するヘクシャー＝オリーン集計の閾値とノットの位置が幾何級数的に増えるため、六財以上を含むモデルの推定は（本書の執筆時点では）事実上不可能である。このため、本章では、二財モデルから五財モデルまでを推定し、モデルのデータへの適合度がどのように変化するのかを分析する。

表 7-3 が推定結果である。図 7-5、図 7-6、図 7-7 はそれぞれ二財、三財、四財モデルの結果を図示したものである[21]。図の数値は都道府県番号である。直線は理論値、破線は 95％の信頼区間を表している。理論値が区分的に連続で屈折しているのはスプライン関数の推定に基づくためである。

ベースラインの結果の主要な観測事実は次の二点にまとめられる。第一に、マルチ・コーンのヘクシャー＝オリーン・モデルは、シングル・コーンのヘクシャー＝オリーン・モデルよりも現実のデータへの適合度が高い。表 7-3 は AIC とベイズ情報量基準（Bayesian information criterion: BIC）を示している[22]。この表より、三財モデルの AIC、BIC のほうが二財モデルの

---

[20] ヘクシャー＝オリーン集計の閾値については、$10^{0.5} \leq 10^{\gamma} \leq 10^{1.8}$ の範囲で $\gamma = 0.1$ 刻みで探索した。10^{γ} を利用した理由は、資本集約度 k_{nm} が対数正規分布に従っていたためである。また、ノットについては $9 \leq \tau_l \leq 28$（単位：百万円）の範囲で百万円刻みで探索した。AIC は $-2\ln L + 2p$、ここで $\ln L$ はモデルの対数尤度、p は推定されるパラメーターの数として定義されるものである。AIC が小さければ小さいほど説明力の高いモデルとして評価される。AIC の詳細については、Cameron and Trivedi（2005）、pp.278–279 を参照。

[21] 紙幅の関係から、五財モデルの図は省略している。なお、それぞれの誤差項が相関しているかどうかを Breusch–Pagan テストによって検定したところ、表 7-3 のすべてのモデルにおいて、誤差項が相関していないという帰無仮説は 1％水準で棄却された。

[22] BIC は $-2\ln L + (\ln N)p$、ここで $\ln L$ はモデルの対数尤度、$\ln N$ はサンプルサイズの対数値、p は推定されるパラメーターの数として定義される。AIC と同様に、小さければ小さいほど説明力の高いモデルとして評価される。BIC の詳細については、Cameron and Trivedi（2005）、pp.278–279 を参照。

表 7-3 発展の経路:ベースラインの推定結果

二財モデル
ヘクシャー=オリーン集計の閾値:$h_1 = 10.0$　　　　　　　　　　AIC=324.5
ノットの位置:$\tau_1 = 28.6$　　　　　　　　　　　　　　　　　BIC=328.2

	係数	標準誤差	p-値	N	RMSE
グループ1	−0.158	0.003	0.000	47	0.772
グループ2	0.389	0.010	0.000	47	1.053
賃金	4.530	0.099	0.000	47	0.665

三財モデル
ヘクシャー=オリーン集計の閾値:$h_1 = 3.2$, $h_2 = 20.0$　　　AIC=256.5
ノットの位置:$\tau_1 = 10$, $\tau_2 = 28.6$　　　　　　　　　　BIC=262.1

	係数	標準誤差	p-値	N	RMSE
グループ1	−0.413	0.024	0.000	47	0.085
グループ2	0.670	0.015	0.000	47	1.812
グループ3	0.564	0.020	0.000	47	1.187
賃金	4.131	0.241	0.000	47	0.607
	4.663	0.090	0.000		

四財モデル
ヘクシャー=オリーン集計の閾値:$h_1 = 3.2$, $h_2 = 15.8$, $h_3 = 39.8$　AIC=431.5
ノットの位置:$\tau_1 = 10$, $\tau_2 = 17$, $\tau_3 = 28.6$　　　　　　　BIC=438.9

	係数	標準誤差	p-値	N	RMSE
グループ1	−0.390	0.022	0.000	47	0.087
グループ2	0.551	0.014	0.000	47	2.263
グループ3	0.892	0.030	0.000	47	1.604
グループ4	0.613	0.028	0.000	47	0.939
	3.896	0.223	0.000		
賃金	4.448	0.098	0.000	47	0.483
	4.940	0.146	0.000		

五財モデル
ヘクシャー=オリーン集計の閾値:$h_1 = 3.2$, $h_2 = 15.8$, $h_3 = 39.8$, $h_4 = 50.1$　AIC=566.0
ノットの位置:$\tau_1 = 10$, $\tau_2 = 23$, $\tau_3 = 26$, $\tau_4 = 28.6$　　　　　　BIC=575.2

	係数	標準誤差	p-値	N	RMSE
グループ1	−0.386	0.032	0.000	47	0.087
グループ2	0.508	0.059	0.000	47	1.671
グループ3	0.456	0.126	0.000	47	1.824
グループ4	2.028	0.648	0.002	47	0.854
グループ5	2.345	0.756	0.002	47	1.694
	3.861	0.323	0.000		
賃金	4.433	0.261	0.000	47	0.616
	4.705	1.280	0.000		
	4.912	1.532	0.001		

注:不均一分散に頑強な標準誤差を得るため,ブートストラップ法を利用した。反復回数は1000回である。
出所:JIP データベース 2009、経済産業省 (2000)、総務省 (2004) に基づき筆者作成。

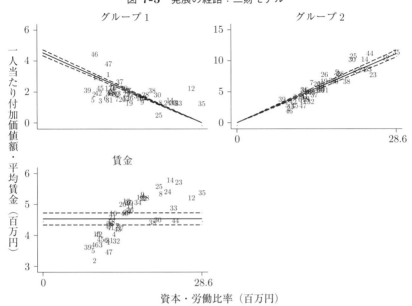

図 7-5 発展の経路：二財モデル

注：図 7-5 は二財モデルの発展の経路の推定結果を示したものである。直線は理論値、破線は 95%の信頼区間を表している。パラメーターの推定値は表 7-3 を参照。図の数値は都道府県番号を表している。
出所：JIP データベース 2009、経済産業省（2000）、総務省（2004）に基づき筆者作成。

AIC、BIC よりも小さいことがわかる。また、図 7-5 より、二財モデルは要素賦存と生産パターンの関係を説明することができても、都道府県間の賃金のちがいは何も説明できないことも確認できる。

一方、図 7-6 の三財モデルは要素賦存と生産パターンの関係だけでなく、要素賦存と賃金の関係についても考慮した分析になっている。推定の結果はマルチ・コーンのモデルを支持する結果になっており、都道府県の賃金格差の一部は要素賦存のちがいによって説明できることがわかる。

この結果は、マルチ・コーンのヘクシャー＝オリーン・モデルのほうがシングル・コーンのヘクシャー＝オリーン・モデルよりも現実のデータに適合することを意味しており、先行研究の結果を支持するものとなっている。

また、この結果は賃金の上昇が産業の高度化に伴っていることを示唆してお

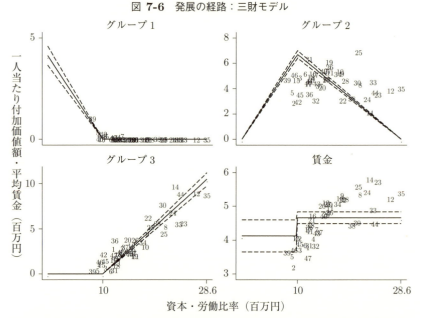

図 7-6 発展の経路：三財モデル

注：図 7-6 は三財モデルの発展の経路の推定結果を示したものである。直線は理論値、破線は 95%の信頼区間を表している。パラメーターの推定値は表 7-3 を参照。図の数値は都道府県番号を表している。理論値が屈折しているのはスプライン関数の推定に基づくためである。
出所：JIP データベース 2009、経済産業省（2000）、総務省（2004）に基づき筆者作成。

り、Leamer（[1995]、p.8）の理論的な帰結とも整合的である。ここで、この結果が日本の国内では要素価格均等化が成立するとした Davis et al.（1997）の結果と異なることに疑問を受けた方がいるかもしれない。しかし、本章の分析は、Davis et al.（1997）では考慮されていなかった要素価格を考慮しているという点で、彼らの分析とは異なるものである。

第二に、コーンの数が増えたからといって、ヘクシャー＝オリーン・モデルのデータへの適合度が高まるわけではない。四財モデルと比べて三財モデルのほうが、AIC と BIC が小さい。同様に、五財モデルと比べて四財モデルのほうが、AIC と BIC が小さい。これらの結果は、マルチ・コーンのヘクシャー＝オリーン・モデルのほうがシングル・コーンのヘクシャー＝オリーン・モデルよりもデータへの適合度が高いといっても、単にコーンの数を増

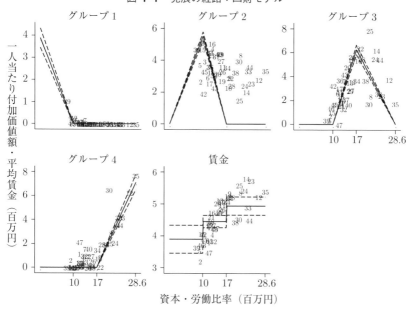

図 7-7 発展の経路:四財モデル

注:図 7-7 は四財モデルの発展の経路の推定結果を示したものである。直線は理論値、破線は 95% の信頼区間を表している。パラメーターの推定値は表 7-3 を参照。図の数値は都道府県番号を表している。理論値が屈折しているのはスプライン関数の推定に基づくためである。
出所:JIP データベース 2009、経済産業省 (2000)、総務省 (2004) に基づき筆者作成。

やせばよいというわけではないことを意味している[23]。

(2) 人的資本蓄積の効果

これまでの分析は資本と労働のみの生産要素に注目してきた。しかし、賃金はマルチ・コーンの存在ではなく、都道府県の人的資本のちがいに起因しているのではないかという批判があるかもしれない。ただし、Schott (2003) が指摘するように、三要素の発展の経路の推定は極めて難しく、事実上不可能である。このため、ここでは Leamer (1987) や Schott (2003) に倣い、都道府県を人的資本の豊富な地域と希少な地域の二種類に分類し、それぞれ

---

[23] これらのベースラインの結果は、分析対象の年を 2000 年から 1995 年に変えても、同様に得ることができる。

の地域で発展の経路がどのように異なるかを分析する。この手法は、人的資本の賦存度のちがいによって、ノットの位置が変わることを許容するものである。

人的資本として、本章では教育水準に注目する。すなわち、各都道府県の人口にどれだけ大卒者が占めるかという情報を利用する。人的資本のデータは総務省統計局（2009）より得た。大卒比率が全国の中位数を超える地域を人的資本豊富な地域、全国の中位数以下の地域を人的資本希少な地域として分類した[24]。ヘクシャー＝オリーン集計の閾値 h_l、およびノット τ_l の位置は、先と同様にデータの範囲の中で外生的に与え、AIC が最小となる結果を探索した[25]。

表 7-4 は推定結果をまとめたものである。また、図 7-8 は三財モデルの結果を示したものである。

これらの結果で注目すべき点として、次の三点が挙げられる。第一に、二財モデルよりも三財モデルにおいて、AIC と BIC が小さい点である。この結果は、シングル・コーンのヘクシャー＝オリーン・モデルよりもマルチ・コーンのヘクシャー＝オリーン・モデルのほうが、現実のデータに適合していることを意味している。

しかし、第二に、コーンの数が増えたからといって、ヘクシャー＝オリーン・モデルのデータへの適合度が高まるわけではない点である。四財モデルと比べて三財モデルのほうが、AIC と BIC が小さい。これは、人的資本を考慮しても、ベースラインの結果の主要なメッセージに変わりがないことを意味している。すなわち、マルチ・コーンのヘクシャー＝オリーン・モデルのほうがシングル・コーンのヘクシャー＝オリーン・モデルよりもデータへの適合度が高いといっても、単にコーンの数を増やせばよいというわけではない。ヘクシャー＝オリーン・モデルの適合度を上げていくためには、コーン以外の要因を考慮していく必要がある。

---

[24] 表 7-6 は都道府県別に人的資本（人口に対する大卒者の比率）をまとめている。
[25] なお、発展の経路が人的資本の豊富な地域と希少な地域で異なるということは、それぞれの地域でノットの位置も変わってくることになる。ノットの増加は計算をさらに複雑にするため、本章では四財モデルまでの推定を行った。

表 7-4　発展の経路：人的資本を考慮するケース

二財モデル
ヘクシャー＝オリーン集計の閾値：$h_1 = 10.0$　　　　　　　　　　　AIC=305.3
ノットの位置：$\tau_1 = 28.6$　　　　　　　　　　　　　　　　　　　BIC=312.7

	人的資本	係数	標準誤差	p-値	N	RMSE
グループ1	希少	−0.145	0.004	0.000	47	0.739
	豊富	−0.172	0.004	0.000		
グループ2	希少	0.388	0.014	0.000	47	1.040
	豊富	0.391	0.011	0.000		
賃金	希少	4.160	0.109	0.000	47	0.528
	豊富	4.921	0.109	0.000		

三財モデル
ヘクシャー＝オリーン集計の閾値：$h_1 = 3.2,\ h_2 = 25.1$　　　　　　AIC=246.3
ノットの位置：$\tau_1 = 10$（人的資本豊富），$\tau_1 = 12$（希少），$\tau_2 = 28.6$　BIC=257.4

	人的資本	係数	標準誤差	p-値	N	RMSE
グループ1	希少	−0.401	0.024	0.000	47	0.087
	豊富	−0.373	0.005	0.000		
グループ2	希少	0.643	0.021	0.000	47	2.275
	豊富	0.563	0.013	0.000		
グループ3	希少	0.554	0.031	0.000	47	1.223
	豊富	0.561	0.024	0.000		
賃金	希少	4.014	0.242	0.000	47	0.522
	希少	4.334	0.130	0.000		
	豊富	4.478	0.059	0.000		
	豊富	4.897	0.100	0.000		

四財モデル
ヘクシャー＝オリーン集計の閾値：$h_1 = 3.2,\ h_2 = 15.8,\ h_3 = 39.8$
ノットの位置（人的資本希少）：$\tau_1 = 10,\ \tau_1 = 16,\ \tau_2 = 28.6$　　AIC=429.7
ノットの位置（人的資本豊富）：$\tau_1 = 12,\ \tau_1 = 18,\ \tau_2 = 28.6$　　BIC=444.5

	人的資本	係数	標準誤差	p-値	N	RMSE
グループ1	希少	−0.382	0.022	0.000	47	0.089
	豊富	−0.366	0.011	0.000		
グループ2	希少	0.542	0.028	0.000	47	2.115
	豊富	0.488	0.017	0.000		
グループ3	希少	1.034	0.072	0.000	47	1.616
	豊富	1.073	0.048	0.000		
グループ4	希少	0.581	0.057	0.000	47	0.927
	豊富	0.680	0.039	0.000		
賃金	希少	3.820	0.217	0.000	47	0.411
	希少	4.105	0.149	0.000		
	希少	4.753	0.302	0.000		
	豊富	4.398	0.137	0.000		
	豊富	4.710	0.110	0.000		
	豊富	5.086	0.176	0.000		

注：不均一分散に頑強な標準誤差を得るため、ブートストラップ法を利用した。反復回数は 1000 回である。人的資本の要素賦存が中位数より大きな都道府県を人的資本豊富な地域、小さい都道府県を人的資本希少な地域に分類した。
出所：JIP データベース 2009、経済産業省（2000）、総務省（2004）に基づき筆者作成。

164 第 III 部 拡張 HO モデルによる日本の産業構造分析

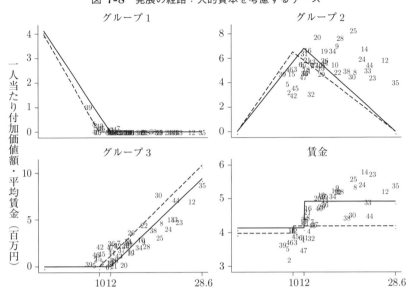

図 7-8 発展の経路：人的資本を考慮するケース

注：図 7-8 は三財モデルの発展の経路の推定結果を示したものである。直線は理論値、破線は 95%の信頼区間を表している。パラメーターの推定値は表 7-4 を参照。図の数値は都道府県番号を表している。理論値が屈折しているのはスプライン関数の推定に基づくためである。人的資本の要素賦存が中位数より大きな都道府県を人的資本豊富な地域、小さい都道府県を人的資本希少な地域に分類した。
出所：JIP データベース 2009、経済産業省（2000）、総務省（2004）に基づき筆者作成。

　第三に、三財モデルの結果を見ると、人的資本豊富な地域と希少な地域で、ノットの位置にずれが生じている点である。ノット（τ_1）の位置は、人的資本豊富な地域が 1200 万円/人、人的資本希少な地域が 1000 万円/人となっている。つまり、人的資本豊富な地域では、中間集約的な財の生産が持続し、資本集約度の生産が少し遅れて始まる。

　このノットの微妙なずれが、人的資本豊富な地域と希少な地域の賃金格差につながる。二つめのコーンに入ると、人的資本希少な地域で期待される賃金は 433 万円であるのに対し、人的資本豊富な地域で期待される賃金は 490 万円になる。この結果、人的資本豊富な地域と希少な地域の賃金格差は、最初のコーンの 46 万 4000 円から 56 万 3000 円へと拡大する。図 7-2 で説明

表 7-5 三財モデルの推定結果:賃金を考慮しないケース

三財モデル					
ヘクシャー=オリーン集計の閾値:$h_1 = 3.2$, $h_2 = 15.8$				AIC=186.2	
ノットの位置:$\tau_1 = 10$, $\tau_2 = 28.6$				BIC=191.8	
	係数	標準誤差	p-値	N	RMSE
グループ1	−0.470	0.128	0.000	47	0.082
グループ2	0.507	0.020	0.000	47	1.301
グループ3	0.713	0.036	0.000	47	1.643
賃金	4.696				
	0.652				

注:不均一分散に頑強な標準誤差を得るため、ブートストラップ法を利用した。反復回数は1000回である。賃金は本文 (5.9) 式に基づき、推定されたパラメーターから計算した。
出所:JIPデータベース2009、経済産業省 (2000)、総務省 (2004) に基づき筆者作成。

すると、人的資本豊富な地域では、点 A と点 B の位置がともに右上方向へとシフトすることで、賃金 w'' が上昇しているのである。

この結果は重要な含意を持っている。三財モデルにおいては、一つめのコーンで労働集約的な財が生産され、二つめのコーンで資本集約的な財が生産される。人的資本の効果は、資本蓄積と経済発展の初期段階(一つめのコーン)ではなく、後の段階(二つめのコーン)において顕著になる。つまり、経済発展が進むにつれ、人的資本蓄積の効果が顕在化するといえる。

(3) 賃金を考慮しないケース

本章では要素賦存、生産パターン、賃金の関係を同時に分析してきた。しかし、賃金を考慮することはどの程度重要なのだろうか。もし仮に、賃金を考慮しなくても同様の結果が得られるなら、わざわざ賃金の情報まで考慮する必要はないということになる。この疑問に答えるため、以下では、ベースラインのモデルから賃金の式を除くかたちで推定を行う。

表7-5が三財モデルの推定結果である。賃金の制約がなくなることで、AICとBICがベースラインよりも小さくなっている。この結果は、データへの適合度が上昇していることを意味している。ヘクシャー=オリーン集計の閾値は少し変わっているが、ノットの位置はベースラインの結果とまったく同じ

図 7-9 発展の経路：三財モデル、賃金を考慮しないケース

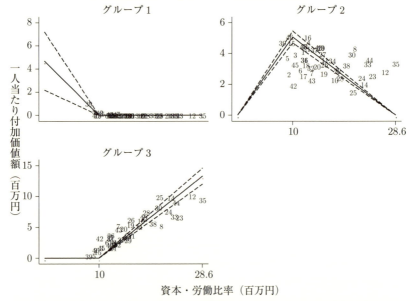

注：図 7-9 は三財モデルの発展の経路の推定結果を示したものである。直線は理論値、破線は 95％の信頼区間を表している。パラメーターの推定値は表 7-4 を参照。図の数値は都道府県番号を表している。理論値が屈折しているのはスプライン関数の推定に基づくためである。
出所：JIP データベース 2009、経済産業省（2000）、総務省（2004）に基づき筆者作成。

である。図 7-9 は推定結果を示したものだが、ベースラインと大きく変わらないように見える。

ここで、賃金の式がなくても、推定されたパラメーターから賃金を計算できることに注意してほしい。これは、賃金が切片で捉えられるためである。三財のモデルの場合、図 7-2 と (7.4) 式–(7.6) 式より、賃金とパラメーターの推定値の関係は次のように表すことができる：

$$w' = -\hat{\beta}_1 \tau_1 \quad \text{and} \quad w'' = -\frac{\tau_1}{\tau_2 - \tau_1} \left\{ \hat{\beta}_3 (\tau_2 - \tau_1) - \hat{\beta}_2 \tau_2 \right\} \tag{7.9}$$

ここで w' は一つめのコーンの賃金であり、w'' は二つめのコーンの賃金である。

表 7-5 はパラメーターの推定値から計算した賃金も示してある。結果は最初のコーンの賃金が 470 万円、二つめのコーンの賃金は 65 万円となっている[26]。この結果は、資本蓄積とともに賃金が下がることを意味している。そしてそれは、資本蓄積の進んでいる地域ほど賃金が高いという事実と矛盾することになる。このため、賃金の式を含めない場合、パラメーターを正しく推定できないことがわかる。賃金の式を含めることは、発展の経路をより精緻に推定することにつながるのである。

5 マルチ・コーン・モデルの有用性

本章は、マルチ・コーン・モデルにおけるリプチンスキーの定理（「発展の経路」）に注目し、次の二つの主張の妥当性を実証的に検証した。

1. マルチ・コーン・モデルのほうがシングル・コーン・モデルよりも現実のデータに適合する。
2. コーンの数が増えれば増えるほど、モデルのデータへの適合度は高まる。

さらに本章では、人的資本の蓄積が生産パターンや賃金にどのような影響を及ぼすのかについても分析を試みた。本章の分析の貢献の一つは、要素賦存と生産パターンだけでなく、要素価格も同時に考慮して分析を進めている点である。

本章の主要な結果は次の三つにまとめられる。第一に、マルチ・コーン・モデルのほうがシングル・コーン・モデルよりも現実のデータに適合している点である。生産要素と生産パターンの間には、リプチンスキーの定理が示唆するような関係を見出すことができる。そして、その関係はマルチ・コーン・モデルによって、よりうまく説明することができる。この結果は、日本国内の要素賦存、生産パターン、賃金の関係を見る上で、マルチ・コーンは

---

[26] これは、ベースラインのモデルと比べて、中間集約的産業グループの発展の経路の傾きが緩やかになり、逆に資本集約的産業グループの発展の経路の傾きが急になっていることに起因している。

有用であるといえる。

　第二に、コーンの数が増えたからといって、ヘクシャー＝オリーン・モデルのデータへの適合度が高まるわけではない点である。すなわち、マルチ・コーン・モデルのほうがシングル・コーン・モデルよりもデータへの適合度が高いといっても、単にコーンの数を増やせばよいというわけではない。ヘクシャー＝オリーン・モデルの適合度を上げていくためには、コーン以外の要因も考慮していく必要がある。

　このコーン以外の要素も重要という結果は、Nishioka（2012）による研究結果とも整合的である。彼は国、生産要素、産業による生産性のちがいに注目し、それぞれのちがいがどの程度大きいのかを分析した。分析には、2000年の先進国 18 カ国・地域、後開発途上国 11 カ国のデータが利用されている。分析の結果、国や生産要素間の生産性のちがいは大きいものの、一国内の異なる産業間の生産性のちがいはそれほど大きくないことを明らかにした。この結果は、ヘクシャー＝オリーン・モデルの現実妥当性を説明する上で、マルチ・コーンを考慮するだけでは限界があることを示唆している。

　そして第三に、人的資本蓄積の効果は資本蓄積が進んだ段階で顕在化する点である。人的資本豊富な地域と希少な地域では、発展の経路が微妙に異なってくる。具体的には、人的資本豊富な地域では、中間集約的な財の生産が持続し、資本集約度の生産が少し遅れて始まる。そしてこのちがいが、資本蓄積の進んだ段階で大きな賃金格差となって現れてくる。日本の都道府県の産業構造のちがいと賃金格差を説明する上では、物的資本の蓄積だけでなく、人的資本の蓄積も重要であるといえる。

6　補論 A　回帰式の導出

　この補論では三財モデルの回帰分析の導出方法について説明する。三財のモデルでは、図 7-3 のように、発展の経路はスプライン関数の形状になる。労働集約的産業グループは $w'\tau_1\tau_2$、中間集約的産業グループは $0A\tau_2$、資本集約的産業グループは $0\tau_1 B$ である。このような形状を持つ回帰式は次のように表すことができる：

第7章 都道府県の産業構造と賃金格差

労働集約的産業グループ

$$z_{1m} = \begin{cases} \alpha_1 + \beta_1 k_m + \epsilon_{1m} & \text{if } 0 \leq k_m \leq \tau_1 \\ 0 & \text{if } k_m \geq \tau_1 \end{cases} \quad (7.10)$$

中間集約的産業グループ

$$z_{2m} = \begin{cases} \beta_2 k_m + \epsilon_{2m} & \text{if } 0 \leq k_m \leq \tau_1 \\ \alpha_2 + \gamma k_m + \epsilon_{2m} & \text{if } \tau_1 \leq k_m \leq \tau_2 \\ 0 & \text{if } k_m \geq \tau_2 \end{cases} \quad (7.11)$$

資本集約的産業グループ

$$z_{3m} = \begin{cases} 0 & \text{if } 0 \leq k_m \leq \tau_1 \\ \alpha_3 + \beta_3 k_m + \epsilon_{3m} & \text{if } k_m \geq \tau_1 \end{cases} \quad (7.12)$$

図7-3で、賃金は直線 $w'A$ と直線 AB の切片で表されることから、賃金の式は次のように表すことができる：

賃金

$$w_m = \begin{cases} \alpha_1 + \epsilon_{4m} & \text{if } 0 \leq k_m \leq \tau_1 \\ \frac{\tau_1}{\tau_2 - \tau_1}\{\beta_3(\tau_1 - \tau_2) + \beta_2\tau_2\} + \epsilon_{4m} & \text{if } k_m \geq \tau_1 \end{cases}$$
$$(7.13)$$

発展の経路は区分的に連続しているため、それぞれのノットで直線を接続するために、次のような条件が必要になる：

$$\underbrace{\alpha_1 + \beta_1\tau_1 = 0}_{\text{労働集約的産業グループ}} \quad \begin{cases} \overbrace{\beta_2\tau_1 = \alpha_2 + \gamma\tau_1}^{\text{中間集約的産業グループ}} \\ \alpha_2 + \gamma\tau_2 = 0 \end{cases} \quad \underbrace{\alpha_3 + \beta_3\tau_1 = 0}_{\text{資本集約的産業グループ}} \quad (7.14)$$

いま、τ_{l-1} と τ_l ($\tau_0 = 0$) の間に都道府県 m の要素賦存 k_m がくるときに1

表 7-6　都道府県別基本統計量

都道府県番号	都道府県	製造業の平均賃金（百万円）	都道府県の資本・労働比率（要素賦存）	人的資本（人口に占める大卒者の比率、％）	都道府県番号	都道府県	製造業の平均賃金（百万円）	都道府県の資本・労働比率（要素賦存）	人的資本（人口に占める大卒者の比率、％）
2	青森県	3.203	9.31	7.30	21	岐阜県	4.614	12.58	11.63
47	沖縄県	3.487	11.90	11.23	40	福岡県	4.728	14.70	14.48
5	秋田県	3.537	9.06	7.37	16	富山県	4.739	12.71	12.16
39	高知県	3.644	8.13	9.19	29	奈良県	4.777	15.17	20.16
3	岩手県	3.723	10.46	8.11	26	京都府	4.840	15.74	18.10
46	鹿児島県	3.725	9.42	8.92	33	岡山県	4.903	23.53	12.97
1	北海道	3.806	11.88	9.95	11	埼玉県	4.966	15.82	17.94
32	島根県	3.844	13.27	9.53	20	長野県	5.028	14.41	11.11
31	鳥取県	3.860	12.06	10.83	19	山梨県	5.065	15.65	12.56
6	山形県	3.871	11.41	8.45	34	広島県	5.083	17.17	15.67
45	宮崎県	3.897	10.43	8.91	27	大阪府	5.084	15.38	16.54
4	宮城県	4.057	12.83	12.29	13	東京都	5.125	15.10	26.59
42	長崎県	4.062	10.09	8.94	22	静岡県	5.210	18.08	12.29
15	新潟県	4.069	9.78	8.52	28	兵庫県	5.226	18.55	18.16
43	熊本県	4.222	13.47	10.32	12	千葉県	5.227	26.73	19.74
37	香川県	4.257	13.93	13.54	10	群馬県	5.251	17.56	10.86
41	佐賀県	4.278	12.23	9.91	9	栃木県	5.342	17.98	11.09
7	福島県	4.336	13.44	8.61	8	茨城県	5.362	21.25	12.12
17	石川県	4.341	11.94	12.77	35	山口県	5.396	28.65	11.28
36	徳島県	4.401	12.10	11.93	24	三重県	5.432	22.47	11.56
38	愛媛県	4.442	19.74	11.86	25	滋賀県	5.597	20.93	14.94
18	福井県	4.461	12.39	11.38	23	愛知県	5.742	24.43	15.81
44	大分県	4.500	23.87	10.53	14	神奈川県	5.806	22.93	23.89
30	和歌山県	4.527	20.70	10.75		中位数	4.527	14.41	11.56

注：各都道府県は平均賃金の低い順で並んでいる。網かけの都道府県は人的資本の豊富地域（中位数より上の地域）である。
出所：JIP データベース 2009、経済産業省（2000）、総務省（2004）に基づき筆者作成。

の値をとるダミー変数 d_l を考える。このとき、(7.14) 式を (7.10) 式–(7.13) 式に代入することで、以下の回帰式が得られることになる:

労働集約的産業グループ

$$z_{1m} = \beta_1(k_m - \tau_1)d_1 + \epsilon_{1m}$$

中間集約的産業グループ

$$z_{2m} = \beta_2 \left\{ k_m d_1 + \frac{\tau_1}{\tau_1 - \tau_2}(k_m - \tau_2)d_2 \right\} + \epsilon_{2m}$$

資本集約的産業グループ

$$z_{3m} = \beta_3(k_m - \tau_1)d_2 + \epsilon_{3m}$$

賃金

$$w_m = -\beta_1 \tau_1 d_1 - \frac{\tau_1}{\tau_2 - \tau_1} \left\{ \beta_3(\tau_2 - \tau_1) - \beta_2 \tau_2 \right\} d_2 + \epsilon_{4m} \quad (7.15)$$

7 補論 B　コブ=ダグラス型生産関数のケース

本章ではレオンティエフ型生産関数を仮定した分析を紹介したが、コブ=ダグラス（Cobb–Douglas）型生産関数をもとに分析を展開することも可能である。ここでは、コブ=ダグラス型生産関数に基づく回帰式について紹介する。

本章 2 節と同様に、三財（労働集約的な財 Y_1、中間集約的な財 Y_2、資本集約的な財 Y_3）、二要素（労働 L と資本 K）を考える。財 j の生産関数は規模に関して収穫一定のコブ=ダグラス型生産関数とする：$Y_j = \phi_j K_j^{\theta_j} L_j^{1-\theta_j}$ ($j = 1, 2, 3$)。ここで $\phi_j\,(> 0)$ は生産性のパラメータであり、$\theta_j\,(0 < \theta_j < 1)$ は資本集約度を表す。線形同次性の性質と完全競争の仮定から、価格を考慮した生産関数は次のような労働者一人当たりのかたちに書き換えることができる：$\tilde{z}_j = \delta_j k_j^{\theta_j}$。ここで $\delta_j = p_j \phi_j$、$\theta_1 < \theta_2 < \theta_3$ である。その他の仮定

図 7-10　一人当たり産出と資本・労働比率の関係：コブ＝ダグラス型生産関数のケース

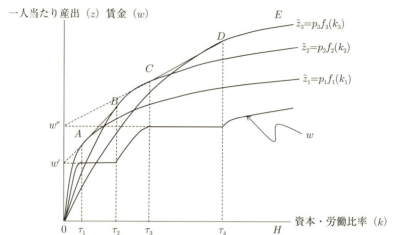

はレオンティエフ型生産関数のケースと同じであるとする。

図 7-10 は一人当たりコブ＝ダグラス型生産関数の下での一人当たり GDP と資本・労働比率の関係を表したものであり、図 7-2 に対応するものである。価格を考慮した労働集約的な財、中間集約的な財、資本集約的な財の生産関数をそれぞれ $\tilde{z}_1\ (=p_1Y_1/L_1)$、$\tilde{z}_2\ (=p_2Y_2/L_2)$、$\tilde{z}_3\ (=p_3Y_3/L_3)$ で表すとする[27]。これらの生産関数は AB と CD という共通の接線でつながっている[28]。

この図の $\tau_1\tau_2$ と $\tau_3\tau_4$ がコーン（不完全特化錘、すなわち、要素価格均等化領域）である。言い換えれば、このモデルでも二つのコーンが存在している。また、包絡線 $0ABCDE$ は一人当たり GDP を表している[29]。ここで

---

[27] ここで、各財の生産をその都道府県の総労働者数（労働の賦存量）で割った $z_j\ (=p_jY_j/L)$ と各財の生産を各財の生産に従事した労働者数で割った $\tilde{z}_j\ (=p_jY_j/L_j)$ のちがいに注意してほしい。

[28] 共通の接線が一つもない場合、その経済は一つの財のみを生産することになり、三財モデルと矛盾することになる（複数財のモデルを考える必要がなくなってしまう）。ここでは三財モデルの場合、三つの財が生産される（すなわち接線が二つ生じる）ことを想定している。

[29] なお、価格は所与で一定という仮定から、産出と所得は同じ意味を持つことになる。

賃金が包絡線の接線の切片で表されることに注意すると、図7-10において資本・労働比率と賃金の関係は w と表すことができる。

このとき、発展の経路は労働集約的な財の場合に $0A\tau_2\tau_3\tau_4H$、中間集約的な財の場合に $0\tau_1BC\tau_4H$、資本集約的な財の場合に $0\tau_1BC\tau_4H$ および $0\tau_1\tau_2\tau_3DE$ となる。各都道府県が資本を蓄積するに従い、生産が労働集約的な財から中間集約的な財、そして資本集約的な財へとシフトしていくことになる。

賃金はコーンの中では一定だが、コーンの外では資本・労働比率と正の関係がある。コーン $\tau_1\tau_2$ と $\tau_3\tau_4$ では資本・労働比率にかかわらず賃金が一定であることから、要素価格均等化定理が成り立っていることが確認できる。また、$A\tau_2$ と τ_1B からリプチンスキーの定理が成り立っていることも確認できる。

いま、実証分析に合わせて、レオンティエフ型生産関数のケースと同様に、財を産業グループと呼ぶことにしよう。三つの産業のグループの発展の経路に対応する回帰式は次のように表すことができる。

労働集約的産業グループ

$$z_{1m} = \begin{cases} \delta_1 k_m^{\theta_1} + \epsilon_{1m} & \text{if } 0 \leq k_m \leq \tau_1; \\ \alpha_1 + \beta_1 k_m + \epsilon_{1m} & \text{if } \tau_1 \leq k_m \leq \tau_2; \\ 0 & \text{if } k_m \geq \tau_2 \end{cases} \quad (7.16)$$

中間集約的産業グループ

$$z_{2m} = \begin{cases} 0 & \text{if } 0 \leq k \leq \tau_1; \\ \alpha_{21} + \beta_{21} k_m + \epsilon_{2m} & \text{if } \tau_1 \leq k_m \leq \tau_2; \\ \delta_2 k_m^{\theta_2} + \epsilon_{2m} & \text{if } \tau_2 \leq k_m \leq \tau_3; \\ \alpha_{22} + \beta_{22} k_m + \epsilon_{2m} & \text{if } \tau_3 \leq k_m \leq \tau_4; \\ 0 & \text{if } k_m \geq \tau_4 \end{cases} \quad (7.17)$$

資本集約的産業グループ

$$z_{3m} = \begin{cases} 0 & \text{if } 0 \leq k_m \leq \tau_3; \\ \alpha_3 + \beta_3 k_m + \epsilon_{3m} & \text{if } \tau_3 \leq k_m \leq \tau_4; \\ \delta_3 k_m^{\theta_3} + \epsilon_{3m} & \text{if } k_m \geq \tau_4 \end{cases} \quad (7.18)$$

また、賃金に関する回帰式は次のようになる。

賃金

$$w_m = \begin{cases} \delta_1(1-\theta_1)k_m^{\theta_1} + \epsilon_{4m} & \text{if } 0 \leq k \leq \tau_1; \\ \alpha_{41} + \epsilon_{4m} & \text{if } \tau_1 \leq k_m \leq \tau_2; \\ \alpha_{42} + \beta_4 k_m + \epsilon_{4m} & \text{if } \tau_2 \leq k_m \leq \tau_3; \\ \alpha_{43} + \epsilon_{4m} & \text{if } \tau_3 \leq k_m \leq \tau_4; \\ \delta_3(1-\theta_3)k_m^{\theta_3} + \epsilon_{4m} & \text{if } k_m \geq \tau_4 \end{cases} \quad (7.19)$$

発展の経路は区分的に連続している。それぞれのノットで接続するため、次のような条件が必要になる：

労働集約的産業グループ
$$\begin{cases} \delta_1 \tau_1^{\theta_1} = \alpha_1 + \beta_1 \tau_1 \\ \alpha_1 + \beta_1 \tau_2 = 0 \end{cases}$$

中間集約的産業グループ
$$\begin{cases} \alpha_{21} + \beta_{21} \tau_1 = 0 \\ \alpha_{21} + \beta_{21} \tau_2 = \delta_2 \tau_2^{\theta_2} \\ \delta_2 \tau_3^{\theta_2} = \alpha_{22} + \beta_{22} \tau_3 \\ \alpha_{22} + \beta_{22} \tau_4 = 0 \end{cases}$$

資本集約的産業グループ
$$\begin{cases} \alpha_3 + \beta_3 \tau_3 = 0 \\ \alpha_3 + \beta_3 \tau_4 = \delta_3 \tau_4^{\theta_3} \end{cases}$$

および

賃金
$$\begin{cases} \alpha_{41} = \delta_1(1-\theta_1)\tau_1^{\theta_1} \\ \alpha_{43} = \delta_2(1-\theta_2)\tau_3^{\theta_2} \end{cases} \quad (7.20)$$

これらの制約条件から、α と β は次のように書き直すことができる。

第 7 章 都道府県の産業構造と賃金格差　　175

$$\underbrace{\begin{cases} \alpha_1 = -\delta_1 \frac{\tau_1^{\theta_1}\tau_2}{\tau_1-\tau_2} \\ \beta_1 = \delta_1 \frac{\tau_1^{\theta_1}}{\tau_1-\tau_2} \end{cases}}_{\text{労働集約的産業グループ}} \underbrace{\begin{cases} \alpha_{21} = -\delta_2 \frac{\tau_2^{\theta_2}\tau_1}{\tau_2-\tau_1} \\ \beta_{21} = \delta_2 \frac{\tau_2^{\theta_2}}{\tau_2-\tau_1} \\ \alpha_{22} = -\delta_2 \frac{\tau_3^{\theta_2}\tau_4}{\tau_3-\tau_4} \\ \beta_{22} = \delta_2 \frac{\tau_3^{\theta_2}}{\tau_3-\tau_4} \end{cases}}_{\text{中間集約的産業グループ}} \underbrace{\begin{cases} \alpha_3 = -\delta_3 \frac{\tau_4^{\theta_3}\tau_3}{\tau_4-\tau_3} \\ \beta_3 = \delta_3 \frac{\tau_4^{\theta_3}}{\tau_4-\tau_3} \end{cases}}_{\text{資本集約的産業グループ}}$$

(7.21)

(7.20) 式から (7.21) 式を (7.16) 式から (7.19) 式に代入すると、次のような式が得られる。

労働集約的産業グループ

$$z_{1m} = \delta_1 \left\{ k_m^{\theta_1} d_1 + \frac{\tau_1^{\theta_1}}{\tau_1-\tau_2}(k_m-\tau_2)d_2 \right\} + \epsilon_{1m} \tag{7.22}$$

中間集約的産業グループ

$$z_{2m} = \delta_2 \left\{ \frac{\tau_2^{\theta_2}}{\tau_2-\tau_1}(k_m-\tau_1)d_2 + k_m^{\theta_2}d_3 + \frac{\tau_3^{\theta_2}}{\tau_3-\tau_4}(k_m-\tau_4)d_4 \right\}$$
$$+ \epsilon_{2m} \tag{7.23}$$

資本集約的産業グループ

$$z_{3m} = \delta_3 \left\{ \frac{\tau_4^{\theta_3}}{\tau_4-\tau_3}(k_m-\tau_3)d_4 + k_m^{\theta_3}d_5 \right\} + \epsilon_{3m} \tag{7.24}$$

賃金

$$\begin{aligned} w_m =\ & \delta_1(1-\theta_1)k_m^{\theta_1}d_1 + \delta_1(1-\theta_1)\tau_1^{\theta_1}d_2 \\ & + \left[\frac{1}{\tau_2-\tau_3}\left\{\delta_1(1-\theta_1)\tau_2^{\theta_1-1} - \delta_2(1-\theta_2)\tau_3^{\theta_2-1}\right\}\right. \\ & \left.(k_m-\tau_3) + \delta_2(1-\theta_2)\tau_3^{\theta_2-1}\right]d_3 \\ & + \delta_2(1-\theta_2)\tau_3^{\theta_2}d_4 + \delta_3(1-\theta_3)k_m^{\theta_3}d_5 + \epsilon_{4m} \end{aligned} \tag{7.25}$$

図 7-10 の包絡線 $OBCDE$ を得るためには、中間集約的産業グループは労働集約的産業グループよりも資本集約的でなければならず、また資本集約的産業グループは中間集約的産業グループよりも資本集約的でなければならない $(\theta_1 < \theta_2 < \theta_3)$。また、線形同次性より、$\tilde{z}_i = \delta_i k_i^{\theta_i}$ である。ここで $\delta_i = p_i \phi_i (> 0)$ である。ノット τ_j における一人当たり生産関数の傾きは次の偏微分から求めることができる：

$$\frac{\partial \tilde{z}_1}{\partial \tau_1} = \delta_1 \theta_1 \tau_1^{\theta_1 - 1} \quad \frac{\partial \tilde{z}_2}{\partial \tau_2} = \delta_2 \theta_2 \tau_2^{\theta_2 - 1}$$
$$\frac{\partial \tilde{z}_2}{\partial \tau_3} = \delta_2 \theta_2 \tau_3^{\theta_2 - 1} \quad \frac{\partial \tilde{z}_3}{\partial \tau_4} = \delta_3 \theta_3 \tau_4^{\theta_3 - 1} \tag{7.26}$$

図 7-10 の接線 AB と CD を得るためには、次の条件が成り立つ必要がある。

$$\begin{cases} \delta_1 \theta_1 \tau_1^{\theta_1 - 1} = \delta_2 \theta_2 \tau_2^{\theta_2 - 1} \\ \delta_2 \theta_2 \tau_3^{\theta_2 - 1} = \delta_3 \theta_3 \tau_4^{\theta_3 - 1} \end{cases} \text{および} \begin{cases} \delta_1 \tau_1^{\theta_1}(1 - \theta_1) = \delta_2 \tau_2^{\theta_2}(1 - \theta_2) \\ \delta_2 \tau_3^{\theta_2}(1 - \theta_2) = \delta_3 \tau_4^{\theta_3}(1 - \theta_3) \end{cases}$$

ここで $0 < \tau_1 < \tau_2 < \tau_3 < \tau_4$ である。なお、$0 < \theta_1 < \theta_2 < \theta_3 < 1$ および $\delta_i > 0$ である。同様に、

$$\delta_2 = \delta_1 \frac{\theta_1}{\theta_2} \cdot \frac{\tau_1^{\theta_1 - 1}}{\tau_2^{\theta_2 - 1}} > 0 \quad \text{および} \quad \delta_3 = \delta_1 \frac{\theta_1}{\theta_3} \cdot \frac{\tau_1^{\theta_1 - 1}}{\tau_2^{\theta_2 - 1}} \cdot \frac{\tau_3^{\theta_2 - 1}}{\tau_4^{\theta_3 - 1}} > 0 \tag{7.27}$$

ここで $\tau_2 = \{(1 - \theta_1)/\theta_1\}\{\theta_2/(1 - \theta_2)\}\tau_1$ および $\tau_4 = \{(1 - \theta_2)/\theta_2\}\{\theta_3/(1 - \theta_3)\}\tau_3$ である。

(7.27) 式は生産関数がコブ＝ダグラス型であるときに二つの接線が存在するための条件である。このため、中間集約的産業グループと資本集約的産業グループの回帰式は (7.27) 式を (7.23) 式から (7.25) 式に代入することで導くことができる。

第 7 章 都道府県の産業構造と賃金格差　177

中間集約的産業グループ

$$
z_{2m} = \delta_1 \frac{\theta_1 \tau_1^{\theta_1-1}}{\theta_2 \tau_2^{\theta_2-1}} \left\{ \frac{\tau_2^{\theta_2}}{\tau_2 - \tau_1}(k_m - \tau_1)d_2 + k_m^{\theta_2} d_3 + \frac{\tau_3^{\theta_2}}{\tau_3 - \tau_4}(k_m - \tau_4)d_4 \right\}
$$
$$
+ \epsilon_{2m} \tag{7.28}
$$

資本集約的産業グループ

$$
z_{3m} = \delta_1 \frac{\theta_1}{\theta_2} \cdot \frac{\tau_1^{\theta_1-1}}{\tau_2^{\theta_2-1}} \cdot \frac{\tau_3^{\theta_2}-1}{\tau_4^{\theta_3-1}} \left\{ \frac{\tau_4^{\theta_3}}{\tau_4 - \tau_3}(k_m - \tau_3)d_4 + k_m^{\theta_3} d_5 \right\} + \epsilon_{3m}
$$
$$
\tag{7.29}
$$

ここで $\tau_2 = \{\theta_1/(1-\theta_1)\}\{(1-\theta_2)/\theta_2\}\tau_1$ および $\tau_4 = \{\theta_2/(1-\theta_2)\}\{(1-\theta_3)/\theta_3\}\tau_1$ である。同様に賃金の回帰式は次のように表すことができる。

賃金

$$
\begin{aligned}
w_m = \delta_1 &\bigg[(1-\theta_1)k_m^{\theta_1} d_1 + (1-\theta_1)\tau_1^{\theta_1} d_2 \\
&+ \left[\frac{1}{\tau_3 - \tau_2} \left\{ \frac{\theta_1}{\theta_2} \cdot \frac{\tau_1^{\theta_1-1}}{\tau_2^{\theta_2-1}}(1-\theta_3)\tau_3^{\theta_2} - (1-\theta_1)\tau_1^{\theta_1} \right\} \right. \\
&\quad (k_m - \tau_2) + (1-\theta_1)\tau_1^{\theta_1} \bigg] d_3 \\
&+ \frac{\theta_1}{\theta_2} \cdot \frac{\tau_1^{\theta_1-1}}{\tau_2^{\theta_2-1}}(1-\theta_2)\tau_3^{\theta_2} d_4 + (1-\theta_3)\frac{\theta_1}{\theta_3} \cdot \frac{\tau_1^{\theta_1-1}}{\tau_2^{\theta_2-1}} \cdot \frac{\tau_3^{\theta_2-1}}{\tau_4^{\theta_3-1}} k_m^{\theta_3} d_5 \bigg] \\
&+ \epsilon_{4m} \tag{7.30}
\end{aligned}
$$

レオンティエフ型生産関数の推定と同様に、この (7.22) 式, (7.28) 式, (7.29) 式, (7.30) からパラメータ δ_1 を推定することで、コブ＝ダグラス型生産関数の下での発展の経路を導くことが可能になる。なお、このコブ＝ダグラス型生産関数に基づく分析例については、Kiyota (2011a) を参照してほしい。

第 8 章

日本の要素賦存と産業構造の変遷

- 第7章では 2000 年一時点の生産要素と生産パターンの関係に注目して分析を行ったが、マルチ・コーンのヘクシャー＝オリーン・モデルは時間を通じた分析にも応用が可能である。
- 本章では、雁行形態的産業発展と呼ばれる生産パターンの変遷に注目し、このパターンをマルチ・コーンのヘクシャー＝オリーン・モデルによって説明することを試みる。
- 本章で注目する雁行形態的産業発展とは、産業が次々に誕生、成熟、衰退、消滅していくというパターンである。
- 1975 年から 2006 年までのデータを用いた分析の結果、マルチ・コーンのヘクシャー＝オリーン・モデルがこの期間の日本の雁行形態的産業発展のパターンをある程度説明できることが明らかになった。
- この結果は、経済成長の背後で産業の高度化というメカニズムが働いていること、そして、さらにその背後に資本蓄積という要素賦存の変化があることを確認するものである。

> 赤松（[1974] p.155、p.174）
>
> 産業発展の雁行形態の最初の呼び名は 1935 年の拙稿「我国羊毛工業品の貿易趨勢」のなかで結論的に「吾々は一産業における輸入、生産及び輸出の雁行的発展を定式化しうるであろう」と述べたことに由来するのである…雁行形態と名づけたのは、秋の月夜に雁が列をなして飛んでゆくとき、山形の列をなし、その列が二つ三つ交差して飛んでゆくようなイメージが、わたくしにあったためである。

1 雁行形態的産業発展とは

ハーバード大学のレイモンド・バーノンは、ある商品に初期段階、成熟段階、そして標準化段階があることを発見し、プロダクト・サイクル論として提唱した（Vernon [1966]）。しかし、その 30 年以上も前に、名古屋高等商業学校（現名古屋大学経済学部）の赤松要博士は、産業の発展のパターンに二つの規則性があることをすでに発見していた（赤松 [1935、1937]）[1]。

規則性の第一は、ある産業に注目すると、時間を通じて輸入から輸入代替、そして輸出へと切り替わっていくパターンである（図 8-1、パネル A）。そして第二は、複数の産業の産出に注目すると、産業が次々に誕生、成熟、衰退、消滅していくというパターンである（図 8-1、パネル B）。これらのパターンは空を飛ぶ雁の列にも類似していることから、冒頭の赤松（1974）の引用のように雁行形態的産業発展と呼ばれ、その概念は東・東南アジア諸国の産業発展を説明する上で頻繁に利用された[2]。

この雁行形態的産業発展を理論的に説明しようと試みた研究として、小島（1958）がある。彼の研究は、三財二要素のヘクシャー＝オリーン・モデルに

---

[1] 赤松（1935、1937）は最初は日本語で発表され、その後、それぞれ Akamatsu（1961、1962）として英語で発表されている。

[2] 「われわれはある工業品について輸入・生産・輸出が継起することを雁行形態的発展の基本形態と呼び、副次的な雁行形態として消費財から資本財へ、また粗製品から精製品への継起をとらえる。さらに最先進国を先端として後続するそれぞれの発展段階の諸国の系列もまた副次的に雁行形態と呼ぶことができる」赤松（[1974] p.166）。なお、雁行形態的産業発展の近年の研究例としては、Ozawa（2006）や池間（2009）を参照。

図 8-1 雁行形態的産業発展

パネル A. 赤松氏の提示した雁行形態的産業発展

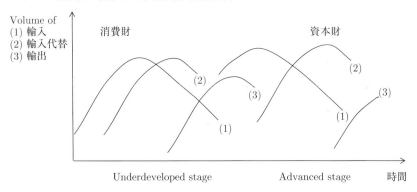

パネル B. パネル A から示唆される異なる産業の雁行形態的生産量の変化

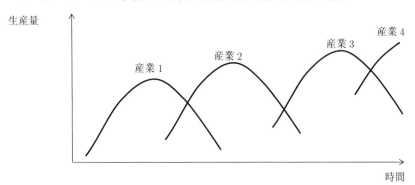

出所：パネル A は赤松（[1961]、p.206）。パネル B は筆者による表現。

よって、資本蓄積と生産パターンの関係を理論的に説明している[3]。

また、Ishikawa (1992) は、学習効果 (learning-by-doing) を通じて産業の高度化が内生的に生じ、それが経済成長につながるという理論モデルを提示した。その一方で、実証研究では、雁行形態的産業発展のパターンが時間や国を通じてどのように変化するかという事実発見に主眼が置かれていた[4]。しかし、実証研究は貿易理論との整合性についてはほとんど注意を払ってこ

---

[3] 小島（1958）はまず日本語で発表され、後に Kojima (1960) として英語で発表された。

なかった。

　本章は、雁行形態的産業発展に関する理論と実証の研究の溝を埋めようと試みるものである。本章は、雁行形態的産業発展の中でも、産業が次々に誕生、成熟、衰退、消滅していくというパターンに注目する（図8-1、パネルB）。雁行形態的産業発展を説明する上で、本章はマルチ・コーンのヘクシャー＝オリーン・モデルを利用する。日本の1975年から2006年までの製造業のデータを利用して、マルチ・コーンのヘクシャー＝オリーン・モデルが日本の雁行形態的産業発展のパターンをうまく説明できることを示す。

　本章の分析は、経済成長に関する実証研究にも貢献する。これは、本章が経済成長の背後に産業の高度化があるかどうかを明らかにしようと試みているためである。たとえば、World Bank（1993）のように、資本蓄積が経済成長に重要な役割を果たすとする研究はあるが、経済成長の背後で労働集約財から資本集約財へのシフトが起こっていることを確かめた実証研究は、筆者が知る限り存在しない。

　一方、国際貿易の先行研究は、Leamer（1987）やSchott（2003）のように、資本蓄積と産業の生産パターンの関係を分析した例はあるが、分析に利用されているのは一時点の複数の国のデータであり、一国の時系列データ（複数時点でのデータ）はほとんど利用されてこなかった。

　Harrigan（1995）やBernstein and Weinstein（2002）、Fitzgerald and Hallak（2004）といった研究は発展の経路を分析した研究だが、シングル・コーンのモデルに基づいている。本章の分析は、理論との整合性にウエートを置いている点、そして、データが一国の複数時点に基づくという点で新規性があるといえる。

　一方、国際貿易に関する実証研究では、第7章で紹介したように、Leamer（1987）やSchott（2003）がマルチ・コーンのヘクシャー＝オリーン・モデルに基づき、各国の要素賦存と産業の生産パターンの関係を分析している。しかし、これらの研究は一時点の各国間の要素賦存のちがいに注目した分析であり、ある一つの国の時間を通じた要素賦存の変化には注目していない。

---

4) これに関連して、Aminian and Calderon（2010）は直接投資も雁行形態的産業発展のパターンに従うと論じている。

本章の分析はこれらの研究の流れを統合する一つの視点を提供しようと試みるものである。次節では本章が依拠する理論モデルを紹介する。分析手法とデータを3節で説明する。4節で結果を提示し、5節で結論を述べる。

2 雁行形態的産業発展とマルチ・コーン・モデル

雁行形態的産業発展も、実は、第7章で紹介したマルチ・コーンのヘクシャー＝オリーン・モデルで説明することができる[5]。第7章では、ある時点に注目し、異なる地域間の資本・労働比率と各産業の産出の関係を発展の経路として分析した。この発展の経路は前章で示した図7-3のように表現できる。

一方、第8章では、ある国に注目し、異なる時点間の資本・労働比率と各産業の産出の関係を雁行形態的産業として分析する。この雁行形態的産業発展は図8-1、パネルB）のように表現できる。両者を比べると、形状が酷似していることがわかるだろう。すなわち、一国の資本・労働比率（要素賦存）が高まるにつれ、労働集約的な財から中間集約的な財の生産へとシフトしていく。そしてその国の資本・労働比率が二つめのコーンに入ると、労働集約的な財の生産がなくなり、中間集約的な財の生産が衰退を始め、新たに資本集約的な財の生産が始まる。

このモデルを複数財へと拡張すると、産業が次々と生まれ、成熟し、そして衰退するというパターンが現れることになる。第7章の発展の経路を時間を通じた変化に読み替えると、雁行形態的産業発展はマルチ・コーンのヘクシャー＝オリーン・モデルと整合的になるのである。

ここで、次の二つの点に注意してほしい。まず、雁行的産業発展をヘクシャー＝オリーン・モデルで説明するためには、三財以上のマルチ・コーンでなくてはならない点である。二財のシングル・コーンのモデルでは、ある産業が衰退し、別の産業が発展するという状況しか説明できず、誕生 → 発展

---

[5] なお、ヘクシャー＝オリーン・モデルそのものの動学化はモデルが非常に複雑になることから、本書の分析の範囲を超えている。このヘクシャー＝オリーン・モデルの動学化に関心を持たれた方は、たとえば Oniki and Uzawa (1965) や Kiyota (2012b) を参照されたい。

→ 衰退というパターンは説明できない。

　第二に、このモデルはあくまで貿易財を扱うモデルであり、非貿易財（サービス）については分析の範囲外になっている点である。たとえば一つめのコーンで資本集約的な財は生産されていないが、これはこの国が資本集約的な財の消費が輸入によって賄われていることを意味している。同様に、二つめのコーンでは労働集約的な財が生産されなくなるが、これは労働集約的な財の消費が輸入によって賄われていることを意味している。非貿易財の場合、貿易ができないため、資本蓄積にかかわらずその国で生産、消費されることになる。これは非貿易財が雁行形態的な産業発展とは異なるパターンを取りうることを意味している。

3　データと回帰式

(1) デ ー タ

　分析に用いるデータは第7章と同様にJIPデータベース2009だが、ここでは日本全体のレベルの1975年から2006年までのデータを利用する[6]。また、ここではJIPデータベースのみをそのまま利用するため、JIPデータベースの製造業52分類をそのまま利用する。産出に付加価値、投入に資本と労働を利用する。価格変化の影響を排除するため、第7章と同様に、実質付加価値額、従業者数、実質資本ストック額を用いる。

　なお、第7章では賃金の重要性を議論したが、本章では賃金を含めないかたちで分析を進める。その理由は、賃金の変化から技術の変化の要因を切り離すことが難しいことにある。

　第7章では、一時点に注目し、日本国内ではすべての都道府県が同じ生産技術に直面していることを仮定していた。しかし、時系列で見た場合、技術の変化は無視できない。そして、賃金の変化は技術の変化にも影響を受けう

---

[6] ここで、日本の国レベルのデータを利用する場合、小国の仮定が成立していないのではないかという疑問を持つ方もいるかもしれない。しかし、米国でさえ小国とみなすことができるという興味深い研究結果がMagee and Magee（2008）によって報告されている。

る。賃金の上昇が技術の進歩によるものなのか、それとも要素賦存の変化によるものなのか、その区別をつけるのはこの分析のフレームワークでは難しい。このため、本章の分析では、賃金の制約を外すかたちで分析を進めることにする。

(2) 産業の異質性とデータの集計

第7章では一時点で見た場合、各都道府県の同じ産業でも資本集約度が大きく異なることを確認した。同様の事実は、時系列データでも確認できる。表8-1は1975年から2006年までの各産業の資本集約度をまとめたものである。

いま、t年のj産業の資本集約度をk_{jt} ($\equiv K_{jt}/L_{jt}$) と表し、t年の日本全体の資本・労働比率（要素賦存）をk_t ($\equiv K_t/L_t$) で表す。各セルの色は各年の資本集約度k_{jt}を表しており、色が黒に近づくほど資本集約度が高くなることを意味している[7]。表の縦方向は各産業を期間平均の資本集約度の小さい順に並べたものであり、横方向は1975年（左）から2006年（右）へと並べたものである。

同質の財が生産されているなら、資本・労働比率が高まれば、資本集約度もそれに比例して上昇することになる。このため、表8-1の各セルは左から右へ、そして上から下に行くほど黒に近づくことになる。言い換えれば、もし期間を通じて同質の財が生産されているなら、海の深さを表す図のように、右下方向に行くほど黒くなり、逆に左上方向に行くほど白くなる。

実際の資本集約度は、このようなパターンから二つの意味で乖離している。第一に、ある産業がある時点において労働集約的であったとしても、別の時点でも労働集約的であるとは限らない。たとえば、1970年代後半、民生用電子・電機機器は通信機器よりも労働集約的だったが、2000年代前半は民生用電子・電気機器のほうが資本集約的になっている。

第二に、日本経済全体で見ると資本・労働比率は高まっているにもかかわらず、資本集約度が高まっていない産業がある。たとえば、非鉄金属加工製

---

[7] 単位は百万円/人である。

表 8-1 産業別資本集約度の変化、1975-2006 年

産業	産業平均(全期間)
精穀・製粉	0.8
皮革・皮革製品・毛皮	2.9
家具・装備品	3.7
水産食料品	4.2
飼料・有機質肥料	4.2
製材・木製品	5.2
建設・建築用金属製品	5.5
電子部品	5.6
繊維製品	5.6
陶磁器	5.7
その他の金属製品	5.8
その他の食料品	6.0
印刷・製版・製本	6.1
ゴム製品	7.5
その他の製造工業製品	7.7
畜産食料品	8.6
紙加工品	9.2
電子応用装置・電気計測器	9.4
その他の電気機器	9.7
その他の一般機械	10.1
事務用・サービス用機器	10.2
セメント・セメント製品	10.4
精密機器	11.3
プラスチック製品	11.7
その他の窯業・土石製品	11.8
特殊産業機械	11.9
一般産業機械	12.6
電子計算機・同付属装置	14.6
ガラス・ガラス製品	15.6
その他の輸送用機械	15.8
非鉄金属精錬・精製	16.9
重電機器	17.0
通信機器	17.8
化学最終製品	19.3
民生用電子・電気機器	19.4
半導体素子・集積回路	19.5
自動車部品・同付属品	20.2
飲料	21.8
非鉄金属加工製品	23.1
医薬品	24.4
パルプ・紙・板紙・加工紙	26.2
自動車	30.2
石炭製品	44.7
その他の鉄鋼	45.8
無機化学基礎製品	46.1
化学繊維	54.9
有機化学製品	55.9
有機化学基礎製品	65.8
化学肥料	66.5
たばこ	70.8
銑鉄・粗鋼	83.5
石油製品	182.1

注：この表の縦は資本集約度の低い順（上から下）、横は1975年から2006年の順（左から右）である。色の濃いところほど資本集約度が高いことを意味している。
出所：JIP2009 データベース。

品は、1980年前後よりも1970年代中旬のほうが資本集約度が高い。これらの結果は、時間を通じて生産しているものが大きく変わっていること、すなわち、産業に異質性があることを意味している。

各産業と資本集約度の関係を理論と整合的なものにするため、第7章と同様に、「ヘクシャー＝オリーン集計」の方法を採用し、三財二要素モデルをベースラインとする。この場合、t 年の j 産業の資本集約度 k_{jt} と h_l の関係は次のように表すことができる：

$$l = \begin{cases} 1 \text{ (労働集約的産業グループ)} & \text{if } 0 < k_{jt} < h_1 \\ 2 \text{ (中間集約的産業グループ)} & \text{if } h_1 \leq k_{jt} < h_2 \\ 3 \text{ (資本集約的産業グループ)} & \text{if } k_{jt} \geq h_2 \end{cases} \quad (8.1)$$

いま、t 年の l 番目のヘクシャー＝オリーン集計の付加価値額を Z_{lt} で表すとする。この付加価値額は資本集約度が h_{l-1} と h_l の間にあるすべての産業の総和である。すなわち、

$$Z_{lt} \equiv \sum_{j \in \{j | k_{jt} \in [h_{l-1}, h_l)\}} Z_{jt} \qquad (8.2)$$

このヘクシャー＝オリーン集計に基づき、製造業52産業を三つのグループ（労働集約的産業グループ、中間集約的産業グループ、資本集約的産業グループ）へと集計した。

(3) 回　帰　式

三財モデルの場合、発展の経路は図7-3のようなスプライン関数の形状となる：労働集約的産業グループは $w'\tau_1\tau_2$、中間集約的産業グループは $0A\tau_2$、資本集約的産業グループは $0\tau_1 B$ である。いま、τ_{l-1} と τ_l ($\tau_0 = 0$) の間に t 年の要素賦存 k_t が位置するときに1、それ以外のときに0の値をとるダミー変数 d_l を考える。このとき、回帰式は次のように表すことができる：

図 8-2 一人当たり産出と資本・労働比率の関係：三財二要素モデル

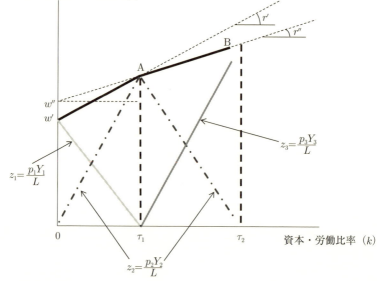

労働集約的産業グループ

$$z_{1t} = \beta_1(k_t - \tau_1)d_1 + \epsilon_{1t} \tag{8.3}$$

中間集約的産業グループ

$$z_{2t} = \beta_2 \left\{ k_t d_1 + \frac{\tau_1}{\tau_1 - \tau_2}(k_t - \tau_2)d_2 \right\} + \epsilon_{2t} \tag{8.4}$$

資本集約的産業グループ

$$z_{3t} = \beta_3(k_t - \tau_1)d_2 + \epsilon_{3t} \tag{8.5}$$

推定されるパラメーターは β_1 (<0)、β_2 (>0)、そして β_3 (>0) である[8]。推定方法は第7章と同様である。まず、各年の要素賦存 k_t が (8.3)

---

[8] ここで、(8.4) 式は一つのパラメーターしかないため、中間集約的な産業グループの成長と衰退が同じスピードにならないかという疑問を持つ方がいるかもしれない。し

式–(8.5) 式に含まれていることから、これらの式の誤差項は相関している可能性がある。(8.3) 式–(8.5) 式を同時に推定するため、SUR モデルを利用した。さらに、ヘクシャー＝オリーン集計の閾値 h_l、およびノット τ_l の位置は未知である。このため、これらはデータの範囲の中で外生的に与え、AIC が最小となる結果を探索した[9]。

4 マルチ・コーン・モデルは日本の雁行形態的産業発展を説明できるか

(1) ベースラインの結果

図 8-3 は推定結果を示したものである。図の縦軸は各グループの付加価値をその年の製造業の総従業者数で除したものであり、横軸は資本・労働比率（要素賦存）を表している。図の各数値は年を表している。また、パラメーターの推定値、ヘクシャー＝オリーン集計の閾値、およびノットの位置は表 8-2 にまとめた。AIC と BIC はそれぞれ 47.9 と 52.3 である。すべての係数は 1％水準で統計的に有意である。ノット τ_1 の位置は 1000 万円である。これの結果は、日本の製造業が一つめのコーンから二つめのコーンへ移ったのが 1980 年代後半であることを示唆している[10]。

図 8-3 は図 7-3 で導かれた雁行形態的産業発展のパターンと整合的である。日本では、資本蓄積が進むとともに、生産のウエートが労働集約的な産業グループ（グループ 1）から中間集約的な産業グループ（グループ 2）へと移って

かし、中間集約的な産業グループの成長のスピードは β_2 (> 0)、衰退のスピードは $\beta_2\tau_1/(\tau_1 - \tau_2)$ (< 0) によって捉えられる点に注意してほしい。ここで、$\tau_1 \neq \tau_2$ のとき、$|\beta_2| \neq |\beta_2\tau_1/(\tau_1 - \tau_2)|$ となることから、中間集約的な産業グループの成長と衰退が同じスピードにならないことがわかる。

[9] ヘクシャー＝オリーン集計の閾値については、$10^{0.4} \leq 10^\gamma \leq 10^2$ の範囲で $\gamma = 0.1$ 刻みで探索した。10^γ を利用した理由は、資本集約度 k_{jt} が対数正規分布に従っていたためである。また、ノットについては $7 \leq \tau_l \leq 23$ （単位：百万円）の範囲で百万円刻みで探索した。

[10] それぞれの誤差項が相関しているかどうかを Breusch–Pagan テストによって検定したところ、表 7-3 のすべてのモデルにおいて、誤差項が相関していないという帰無仮説は 1％水準で棄却された。

図 8-3 日本の雁行形態的産業発展：ベースラインの結果

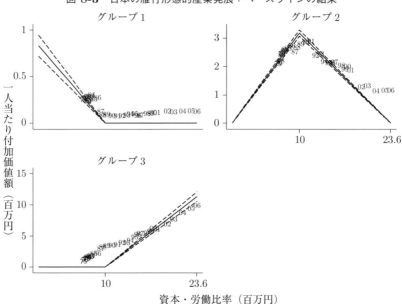

注：図 8-3 は三財モデルの雁行形態的産業発展の推定結果を示したものである。直線は理論値、破線は 95％ の信頼区間を表している。パラメーターの推定値は表 8-2 を参照。図の数値は年を表している。理論値が屈折しているのはスプライン関数の推定に基づくためである。
出所：JIP2009 データベース。

表 8-2 日本の雁行形態的産業発展：ベースラインの結果

三財モデル					
ヘクシャー＝オリーン集計の閾値：$h_1 = 2.5$, $h_2 = 10.0$				AIC=47.9	
ノットの位置：$\tau_1 = 10$, $\tau_2 = 23.6$				BIC=52.3	
	係数	標準誤差	p-値	N	RMSE
グループ 1	−0.083	0.006	0.000	32	0.107
グループ 2	0.318	0.006	0.000	32	0.385
グループ 3	0.831	0.029	0.000	32	1.801

注：不均一分散に頑強な標準誤差を得るため、ブートストラップ法を利用した。反復回数は 1000 回である。資本・労働比率と理論値の関係については、図 8-3 を参照。
出所：JIP2009 データベース。

いく。資本蓄積が十分に進むと、中間集約的な産業グループ（グループ 2）の生産は低下し、代わって資本集約的な産業のグループが生産の拡大を始める。

これらの結果は、マルチ・コーンのヘクシャー＝オリーン・モデルが日本の雁行形態的産業発展のパターンをある程度説明できていることを示唆している。また、この結果は、経済成長の背後で産業の高度化というメカニズムが働いていること、そして、さらにその背後に資本蓄積という要素賦存の変化があることも示唆するものである。

（2） 生産性成長を考慮するケース

ベースラインの分析では、技術の変化が考慮されていなかった。しかし、技術変化は雁行形態的産業発展のパターンに影響を及ぼす重要な要因である。たとえば、産業 j の付加価値が $y_{jt} \equiv A_{jt} f_{jt}(\cdot)$ として定義されるとしよう。ここで A_{jt} は技術水準を表しており、全要素生産性（Total Factor Productivity: TFP）とも呼ばれている。いま、技術進歩は TFP 成長と同義であるとしよう。図 8-2 において、TFP の成長は生産関数全体が上方にシフトすることを意味している。つまり、TFP が成長すれば、資本蓄積がまったくなくても、付加価値は拡大することになる。このため、TFP 成長を考慮しなければ、推定されたパラメーターに偏りが生じるおそれがある。

TFP 成長の影響を考慮するため、ここでは製造業 52 産業それぞれの実質付加価値額を TFP で除すという処置を行った。生産性成長を調整した実質付加価値額を $\tilde{y}_{jt}$ で表すとすると、$\tilde{y}_{jt} \equiv y_{jt}/A_{jt} = f_{jt}(\cdot)$ である[11]。このような調整を行った実質付加価値額をヘクシャー＝オリーン・集計に基づき集計し、SUR モデルによって推定した。産業レベルの TFP 成長率は JIP データベース 2009 の TFP 指数を利用した[12]。TFP 指数は 2000 年基準（2000 年=1）である。

図 8-4 は推定結果を示したものである。また、パラメーターの推定値、ヘク

---

[11] この調整は製造業 52 産業のそれぞれについて行うため、産業に偏った技術変化を調整することと同義である。
[12] JIP データベースでは、産業レベルの TFP が TFP 指数として提供されている。この TFP 指数の詳細については、深尾・宮川（2008）を参照。

192　第 III 部　拡張 HO モデルによる日本の産業構造分析

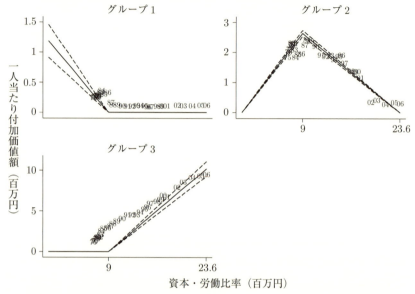

図 8-4　日本の雁行形態的産業発展：生産性成長を考慮したケース

注：図 8-4 は三財モデルの雁行形態的産業発展の推定結果を示したものである。直線は理論値、破線は 95％の信頼区間を表している。パラメーターの推定値は表 8-3 を参照。図の数値は年を表している。理論値が屈折しているのはスプライン関数の推定に基づくためである。
出所：JIP2009 データベース。

表 8-3　日本の雁行形態的産業発展：生産性成長を考慮したケース

三財モデル					
ヘクシャー＝オリーン集計の閾値：$h_1 = 2.5$, $h_2 = 7.9$				AIC=54.1	
ノットの位置：$\tau_1 = 9$, $\tau_2 = 23.6$				BIC=58.5	
	係数	標準誤差	p-値	N	RMSE
グループ 1	−0.132	0.015	0.000	32	0.141
グループ 2	0.293	0.006	0.000	32	0.238
グループ 3	0.696	0.032	0.000	32	1,981

注と出所は表 8-2 に同じ。資本・労働比率と理論値の関係については、図 8-4 を参照。

シャー＝オリーン集計の閾値、およびノットの位置は表 8-3 にまとめた。ヘクシャー＝オリーン集計の閾値、およびノットの位置はともにわずかに変化しているが、推定されたパラメーターの値はベースラインの結果とほとんど

変わりがない。AIC と BIC はそれぞれ 54.1 と 58.5 であり、データへの適合度はベースラインよりやや落ちる結果になっている。これらの結果は、生産性成長を考慮した上でも、日本の雁行形態的産業発展のパターンが確認できることを意味しており、分析の主要な結果の頑強性を確認するものである。

(3) 人的資本蓄積の効果

これまでの分析は資本と労働のみの生産要素に注目してきた。しかし、観測期間を通じて日本は人的資本の蓄積が進み、それが結果に影響しているのではないかという疑問が生じるかもしれない。ただし、Schott (2003) が指摘するように、三要素を考慮する場合、ノットの位置 τ_1、τ_2 も内生的に決まることになる。第 7 章でも議論したように。このような推定は事実上不可能であるため、ここでは労働の質を調整するという方法を試みる。

JIP データベース 2009 は産業別の従業者数の情報だけでなく、産業別の労働の質の指数も提供している。ここで、労働の質とは従業者の年齢や学歴、性別などによって加重された指数として定義されており、2000 年が基準年となっている (2000 = 1) [13]。労働の質の変化を考慮するため、ここではまず、従業者数に労働の質を掛け、その値を労働の質を調整した労働投入として、モデルの再推定を行った。

表 8-4 はパラメーターの推定値、ヘクシャー＝オリーン集計の閾値、およびノットの位置をまとめたものである [14]。表 8-4 は人的資本を考慮した上でも、日本の雁行形態的産業発展のパターンが確認できることを意味している。ヘクシャー＝オリーン集計の閾値、およびノットの位置はともにわずかに変化しているが、推定されたパラメーターの値はベースラインの結果とほとんど変わりがない。

さらに、AIC と BIC はそれぞれ 45.2 と 49.6 であり、データへの適合度はベースラインよりも改善している。これらの結果は、分析の主要な結果の頑強性を確認するものである。また人的資本を考慮することでモデルの適合度が（ベースラインと比べて）改善していることから、雁行形態的産業発展

---

[13] 労働の質指数の詳細については、深尾・宮川 (2008) を参照。
[14] 対応する図はベースラインとほとんど変わりがないため、ここでは省略している。

194 第 III 部 拡張 HO モデルによる日本の産業構造分析

表 8-4 日本の雁行形態的産業発展：人的資本を考慮したケース

三財モデル ヘクシャー＝オリーン集計の閾値：$h_1 = 2.5$, $h_2 = 7.9$ ノットの位置：$\tau_1 = 10$, $\tau_2 = 23.6$					AIC=45.2 BIC=49.6
	係数	標準誤差	p-値	N	RMSE
グループ 1	−0.142	0.009	0.000	32	0.104
グループ 2	0.262	0.005	0.000	32	0.177
グループ 3	0.797	0.038	0.000	32	2.310

注と出所については表 8-2 に同じ。

には、資本蓄積だけでなく、人的資本が重要な役割を果たしていることを示唆するものである。

(4) コーンの数の拡張

ベースラインの分析では、三財モデルに注目したが、四財以上のケースに関心を持つ方もいるかもしれない。多数財への拡張は理論的には単純である。しかし、財の増加とともに、探索するヘクシャー＝オリーン集計の閾値とノットの位置が幾何級数的に増えるため、六財以上を含むモデルの推定は事実上不可能である。このため、ここでは、四財と五財のモデルを推定し、現実のデータへの適合度が改善するかどうかを分析する。

図 8-5 は四財モデルの結果を示したものである[15]。表 8-5 はパラメーターの推定値、ヘクシャー＝オリーン集計の閾値、およびノットの位置をまとめたものである。この表の注目すべき結果として、次の二つの点が挙げられる。

第一に、財の数を拡張しても、結果はベースラインと類似している点である。推定された係数はおおむね統計的に有意であり、四財モデルの AIC と BIC はベースラインのモデルより小さい。この結果は、三財モデルよりも四財モデルのほうが、現実のデータとの適合度が高いことを意味している。雁行形態的産業発展のパターンは、財の数を増やしても確認することができる。

第二に、推定したモデルの中では、四財モデルが最もデータとの適合度が

---

[15] 紙幅の関係から、五財モデルの図は省略している。四つのグループがどのような産業によって構成されているのかについては、表 8-6 を参照。

図 8-5　日本の雁行形態的産業発展：四財モデルのケース

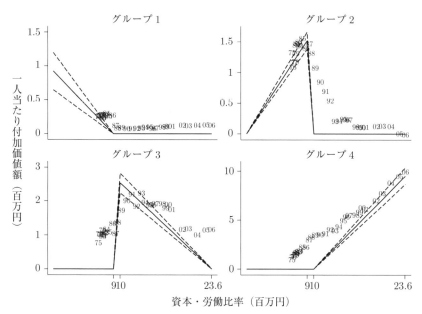

注：図 8-5 は四財モデルの雁行形態的産業発展の推定結果を示したものである。直線は理論値、破線は 95％の信頼区間を表している。パラメーターの推定値は表 8-5 を参照。図の数値は年を表している。理論値が屈折しているのはスプライン関数の推定に基づくためである。
出所：JIP2009 データベース。

高い点である。四財モデルの AIC と BIC は、他のモデルの AIC、BIC よりも小さい値である。財の数が増えれば増えるほど、データとの適合度がよくなるのではないかと考える方もいるかもしれない。しかし、五財モデルは、逆に四財モデルよりも適合度が悪くなっていることから、この仮説は支持されない。何財のモデルが日本の雁行形態的産業発展を最もうまく説明できるのか、そしてそれはなぜなのかという疑問は、本章の分析の範囲を超えるものであり、残された課題である。

表 8-5　日本の雁行形態的産業発展：コーンの数の拡張

三財モデル
ヘクシャー＝オリーン集計の閾値：$h_1 = 2.5$, $h_2 = 10.0$　　　　　　　AIC=47.9
ノットの位置：$\tau_1 = 10$, $\tau_2 = 23.6$　　　　　　　　　　　　　　BIC=52.3

	係数	標準誤差	p-値	N	RMSE
グループ 1	−0.083	0.006	0.000	32	0.107
グループ 2	0.318	0.006	0.000	32	0.385
グループ 3	0.831	0.029	0.000	32	1.801

四財モデル
ヘクシャー＝オリーン集計の閾値：$h_1 = 2.5$, $h_2 = 5.0$, $h_3 = 10.0$　　AIC=39.8
ノットの位置：$\tau_1 = 9$, $\tau_2 = 10$, $\tau_3 = 23.6$　　　　　　　　　BIC=45.7

	係数	標準誤差	p-値	N	RMSE
グループ 1	−0.103	0.016	0.000	32	0.130
グループ 2	0.168	0.008	0.000	32	0.366
グループ 3	2.536	0.149	0.000	32	0.810
グループ 4	0.698	0.032	0.000	32	1.942

五財モデル
ヘクシャー＝オリーン集計の閾値：$h_1 = 2.5$, $h_2 = 4.0$, $h_3 = 12.6$, $h_4 = 25.1$　AIC=60.5
ノットの位置：$\tau_1 = 10$, $\tau_2 = 11$, $\tau_3 = 13$, $\tau_4 = 23.6$　　　　　　　　BIC=67.8

	係数	標準誤差	p-値	N	RMSE
グループ 1	−0.087	0.008	0.000	32	0.104
グループ 2	0.095	0.008	0.000	32	0.172
グループ 3	1.045	1.543	0.498	32	2.434
グループ 4	1.039	0.127	0.000	32	1.235
グループ 5	0.603	0.029	0.000	32	1.027

注と出所は表 8-2 をに同じ。資本・労働比率と理論値の関係（四財モデル）については、図 8-5 を参照。

5　雁行形態的産業発展とヘクシャー＝オリーン・モデル

　本章は雁行形態的産業発展のパターンの一つ、産業が次々に誕生、成熟、衰退、消滅していくというパターンを実証的に分析した。

　本章の主要な観測事実の一つは、マルチ・コーンのヘクシャー＝オリーン・モデルが 1975 年から 2006 年までの日本の雁行形態的産業発展のパターンをある程度説明できているという点である。この結果は、産業の高度化を説明する上で、マルチ・コーンのヘクシャー＝オリーン・モデルがある程度有用

第8章 日本の要素賦存と産業構造の変遷   197

表 8-6 産業の構成：四財モデルのケース

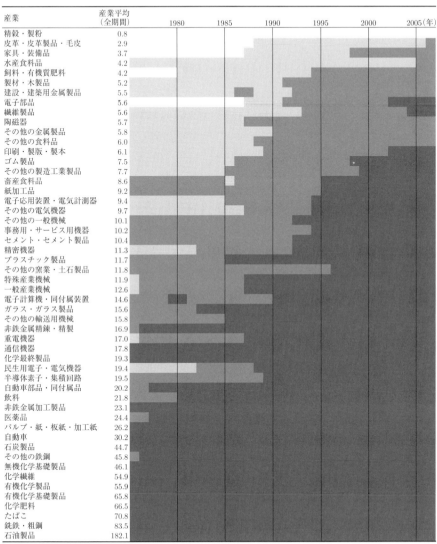

産業	産業平均(全期間)
精穀・製粉	0.8
皮革・皮革製品・毛皮	2.9
家具・装備品	3.7
水産食料品	4.2
飼料・有機質肥料	4.2
製材・木製品	5.2
建設・建築用金属製品	5.5
電子部品	5.6
繊維製品	5.6
陶磁器	5.7
その他の金属製品	5.8
その他の食料品	6.0
印刷・製版・製本	6.1
ゴム製品	7.5
その他の製造工業製品	7.7
畜産食料品	8.6
紙加工品	9.2
電子応用装置・電気計測器	9.4
その他の電気機器	9.7
その他の一般機械	10.1
事務用・サービス用機器	10.2
セメント・セメント製品	10.4
精密機器	11.3
プラスチック製品	11.7
その他の窯業・土石製品	11.8
特殊産業機械	11.9
一般産業機械	12.6
電子計算機・同付属装置	14.6
ガラス・ガラス製品	15.6
その他の輸送用機械	15.8
非鉄金属精錬・精製	16.9
重電機器	17.0
通信機器	17.8
化学最終製品	19.3
民生用電子・電気機器	19.4
半導体素子・集積回路	19.5
自動車部品・同付属品	20.2
飲料	21.8
非鉄金属加工製品	23.1
医薬品	24.4
パルプ・紙・板紙・加工紙	26.2
自動車	30.2
石炭製品	44.7
その他の鉄鋼	45.8
無機化学基礎製品	46.1
化学繊維	54.9
有機化学製品	55.9
有機化学基礎製品	65.8
化学肥料	66.5
たばこ	70.8
銑鉄・粗鋼	83.5
石油製品	182.1

注：この表の縦は資本集約度の低い順（上から下）、横は1975年から2006年の順（左から右）である。
　□ グループ1
　□ グループ2
　■ グループ3
　■ グループ4
出所：JIPデータベース2009。

であることを示唆している。この結果は、経済成長の背後で産業の高度化というメカニズムが働いていること、そして、さらにその背後に資本蓄積という要素賦存の変化があることを確認するものである。

また、人的資本を考慮することでモデルの適合度が（ベースラインと比べて）改善していることも注目すべき結果であるといえる。この結果は、人的資本を考慮すれば、雁行形態的産業発展はよりマルチ・コーン・モデルと整合的になることを意味している。日本の雁行形態的産業発展に、人的資本蓄積がある一定の役割を果たしていたことを確認するものである。

第9章
日本の比較優位はどこにあるのか

1　本書のまとめ

　本書では、日本の比較優位について、理論と実証分析を通じて論じた。ここでもう一度、各章のポイントをまとめておきたい。

　まず、第1章では比較優位の概念について整理を行った。そこでは、比較優位とは何か、また、貿易や比較優位に注目する意義はどこにあるのかを説明した。第1章のポイントのひとつは、国際競争力（絶対優位）や国力と比較優位のちがいを正しく理解することにある。比較優位は国際競争力、あるいは国力といった概念とは異なるものである。

　一般に、国際競争力は絶対優位に対応するものであり、比較優位とは異なる。国際競争力（絶対優位）を持たない財は輸出できないと考えられがちだが、これは間違っている。すべての財について絶対優位を失ったとしても、すべての財の比較優位を失うことは起こりえない。同様に、すべての財の国際競争力を失ったとしても、それほど悲観する必要はない。第1章では、たとえ絶対優位をまったく持たない国であっても比較優位によって輸出することができ、また、貿易から利益を得ることができることを説明した。

　第2章では、日本の貿易がこれまでどのように推移してきたのか、また現状がどうなっているのかをデータによって確認した。分析の対象期間は1970年から2009年までであり、分析には経済産業研究所（RIETI）と一橋大学

が整備する日本産業生産性データベースを利用した。

　主要な観測事実は次のようにまとめられる。第一に、過去30年の輸出入の変遷を産業別で見てみると、天然資源（鉱業品）や繊維工業製品を輸入し、自動車、特殊産業機械、民生用電子・電気製品あるいは半導体素子・集積回路といった機械製品を輸出するというパターンが続いている。第二に、輸出入に共通した主要な貿易相手国は米国や中国、韓国、ドイツであり、過去30年間ほぼ一貫している。第三に、輸出生産比率、輸入需要比率とも期間を通じて上昇しており、日本経済と諸外国との結びつきが強くなっていることを示唆している。

　第3章では、貿易と比較優位の関係についての根源的な疑問、すなわち、そもそも貿易は比較優位に基づいているのかという疑問に注目した。この疑問に厳密に答えるためには、貿易がない状況と貿易がある状況を比較しなくてはならない。そこで第3章は、日本の開国前後の貿易パターンの変化に注目した。分析の結果、鎖国から開国へと向かう過程で、日本の貿易は比較優位の理論に基づくかたちで変化していたことが明らかになった。この結果は、比較優位は実際に日本の貿易によって支持されることを意味しており、「机上の空論」とは必ずしも言えないことを示唆している。

　第4章では、ヘクシャー＝オリーン・モデルの理論、実証研究の方法、およびこれまでの研究の流れを紹介した。教科書的なリカード・モデルは二国（自国と外国）・二財・一要素（労働）、教科書的なヘクシャー＝オリーン・モデルは二国（自国と外国）・二財・二要素（資本と労働）を想定するが、実証研究では多国・多財・多要素のモデルへの拡張が必要になる。第4章では二要素モデルから出発し、多要素モデル、多国間モデル、およびこれらの枠組みに基づく研究を順に紹介した。そしてここでは、特に要素コンテンツ・アプローチやクロス・インダストリー分析が貿易パターンを分析する上で有用であることを確認した。

　多くの人は、世界全体で見れば、日本は非熟練労働より熟練労働が豊富な

国だと考えるだろう。そして、ヘクシャー＝オリーンの定理に基づけば、日本は熟練労働集約的な財の生産に比較優位を持つことになる。第5章では、第4章で紹介した要素コンテンツ・アプローチに基づき「日本は今なお熟練労働集約的な財を純輸出しているのか？」という疑問を明らかにしようと試みた。

分析の結果、日本は1980年から2009年までの間、一貫して熟練労働集約的な財を純輸出しているものの、熟練・非熟練労働コンテンツは1994年をピークに低下を続けており、2000年代はすでに1980年代の水準を下回っていることが明らかになった。この結果は、日本が熟練労働集約的な財に対する比較優位を失いつつあることを示唆している。

第5章では、熟練労働と非熟練労働（および資本と労働）の二要素に注目し、日本の貿易と生産要素の関係について分析した。しかし、第5章の分析には、二つ以上の生産要素を同時に考慮できないという問題もあった。第6章では、熟練労働だけでなく、エネルギー投入や資本といった複数の生産要素の影響を同時に考慮し、「日本の純輸出はエネルギー節約的か」という疑問に注目した。

分析は第4章で紹介したクロス・インダストリー分析に基づくものである。分析の結果、日本は資本集約的な財と熟練労働集約的な財を（純）輸出し、非熟練労働集約的な財とエネルギー使用的な財を（純）輸入する傾向にあることが明らかになった。この結果は、1980年から2009年までの平均的には、日本は資本集約的な財と熟練労働集約的な財に比較優位を持っていることを示唆している。このうち、熟練労働集約的な財に比較優位を持っているという結果は、第5章の結果とも整合的である。

ただし、輸入だけに注目すると、多くの年について、要素投入との間に系統的な関係を見出すことができず、さらに2000年以降は輸出と純輸出についても、系統的な関係を確認しにくくなっていることもわかった。

この輸入について系統的な関係を見出すことができない理由の一つにヘクシャー＝オリーン・モデルに依拠する仮定のひとつ、生産技術一定の仮定が

影響している可能性が挙げられる。そして生産技術一定の仮定の背後には、要素価格均等化の仮定があるが、現実には要素価格の均等化は一国内でさえも成立していない。そこで第7章と第8章では、この要素価格均等化の仮定を外し、また、生産要素と生産の関係に注目して分析を行った。

第7章は、マルチ・コーン・モデルにおけるリプチンスキーの定理に注目し、次の二つの主張の妥当性を実証的に検証した。

1. マルチ・コーン・モデルのほうがシングル・コーン・モデルよりも現実のデータに適合するコーンの数が増えれば増えるほど、モデルのデータへの適合度は高まる。
2. コーンの数が増えれば増えるほど、モデルのデータへの適合度は高まる。

2000年の日本の都道府県のデータを用いた分析の結果、一つめの主張については妥当であるものの、二つめの主張はデータの支持が得られないことが明らかになった。この結果は、要素価格の均等化の仮定を緩めることは重要ではあるものの、それだけでヘクシャー＝オリーン・モデルの現実妥当性が高まるわけではないことを示唆している。さらに、人的資本蓄積の効果は資本蓄積が進んだ段階で顕在化しており、それが日本の地域間の賃金格差を説明する一因となっていることもわかった。

第7章は2000年一時点の生産要素と生産パターンの関係に注目して分析を行ったが、マルチ・コーンのヘクシャー＝オリーン・モデルは時間を通じた分析にも応用が可能である。そこで第8章では、雁行形態的産業発展と呼ばれる生産パターンの変遷に注目し、このパターンをマルチ・コーンのヘクシャー＝オリーン・モデルによって説明することを試みた。

第8章で注目した雁行形態的産業発展とは、産業が次々に誕生、成熟、衰退、消滅していくというパターンである。1975年から2006年までのデータを用いた分析の結果、マルチ・コーンのヘクシャー＝オリーン・モデルがこの期間の日本の雁行形態的産業発展のパターンをある程度説明できることが明らかになった。この結果は、経済成長の背後で産業の高度化というメカニズムが働いていること、そして、さらにその背後に資本蓄積という要素賦存の変化があることを確認するものである。

ヘクシャー＝オリーン・モデルは現実のデータとの適合性が必ずしも高くないといわれているが、日本の輸出・純輸出と生産要素の関係については、ヘクシャー＝オリーンの定理の示唆する系統的な関係を見出すことが（ある程度は）できている（第5章、第6章）。そして、要素価格均等化の仮定を緩めれば、ヘクシャー＝オリーンの定理の現実妥当性はさらに高くなるといえる（第7章、第8章）。これらの結果はヘクシャー＝オリーンの定理がある程度現実を説明する力があることを示唆しており、比較優位の源泉が生産要素にあることを示唆している。

2 比較優位から見た日本経済の課題

本書は伝統的な国際貿易理論に基づき、1980年から2009年までの30年にわたる日本の比較優位の変遷と源泉を明らかにしようと試みたものである。多国・多財・多要素のモデルに基づくヘクシャー＝オリーン＝バーネックの定理によれば、各国はそれぞれの国に豊富な要素を純輸出し、希少な要素を純輸入する。そして、二国・二財・二要素のヘクシャー＝オリーン・モデルと同様に、豊富な要素に集約的な財は、比較優位のある財である。

それでは、日本の比較優位はどこにあるのだろうか。結論から述べると、現時点では資本集約的な財、および熟練労働集約的な財である。第4章で解説したように、ヘクシャー＝オリーン＝バーネック・モデルでは、どの財を輸出（輸入）するかということを説明することはできない。その理由は、財の数と生産要素の数が同じでなければ、数学的に解を一意に導くことができないという問題があるためである。

さらに、生産要素の要素賦存と財の要素集約度はともに時間を通じて変化している。第8章で確認したように、1970年代後半、民生用電子・電機機器は通信機器よりも労働集約的だったが、2000年代前半は民生用電子・電機機器のほうが資本集約的になっている。また、第2章で確認したように、1980年時点で輸出シェアの4.9％を占め輸出産業の第6位につけていた繊維工業製品は、2009年時点では輸出シェアのわずか0.8％になっている。

一方、1980年時点で輸出シェアのわずか0.3％だった半導体素子・集積回

路は 2009 年時点では輸出シェアの 8.4％であり、輸出産業の第 2 位になっている。このため、この先どのような産業が輸出を伸ばし、どのような産業が輸出を維持できるのか、あるいはどの財が資本集約的な財、あるいは熟練労働集約的な財であり続けるかということを予測するのは難しい。つまり、ある一時点において、どの財が資本集約的か、あるいは熟練労働集約的かを議論することはできても、その将来まで見通すことは難しい。

　このように、将来、日本がどの財に比較優位を持つかを予測することは難しいとしても、どの要素に集約的な財を輸出（輸入）しているかという点は説明が可能である。ヘクシャー＝オリーン＝バーネック・モデルは財そのものの貿易ではなく、それらに体化された生産要素の貿易を説明する。そしてこの生産要素に注目して実証分析を行うと、上記のように日本は資本集約的な財、および熟練労働集約的な財を輸出するという結果が導かれるのである。これらの結果は、貿易に特効薬はないこと、つまり、生産要素を地道に蓄積していくことの重要性を確認するものだといえる。

　少子高齢化が進み、労働力人口が減少している日本の現状を踏まえると、労働集約的な財に比較優位を見出すのは難しい。また、巨額の財政赤字を抱えていることを踏まえると、公共投資を通じた資本蓄積にも限界があるといえるだろう。さらに、日本は天然資源も希少である。このような現状で日本の比較優位を見出す方向性があるとすれば、その一つは人的資本の蓄積だろう。

　第 7 章の分析では、人的資本蓄積の恩恵は、資本蓄積が十分進んだときに顕著になることを確認した。その一方で、日本は熟練労働豊富国といわれているが、第 5 章と第 6 章の分析では日本の純輸出の熟練労働集約度が急速に低下していることも明らかになった。

　もちろん、本書の人的資本、あるいは熟練労働の定義は、学歴や職種で分類したものであり、技能で分類したものではない。その意味で、技能と貿易の関係をより精緻に明らかにしていくことは必要である。そのような留保条件付きながらも、利用可能な指標からは、日本が熟練労働集約的な財の純輸出国ではなくなりつつあることが示唆されている。この結果が正しいとすれば、それは今後の日本経済にとって憂慮すべき事態である。人的資本の蓄積をどのように進めていくか。それをどのように生産、貿易に反映させていく

かを考えることが喫緊の課題といえる。

また、第6章の分析では、近年、日本の純輸出がエネルギー節約的とはいえなくなっていることを明らかにした。そしてその要因の一つとして、政策的な影響が考えられることを指摘した。すなわち、エネルギー費用の負担減のための政府の補助金が、逆に、企業のエネルギー効率を高めようとする努力を妨げている可能性がある。政府の補助金が企業のエネルギー効率に及ぼす影響についてはより厳密な検証を待つ必要があるが、政策的な配慮が逆に企業の努力を妨げることになってしまっていないかという視点は、政策を立案・施行していく上で重要だろう。

3　今後の研究の方向性

最後に、今後の研究の方向性として次の三点を示しておきたい。第一の方向性として本書の分析をより深く掘り下げるということが考えられる。なぜ熟練・非熟練労働コンテンツは1990年代半ばから低下しているのか。なぜクロス・インダストリー分析は輸入について系統的な関係を十分に見出すことができないのか。これらの問題は分析手法やデータを改善することで解決できるのか、それとも理論モデルそのものに修正が必要なのか。これらの問題の解決は、日本の貿易と比較優位の関係のより深い理解につながるだろう。

第二の方向性はクロス・カントリー分析である。本書は日本の国際貿易の時系列変化に注目するため、クロス・カントリー分析の手法ではなく、貿易収支不均衡を考慮したリーマーのテストや複数要素を考慮したクロス・インダストリー分析に注目した。しかし、第4章で説明したように、理論的に最も望ましい分析はクロス・カントリー分析である。これと関連して、本章の第5章の分析は製造業の貿易に注目したものだったが、近年は旅行や金融といったサービスの貿易も拡大している。このため、財の貿易だけでなくサービスの貿易へと分析を拡張して日本の比較優位を議論することも、重要な方向性だといえる[1]。

---

[1] たとえばUrata and Kiyota (2003) は1995年の約100カ国を対象として、クロス・カントリー分析に基づき要素賦存とサービス貿易の貿易パターンの分析を行っている。

そして第三の方向性は、第二の方向性と関連するが、リカード・モデルとヘクシャー＝オリーン・モデルの融合的なアプローチである。これまでのヘクシャー＝オリーン＝バーネック・モデルの実証研究では、標準的なモデルでは必ずしも現実をうまく説明できないこと、ただし、各国の生産性の差を考慮すれば、現実の説明力は大幅に改善することを紹介した。

　ここで、リカード・モデルでは、比較優位の源泉が労働生産性、すなわち技術の差にあったことに注意していただきたい。読者の中には、技術の差が重要であるとすれば、ヘクシャー＝オリーン・モデルではなく、リカード・モデルが現実をよりうまく説明できるのではないかと疑問を持たれた方もいるかもしれない。このような疑問を抱いた方がいたとすれば、それはとても鋭い視点をお持ちだといえる。なぜなら、最近の研究は、リカード・モデルとヘクシャー＝オリーン・モデルを融合するかたちで展開しているためだ。

　リカード・モデルとヘクシャー＝オリーン・モデルを融合した研究に、Morrow（2010）やFadinger and Fleiss（2011）がある。Morrow（2010）は1985年から1995年の20カ国、製造業24産業のデータを利用して、各国の要素賦存と各国の各産業の生産パターンの関係を分析した。この分析は要素賦存と生産パターンの関係に注目しているという意味で、第7章の分析と類似した視点に基づいているといえる。分析の結果、（ヘクシャー＝オリーン・モデルの依拠する）各国の要素賦存のちがいだけでなく（リカード・モデルの依拠する）生産性のちがいも、生産パターンに影響していることを確認している。

　また、Fadinger and Fleiss（2011）は1976年から2004年の60カ国、製造業24産業のデータを利用して、各国の各産業の要素集約度と二国間の貿易の関係を分析した。彼らの研究では、生産性を考慮しない場合の自由度修正済決定係数は0.5であるのに対し、生産性を考慮すると0.64へと改善することが明らかにされている。この結果は、貿易パターンを説明する上で、生産性のちがいが無視できない影響を持っていることを示唆している。

　これらの結果は、比較優位の源泉がヘクシャー＝オリーン・モデルの依拠

Urata and Kiyota（2003）の研究が発表された当時と比べると、現在はデータやコンピュータの能力は大幅に改善していることから、より精緻な分析が可能だろう。

する要素賦存だけでなく、リカード・モデルの依拠する生産性のちがいにも帰着できることを意味しており、両者を融合したアプローチが今後の研究の重要な方向になることを示唆しているといえる。

　すでに本文で触れたように、本書の分析はさまざまな点で改善の余地を残している。また、分析手法や結果の解釈に誤りがあるかもしれない。本書が日本の比較優位への関心を喚起し、そして国際貿易のさらなる研究への踏み石となることを期待したい。

あ と が き

　筆者は、小さな頃から、自他ともに認める凡人です。天才でもなければ秀才でもありません。小学校から大学院まで、私より賢い人は周りにたくさんいました。頭の回転は遅く、忘れ物はし放題。ケンカは泣かされてばかり。サッカー部でのポジションはベンチ。イケメンでもなく背も低い──人より秀でたものは何一つ持たない子──本書の言葉を借りれば、絶対優位を何一つ持たない子でした。そしてその状況は、大人になった今もあまり変わりありません。

　そのような私が一人の研究者としてなんとか生きていけるようになった理由の一つは、自分自身の比較優位、言い換えれば、自分を生かせる分野をうまく見つけられたことにあるような気がします。そして、自分自身の比較優位を見つけることができたのは、learning-by-doing、すなわち、論文を執筆し、セミナーや学会の報告で批判を受け、国際的な学術誌でレフェリー（審査員）と戦いながら、論文の改訂を重ねる、という一連の過程を経たことが大きいと思っています。

　このため、共に論文を執筆し、レフェリーと戦って下さった恩師、および共同研究者の皆様──浦田秀次郎、岡崎哲二、神林龍、木村福成、佐々波楊子、滝澤美帆、堤雅彦、中島隆信、西村清彦、長谷川誠、早川和伸、深尾京司、前田芳昭、松浦寿幸、山ノ内健太、義村政治、Flora Bellone、Drusilla K. Brown、Sabien Dobbelaere、Doan Thi Thanh Ha、Jacques Mairesse、Margit Molnar、Patrick Musso、Lionel Nesta、Barbara Pcitsch、Robert Stern、Yuhong Wei、Ximing Yue の各氏──には、特に感謝を申し上げます。

　また、現在在籍している慶應義塾大学、経済産業研究所、および前任校の横浜国立大学の先生方からも、本書のもととなるいくつかの論文に有益なコ

メントを頂きました。そして、これらのスタッフの皆様からもきめ細かなご支援を頂戴しました。

さらに、それぞれの論文を執筆する過程で、さまざまな大学・研究所から論文報告の機会を頂き、数多くの貴重なコメントを頂戴しました。論文の完成度を高める上で、これらのコメントが助けになったことはいうまでもありません。コメントを頂いた方の数があまりにも多いために、一人ひとりお名前を挙げられないのが残念ですが、この場をお借りしてお礼申し上げます。

そして、慶應義塾大学出版会の増山修氏からは、本書を執筆するにあたって多くの叱咤激励を頂きました。増山さんにお会いしたのは、私が大学院博士課程を出て横浜国立大学に着任した年、15年前の2001年冬まで遡ります。そのとき、いつか一緒に本を出版しましょうと温かくお声がけ頂きました。

ところが、年を経るごとにその声はだんだん厳しくなり、2013年春には東京まで呼び出され「いったい、いつになったらまとめるつもりですか！」と、大きな雷に!! ——15年越しになりますが（私自身はサボっていたつもりはないのですが）——本書が出来上がったのは、その落雷でお尻に火がついたおかげです。

増山さんは私にとってはとても怖い編集者ですが、実際に原稿が出来上がるとじっくり時間をかけて読んで下さり、本書を改良する意見を数多く頂戴しました。もし本書が研究者の世界を超えて評価を得ることがあるとすれば、それはひとえに増山さんのおかげです。厚く御礼申し上げます。

なお、本書の一部は科学研究費（JP26285058、JP16H02018）、および私立大学戦略的研究基盤形成支援事業の支援に基づいています。また、本書の執筆・校正にあたって、可能な限り原稿を見直したつもりですが、筆者が誤解している点、見落としている点、説明不足な点があるかもしれません。本書に残るすべての誤りは筆者に帰するものです。

最後に、「体が資本」という言葉もありますが、私自身の比較優位の源泉は日々の生活を支えてくれている家族の力、そして内助の功にあります。元気

いっぱいの三人の子供たち——弥生、悠生、結生——の健やかな成長を祈りつつ、平凡で小心者の私をいつも大きな器量で支えてくれている妻真理に、感謝の気持ちを込めて、本書を捧げたいと思います。

 2016年7月 那覇にて

著　者

初 出 一 覧

　本書各章のもととなった研究論文を以下に記す。しかし、本書執筆にあたっては、これらをベースにしながらも加筆・修正を行い、書籍として一貫性のあるものに再構築した。

第 1 章　　　書き下ろし

第 2 章　　　書き下ろし

第 3 章　　　Kiyota, Kozo (2011) "A Test of the Law of Comparative Advantage, Revisited," *Review of World Economics*, 147(4), pp. 771–778. (Kiyota, 2011b)

第 4 章　　　書き下ろし

第 5 章　　　Kiyota, Kozo (2013) "Skills and Changing Comparative Advantage: The Case of Japan," *Japan and the World Economy* 28, pp. 33–40. (Kiyota, 2013)
　　　　　　清田耕造 (2014)「日本は今なお熟練労働集約的な財を純輸出しているか？」日本銀行ワーキングペーパーシリーズ、No.14–J–1。(清田、2014)

第 6 章　　　書き下ろし

第 7 章　　　Kiyota, Kozo (2011) "Paths of Development and Wage Variations," *Review of International Economics* Vol. 19, No. 4, pp. 697–717. (Kiyota, 2011a)

Kiyota, Kozo (2012) "A Many-cone World?" *Journal of International Economics* 86(2), pp. 345–354. (Kiyota, 2012a)

第 8 章   Kiyota, Kozo (2014) "Industrial Upgrading in a Multiple-cone Heckscher–Ohlin Model: The Flying Geese Patterns of Industrial Development," *Review of Development Economics* 18(1), pp. 177–193. (Kiyota, 2014)

第 9 章   書き下ろし

参 考 文 献

【欧 文】

Akamatsu, Kaname (1961) "A Theory of Unbalanced Growth in the World Economy," *Weltwirtschaftliches Archiv* Vol. 86, No. 2, pp. 196–217.

――― (1962) "Historical Pattern of Economic Growth in Developing Countries," *Developing Economies* Vol. 1, No. 1, pp. 3–25.

Aminian, Nathalie and Cuauhtémoc Calderon (2010) "Prospects for Closer Economic Cooperation in Northeast Asia," *Review of Development Economics* Vol. 14, No. 3, pp. 417–432.

Aw, Bee-Yan and Amy R. Hwang (1995) "Productivity and the Export Market: A Firm-level Analysis," *Journal of Development Economics* Vol. 47, No. 2, pp. 313–332.

Balassa, Bela (1965) "Trade Liberalisation and 'Revealed' Comparative Advantage," *The Manchester School* Vol. 33, No. 2, pp. 99–123.

――― (1966) "Tariff Reductions and Trade in Manufactures among the Industrial Countries," *American Economic Review* Vol. 56, No. 3, pp. 466–473.

――― and Marcus Noland (1989a) "The Changing Comparative Advantage of Japan and the United States," *Journal of the Japanese and International Economies* Vol. 3, No. 2, pp. 174–186.

―――, ――― (1989b) "'Revealed' Comparative Advantage in Japan and the United States," *Journal of International Economic Integration* Vol. 4, No. 2, pp. 8–22.

Baldwin, Richard, Tadashi Ito, and Hitoshi Sato (2014) "Portrait of Factory Asia: Production Network in Asia and Its Implication for Growth – the 'Smile Curve'," *Joint Research Program Series* No. 159, IDE-JETRO.

Baldwin, Robert E. (1971) "Determinants of the Commodity Structure of U.S. Trade," *American Economic Review* Vol. 61, No. 1, pp. 126–146.

Ballance, Robert H., Helmut Forstner, and Tracy Murray (1987) "Consistency Tests of Alternative Measures of Comparative Advantage," *Review of Economics and Statistics* Vol. 69, No. 1, pp. 157–161.

Bernard, Andrew B., Raymond Robertson, and Peter K. Schott (2005) "A Note on the Empirical Implementation of the Lens Condition," *NBER Working Paper* No. 11448, National Bureau of Economic Research.

―――, Stephen Redding, and Peter K. Schott (2007) "Comparative Advantage and Heterogeneous Firms," *Review of Economic Studies* Vol. 74, No. 1, pp. 31–66.

―――, ―――, ―――, and Helen Simpson (2008) "Relative Wage Variation and Industry Location in the United Kingdom," *Oxford Bulletin of Economics and Statistics* Vol. 70, No. 4, pp. 431–459.

―――, ―――, ――― (2013) "Testing for Factor Price Equality in the Presence of Unobserved Factor Quality Differences," *American Economic Journal: Microeconomics* Vol. 5, No. 2, pp. 135–163.

――― and J. Bradford Jensen (1999) "Exceptional Exporter Performance: Cause, Effect, or Both?" *Journal of International Economics* Vol. 47, No. 1, pp. 1–25.

Bernhofen, Daniel M. and John Brown (2004) "A Direct Test of the Theory of Comparative Advantage: The Case of Japan," *Journal of Political Economy* Vol. 112, No. 1, pp. 48–67.

―――, ――― (2005) "An Empirical Assessment of the Comparative Advantage Gains from Trade: Evidence from Japan," *American Economic Review* Vol. 95, No. 1, pp. 208–225.

Bernstein, Jeffrey R. and David E. Weinstein (2002) "Do Endowments Predict the Location of Production? Evidence from National and International Data," *Journal of International Economics* Vol. 56, No. 1, pp. 55–76.

Bhagwati, Jagdish N., Arvind Panagariya, and T.N. Srinivasan (1998) *Lectures on International Trade*, The MIT Press.

Bowen, Harry P. (1983) "On the Theoretical Interpretation of Indices of Trade Intensity and Revealed Comparative Advantage," *Weltwirtschaftliches Archiv* Vol. 119, No. 3, pp. 464–472.

―――, Edward E. Leamer, and Leo Sveikauskas (1987) "Multicountry, Multifactor Tests of the Factor Abundance Theory," *American Economic Review* Vol. 77, No. 5, pp. 791–809.

――― and Leo Sveikauskas (1992) "Judging Factor Abundance," *Quarterly Journal of Economics* Vol. 107, No. 2, pp. 599–620.

Brecher, Richard A. and Ehsan U. Choudhri (1982) "The Leontief Paradox, Continued," *Journal of Political Economy* Vol. 90, No. 4, pp. 820–823.

Cameron, A. Colin and Pravin K. Trivedi (2005) *Microeconometrics: Methods and Applications*, Cambridge University Press.

Courant, Paul N. and Alan V. Deardorff (1992) "International Trade with Lumpy Countries," *Journal of Political Economy* Vol. 100, No. 1, pp. 198–210.

Davis, Donald R. (1995) "Intra-industry Trade: A Heckscher-Ohlin-Ricardo Approach," *Journal of International Economics* Vol. 39, No. 3–4, pp. 201–226.

―――, David E. Weinstein, Scott C. Bradford, and Kazushige Shimpo (1997) "Using International and Japanese Regional Data to Determine When the Factor Abundance Theory of TradeWorks," *American Economic Review* Vol. 87, No. 3, pp. 421–446.

―――, ――― (2001) "An Account of Global Factor Trade," *American Economic Review* Vol. 91, No. 5, pp. 1423–1453.

Deardorff, Alan V. (1980) "The General Validity of the Law of Comparative Advantage," *Journal of Political Economy* Vol. 88, No. 5, pp. 941–957.

――― (1984) "Testing Trade Theories and Predicting Trade Flows," in Jones, Ronald W. and Peter B. Kenen eds. *Handbook of International Economics* Vol. 1, Elsevier, pp. 467–517.

――― (1994a) "Exploring the Limits of Comparative Advantage," *Weltwirtschaftliches Archiv* Vol. 130, No. 1, pp. 1–19.

――― (1994b) "The Possibility of Factor Price Equalization, Revisited," *Journal of International Economics* Vol. 36, No. 1–2, pp. 167–175.

――― (2000) "Patterns of Trade and Growth across Cones," *De Economist* Vol. 148, No. 2, pp. 141–166.

――― (2006) *Terms of Trade: Glossary of International Economics*, World Scientific.

Debaere, Peter (2004) "Does Lumpiness Matter in An Open Economy? Studying International Economics with Regional Data," *Journal of International Economics* Vol. 64, No. 2, pp. 485–501.

――― and Ufuk Demiroglu (2003) "On the Similarity of Country Endowments," *Journal of International Economics* Vol. 59, No. 1, pp. 101–136.

Fadinger, Harald and Pablo Fleiss (2011) "Trade and sectoral productivity," *Economic Journal* Vol. 121, No. 555, pp. 958–989.

Feenstra, Robert C. (2004) *Advanced International Trade: Theory and Evidence*, Princeton University Press.

Fitzgerald, Doireann and Juan Carlos Hallak (2004) "Specialization, Factor Accumulation and Development," *Journal of International Economics* Vol. 64, No. 2, pp. 277–302.

Greene, William H. (2011) *Econometric Analysis*, Prentice Hall.

Grubel, Herbert G. and Peter J. Lloyd (1971) "The Empirical Measurement of Intra-industry Trade," *Economic Record* Vol. 47, No. 4, pp. 494–517.

Hahn, F.H. and R.C.O. Matthews (1964) "The Theory of Economic Growth: A Survey," *Economic Journal* Vol. 74, No. 296, pp. 779–902.

Harrigan, James (1995) "Factor Endowments and the International Location of Production: Econometric Evidence for the OECD, 1970–1985," *Journal of International Economics* Vol. 39, No. 1–2, pp. 123–141.

――― (1997) "Technology, Factor Supplies, and International Specialization: Estimating the Neoclassical Model," *American Economic Review* Vol. 87, No. 4, pp. 475–494.

Heller, Peter S. (1976) "Factor Endowment Change and Comparative Advantage:

The Case of Japan, 1956–1969," *Review of Economics and Statistics* Vol. 58, No. 3, pp. 283–292.

Helpman, Elhanan and Paul R. Krugman (1985) *Market Structure and Foreign Trade*, The MIT Press.

Hoen, Alex R. and Jan Oosterhaven (2006) "On the Measurement of Comparative Advantage," *Annals of Regional Science* Vol. 40, No. 3, pp. 677–691.

Huber, J. Richard (1971) "Effect on Prices of Japan's Entry into World Commerce after 1858," *Journal of Political Economy* Vol. 79, No. 3, pp. 614–628.

Ishikawa, Jota (1992) "Learning by Doing, Changes in Industrial Structure and Trade Patterns, and Economic Growth in A Small Open Economy," *Journal of International Economics* Vol. 33, No. 3–4, pp. 221–244.

Ito, Keiko and Kyoji Fukao (2005) "Physical and Human Capital Deepening and New Trade Patterns in Japan," in Ito, Takatoshi and Andrew K. Rose eds. *International Trade in East Asia, NBER-East Asia Seminar on Economics* Vol. 14, University of Chicago Press, pp. 7–49.

Ito, Takatoshi (1992) *The Japanese Economy*, The MIT Press.

Kiyota, Kozo (2005) "Services Content of Japanese Trade," *Japan and the World Economy* Vol. 17, No. 3, pp. 261–292.

―――― (2011a) "Paths of Development and Wage Variations," *Review of International Economics* Vol. 19, No. 4, pp. 697–717.

―――― (2011b) "A Test of the Law of Comparative Advantage, Revisited," *Review of World Economics/Weltwirtschaftliches Archiv* Vol. 147, No. 4, pp. 771–778.

―――― (2012a) "A Many-cone World?" *Journal of International Economics* Vol. 86, No. 2, pp. 345–354.

―――― (2012b) "Trade Liberalization, Economic Growth, and Income Distribution in a Multiple-cone Neoclassical Growth Model," *Oxford Economic Papers* Vol. 64, No. 4, pp. 655–674.

―――― (2013) "Skills and Changing Comparative Advantage: The Case of Japan," *Japan and theWorld Economy* Vol. 28, pp. 33–40.

―――― (2014) "Industrial Upgrading in a Multiple-cone Heckscher-Ohlin Model: The Flying Geese Patterns of Industrial Development," *Review of Development Economics* Vol. 18, No. 1, pp. 177–193.

Kojima, Kiyoshi (1960) "Capital Accumulation and the Course of Industrialisation, with Special Reference to Japan," *Economic Journal* Vol. 70, No. 280, pp. 757–768.

Krugman, Paul R. (1993) "What Do Undergrads Need to Know About Trade?" *American Economic Review* Vol. 83, No. 2, pp. 23–26.

Kurokawa, Yoshinori (2011) "Is A Skill Intensity Reversal A Mere Theoretical Curiosum? Evidence from the US and Mexico," *Economics Letters* Vol. 112, No. 2, pp. 151–154.

Leamer, Edward E. (1980) "The Leontief Paradox, Reconsidered," *Journal of Political Economy* Vol. 88, pp. 495–503.

―――― (1987) "Paths of Development in the Three-factor, n-good General Equilibrium Model," *Journal of Political Economy* Vol. 95, No. 5, pp. 961–999.

―――― (1995) "The Heckscher-Ohlin Model in Theory and Practice," *Princeton Studies in International Finance* No. 77, Princeton University.

―――― and James Levinsohn (1995) "International Trade Theory: The Evidence," in Grossman, Gene M. and Kenneth Rogoff eds. *Handbook of International Economics* Vol. 3: Elsevier, pp. 1339–1394.

―――― and Peter K. Schott (2005) "The Rich (and Poor) Keep Getting Richer," *Journal of Development Economics* Vol. 83, No. 4, p. 20.

Leontief, Wassily W. (1953) "Domestic Production and Foreign Trade: The American Capital Position Re-Examined," *Proceedings of the American Philosophical Society* Vol. 97, No. 4, pp. 332–349.

Magee, Christopher and Stephen P. Magee (2008) "The United States Is a Small Country in World Trade," *Review of International Economics* Vol. 16, No. 5, pp. 930–1004.

Melitz, Marc J. (2003) "The Impact of Trade on Intra-Industry Reallocations and Aggregate Industry Productivity," *Econometrica* Vol. 71, No. 6, pp. 1695–1725.

Morrow, Peter M. (2010) "Ricardian-Heckscher-Ohlin Comparative Advantage: Theory and Evidence," *Journal of International Economics* Vol. 82, No. 2, pp. 137–151.

Nishioka, Shuichiro (2012) "International Differences in Production Techniques: Implications for the Factor Content of Trade," *Journal of International Economics* Vol. 87, No. 1, pp. 98–104.

Ohlin, Bertil G. (1967) *Interregional and International Trade*, Harvard University Press, revised edition.

Oniki, Hajime and Hirofumi Uzawa (1965) "Patterns of Trade and Investment in a Dynamic Model of International Trade," *Review of Economic Studies* Vol. 32, No. 1, pp. 15–38.

Organization for Economic Corporation and Development (OECD) (2006) *International Migration Outlook, 2006*, OECD.

Ozawa, Terutomo (2006) *Institutions, Industrial Upgrading and Economic Performance in Japan: The 'Flying Geese' Paradigm of Catch-up Growth*, Edward Elgar.

Petri, Peter A. (1991) "Market Structure, Comparative Advantage, and Japanese Trade," in Krugman, Paul R. ed. *Trade with Japan: Has the Door Opened Wider?*, University of Chicago Press, pp. 51–82.

Romalis, John (2004) "Factor Proportions and the Structure of Commodity Trade," *American Economic Review* Vol. 94, No. 1, pp. 67–97.

Sakurai, Kojiro (2001) "Biased Technological Change and Japanese Manufacturing Employment," *Journal of the Japanese and International Economies* Vol. 15, No. 3, pp. 298–322.

―――― (2004) "How Does Trade Affect the Labor Market? Evidence from Japanese Manufacturing," *Japan and the World Economy* Vol. 16, No. 2, pp. 139–161.

Samuelson, Paul A. (1969) "The Way of an Economist," in Samuelson, Paul A. ed. *International Economic Relations: Proceedings of the Third Congress of the International Economic Association*, Mcmillan, pp. 1–11.

Schott, Peter K. (2003) "One Size Fits All? Heckscher-Ohlin Specialization in Global Production," *American Economic Review* Vol. 93, No. 3, pp. 686–708.

Stern, Robert M. and Keith E. Maskus (1981) "Determinants of the Structure of U.S. Foreign Trade, 1958–1976," *Journal of International Economics* Vol. 11, No. 2, pp. 207–224.

Sugiyama, Shinya (1988) *Japan's Industrialization in the World Economy 1859–1899*, Athlone Press.

Syrquin, Moshe and Shujiro Urata (1986) "Sources of Changes in Factor Intensity of Trade," *Journal of Development Economics* Vol. 24, No. 2, pp. 225–237.

Tatemoto, Masahiro and Shinichi Ichimura (1959) "Factor Proportions and Foreign Trade: The Case of Japan," *Review of Economics and Statistics* Vol. 41, No. 1, pp. 442–446.

Tomiura, Eiichi (2005) "Factor Price Equalization in Japanese Regions," *Japanese Economic Review* Vol. 56, No. 4, pp. 441–456.

Trefler, Daniel (1993) "International Factor Price Differences: Leontief was Right!," *Journal of Political Economy* Vol. 101, No. 6, pp. 961–987.

―――― (1995) "The Case of the Missing Trade and Other Mysteries," *American Economic Review* Vol. 85, No. 5, pp. 1029–1046.

―――― and Suzan Chu Zhu (2010) "The Structure of Factor Content Predictions," *Journal of International Economics* Vol. 82, No. 2, pp. 196–207.

Urata, Shujiro (1983) "Factor Inputs and Japanese Manufacturing Trade Structure," *Review of Economics and Statistics* Vol. 65, No. 4, pp. 678–684.

―――― and Kozo Kiyota (2003) "Services Trade in East Asia," in Ito, Takatoshi and Anne O. Kruger eds. *Trade in Services in the Asia Pacific Region, NBER East Asia Seminar on Economics* Vol. 11: University of Chicago Press, pp. 379–422.

Vanek, Jaroslav (1968) "The Factor Proportions Theory: The N-Factor Case," *Kyklos* Vol. 21, No. 4, pp. 749–756.

Vernon, Raymond (1966) "International Investment and International Trade in the Product Cycle," *Quarterly Journal of Economics* Vol. 80, No. 2, pp. 190–207.

Vollrath, Thomas L. (1991) "A Theoretical Evaluation of Alternative Trade Intensity Measures of Revealed Comparative Advantage," *Weltwirtschaftliches Archiv* Vol. 127, No. 2, pp. 265–280.

Wolff, Edward N. (2003) "Skills and Changing Comparative Advantage," *Review of Economics and Statistics* Vol. 85, No. 1, pp. 77–93.

World Bank (1993) *The East Asian Miracle: Economic Growth and Public Policy*, World Bank.

Wright, Gavin (1990) "The Origins of American Industrial Success, 1879–1940," *American Economic Review* Vol. 80, No. 4, pp. 651–668.

Xiang, Chong (2007) "Diversification Cones, Trade Costs and Factor Market Linkages," *Journal of International Economics* Vol. 71, No. 2, pp. 448–466.

【和　文】

赤松要（1935）「吾国羊毛工業品の貿易趨勢」『名古屋高商・商業経済論叢』第 13 巻、第上冊号、129–212 ページ。

――――（1937）「吾国経済発展の綜合弁証法」『名古屋高商・商業経済論叢』第 15 巻、第上冊号、179–210 ページ。

――――（1974）『金廃貨と国際経済』東洋経済新報社。

安藤至大（2013）『ミクロ経済学の第一歩』有斐閣。

池間誠（2009）『国際経済の新構図―雁行型経済発展の視点から』文眞堂。

伊藤元重・大山道広（1985）『国際貿易』岩波書店。

――――（2003）『経済学的に考える』日本経済新聞社。

――――（2005）『ゼミナール国際経済入門　改訂第 3 版』日本経済新聞社。

木村福成（2000）『国際経済学入門』日本評論社。

――――・小浜裕久（1995）『実証国際経済学入門』日本評論社。

清田耕造（2014）「日本は今なお熟練労働集約的な財を純輸出しているか？」日本銀行ワーキングペーパーシリーズ、No. 14–J–1。

クルーグマン，ポール（2009）『クルーグマン教授の経済入門』山形浩生訳、ちくま学芸文庫。

経済産業省（2000）『工業統計表：市町村編』通商産業調査会。

――――・厚生労働省・文部科学省（2000）『「平成 13 年度ものづくり基盤技術振興基本法第 8 条にもとづく年次報告（略称：製造基盤白書）概要』経済産業省ウェブサイト。

小島清（1958）「資本蓄積と国際分業：赤松博士「産業発展の雁行形態」の一展開」小島清（編）『経済政策と国際貿易』文春社、443–496 ページ。

――――（2003）『雁行型経済発展論　第 1 巻、日本経済・アジア経済・世界経済』文眞堂。

清水順子・佐藤清隆（2014）「アベノミクスと円安、貿易赤字、日本の輸出競争力」RIETI Discussion Paper Series, 14–J–022。

新保博（1978）『近世の物価と経済発展：前工業化社会への数量的接近』東洋経済新報社。

総務省（2000）『国勢調査』日本統計協会。

――――（2004）『平成 14 年全国物価統計調査』総務省ウェブサイト。

総務省統計局（2009）『社会生活統計指標』総務省ウェブサイト。

田中鮎夢（2015）『新々貿易理論とは何か：企業の異質性と 21 世紀の国際経済』ミネルヴァ書房。

寺岡亮・植松陽平（2011）「日本の比較優位の再考」経済財政分析ディスカッション・ペーパー、内閣府政策統括官室。

戸堂康之（2010）『途上国化する日本』日本経済新聞出版社。

冨浦英一（2014）『アウトソーシングの国際経済学：グローバル貿易の変貌と日本企業のミクロ・データ分析』日本評論社。

日本経済新聞（2015）「社説：原油安を反映しない補正予算」『日本経済新聞』2015 年 1 月 10 日付朝刊、2 ページ。

バウマン，ヨラム（2012）『この世で一番おもしろいマクロ経済学』山形浩生訳、ダイヤモンド社．
深尾京司・宮川努編（2008）『生産性と日本の経済成長：JIP データベースによる産業・企業レベルの実証分析』東京大学出版会．
古沢泰治（2007）「「新」新貿易理論」『世界経済評論』第 51 巻第 8 号、19-27 ページ．
松井彰彦（2012）「ニュースを読み解くやさしい経済学 第 2 章 貿易は豊かにする」『日本経済新聞』2012 年 11 月 13 日朝刊．
宮沢健一（2002）『産業連関分析入門』新版、日本評論社．
山澤逸平（1984）『日本の経済発展と国際分業』東洋経済新報社．
山本有造（1994）『両から円へ』ミネルヴァ書房．
ワインシュタイン，デービッド（2014）「経済教室」『日本経済新聞』2014 年 12 月 29 日朝刊．
若杉隆平（2009）『国際経済学』第 3 版、岩波書店．
渡辺利夫・梶原弘和（1983）『アジア水平分業の時代』日本貿易振興会．

事項索引

ア 行

赤池の情報量基準　156
失われた貿易（missing trade）　89
エネルギー集約度　135

カ 行

為替レート　24, 50
雁行形態的産業発展　49, 180, 183, 189, 196, 202
完全特化　7, 146
企業の異質性　17
技術進歩　8, 9
規模の経済性　16
クロス・インダストリー分析　71, 82, 123, 124, 200, 205
クロス・カントリー分析　87, 88, 205
経営開発国際研究所　12
顕示選好の弱公準　55, 56
顕示選好理論　56
顕示比較優位指数　45
交易条件　26
後開発途上国　42
コーン　141
国際競争力　1, 10
国力　12
五財モデル　157, 158
コブ＝ダグラス型生産関数　171

サ 行

産業間貿易　16
産業内貿易　16

産業の異質性　185
産業連関表　78, 88, 89, 94-96
三財モデル　157-160, 162-166
実質実効為替レート　10
資本集約度　113, 152, 186
熟練労働　91
　　──集約（的な）財　91, 111, 121
順位テスト　88
純輸出　80, 82
　　──比率　45, 48, 49, 105, 106
シングル・コーン　140, 141
　　──・モデル　139
「新」新貿易理論　17
人的資本　161, 168, 193, 202, 204
「新」貿易理論　16, 17
ストルパー＝サミュエルソンの定理　74-76
生産性　16, 50
　全要素──　5, 191
　　──の差異　17
　労働──　5
製品差別化　16
世界経済フォーラム　12
絶対優位　1-8

タ 行

多国間モデル　71
多国・多財・多要素モデル　71
多要素　79
　　──モデル　71

ナ 行

二国・二財・一要素モデル　71
二国・二財・二要素モデル　71
二財モデル　157-159

日本産業生産性データベース　30, 100, 111, 200
二要素モデル　71, 72

ハ 行

発展の経路（paths of development）　141, 147, 148, 167
比較優位　1–8, 10, 54, 199
——の法則　57, 65, 66
ビジネス環境ランキング　12
非熟練労働　91
不完全競争　16
不完全特化　7, 76
符号テスト　88
プロダクト・サイクル論　180
閉鎖経済　46, 54, 58, 61, 66
ベイズ情報量基準　157
ベースライン　187, 189–194
ヘクシャー＝オリーン集計　154, 187
ヘクシャー＝オリーンの定理　73, 74, 76, 92
ヘクシャー＝オリーン＝バーネックの定理　81, 132
ヘクシャー＝オリーン＝バーネック・モデル　79
ヘクシャー＝オリーン・モデル　15, 18, 19, 71, 72, 74, 139, 196
貿易収支　6, 20, 22, 55, 59, 60, 67, 84
——不均衡　84

マ 行

マルチ・コーン　140, 141
——・モデル　139, 145, 167, 183, 189, 202
見かけ上無相関な回帰　156
メリッツ・モデル　17

ヤ 行

輸出生産比率　35, 38
輸入内需比率　35, 38
要素価格均等化　140, 149, 160, 202
——（の）定理　74–76, 140, 142, 149
要素コンテンツ　71, 82, 91, 93–95, 97, 98, 103, 111, 200
要素集約度　73, 76, 77, 79, 95, 134, 151, 203, 206
要素賦存　16, 66, 73, 80, 142, 151, 156, 167, 179, 185, 189, 191, 202, 203, 206
——度　77
四財モデル　157, 158, 161, 197

ラ 行

リーマーのテスト　86, 97, 103, 117
リカード・モデル　7, 15, 22, 71
リプチンスキーの定理　19, 73, 75, 76, 139, 140, 147, 167
レオンティエフ型生産関数　171
レオンティエフのテスト　77, 84, 86
レオンティエフ・（の）パラドックス　77, 78, 87, 117
レンズ条件（lens condition）　142
労働生産性　10, 11, 66, 72

ABC

AIC　157, 189
Akaike informaiton criterion（AIC）　156
Bayesian information criterion（BIC）　157

BIC   157, 189
ease of doing business index   12
IMD   12
JIP データベース   30, 31, 100, 111, 125, 150, 184
Least Developed Countries (LDC)   42
Net Export Ratio (NXR)   45
Revealed Comparative Advantage (RCA)   45

Seemingly Unrelated Regressions (SUR)   156
SUR モデル   189
Total Factor Productivity (TFP)   191
UN Comtrade   46
World Economic Forum   12

人名索引

英字表記

Akamatsu, K.　180
Aminian, N.　182
Aw, B.-Y.　17

Balassa, B.　16, 21, 45, 46
Baldwin, R.　18, 82, 83, 123
Ballance, R.　46
Bernard, A.　17, 143, 144
Bernhofen, D.　54, 55, 60–63, 65
Bernstein, J.　149, 182
Bhagwati, J.　141
Bowen, H.　46, 83, 88, 89
Brecher, R.　87, 117
Brown, J.　54, 55, 60–63, 65

Calderon, C.　182
Cameron, A.　157
Choudhri, E.　87, 117
Courant, P.　153

Davis, D.　16, 90, 160
Deardorff, A.　54, 55, 57–60, 65–68, 78, 141, 142, 146, 153
Debaere, P.　142, 143
Demiroglu, U.　142, 143

Fadinger, H.　206
Feenstra, R.　84, 97, 99
Fitzgerald, D.　182
Fleiss, P.　206
Fukao, K.　94, 101

Greene, W.　145
Grubel, H.　16

Hahn, F.　147
Hallak, J.　182
Harrigan, J.　182
Heckscher, E.　15, 72
Heller, P.　94, 95
Helpman, E.　16
Hoen, A.　46
Huber, R.　54
Hwang, A.　17

Ichimura, S.　94
Ishikawa, J.　146, 181
Ito, K.　94, 101
Ito, T.　8, 54

Jensen, B.　17

Kiyota, K.　94, 95, 99, 101, 114, 146, 150, 177, 183, 205, 206
Kojima, K.　181
Krugman, P.　8, 16
Kurokawa, Y.　134

Leamer, E.　78, 84–87, 97, 105, 141, 144, 147, 160, 161, 182
Leontief, W.　77
Levinsohn, J.　78, 141, 144
Lloyd, P.　16

Magee, C.　184
Magee, P.　184
Maskus, K.　83, 123
Matthews, R. C. O.　147
Melitz, M.　17
Morrow, P.　206

Nishioka, S.　168
Noland, M.　21, 46

Ohlin, B.   15, 72
Oniki, H.   183
Oosterhaven, J.   46
Ozawa, T.   180

Petri, P.   84

Ricardo, D.   2
Romalis, J.   84
Rybczynski, T.   76

Sakurai, K.   94, 95, 101, 125
Samuelson, P.   2, 16
Schott, P.   114, 141, 143–145, 147, 151, 154, 161, 182, 193
Stern, R.   83, 123
Sugiyama, S.   61–63
Sveikauskas, L.   83
Syrquin, M.   94

Tatemoto, M.   94
Tomiura, E.   143, 144
Trefler, D.   89, 90
Trivedi, P.   157

Urata, S.   83, 94, 123, 129, 205, 206
Uzawa, H.   183

Vanek, J.   81, 82
Vernon, R.   180
Vollrath, T.   46

Weinstein, D.   90, 149, 182
Wolff, E.   94, 95, 98
Wright, G.   83, 123

Xiang, C.   142

Zhu, S. C.   90

和文表記（五十音順）

赤松要   180, 181
安藤至大   19, 21
池間誠   180
伊藤隆敏   8
伊藤元重   6–8, 23, 24, 30, 54, 73
植松陽平   21, 94
大山道広   6, 7, 23, 24, 73
オリーン，B．   15, 17, 73

梶原弘和   47
木村福成   6, 7, 23, 24, 47, 73, 83, 94, 123, 129
清田耕造   20
クルーグマン，P．   10, 14, 16, 17
小島清   49, 180, 181
小浜裕久   47, 83, 94, 123, 129

佐藤清隆   10, 20
サミュエルソン，P．   17, 73
清水順子   10, 20
新保博   63, 65

寺岡亮   21, 94
戸堂康之   10
冨浦英一   20

バウマン，Y．   9
深尾京司   31, 33, 100, 191, 193
古沢泰治   14, 18, 22
ヘクシャー，E．   15, 73
ヘルプマン，E．   16

松井彰彦   3, 4, 8
宮川努   31, 33, 100, 191, 193
宮沢健一   78

山澤逸平   21

リカード, D.　2
リプチンスキー, T.　76
レオンティエフ, W.　17, 77

ワインシュタイン, D.　20
若杉隆平　22
渡辺利夫　47

【著者略歴】

清田耕造（きよた・こうぞう）
1972 年生まれ。96 年、慶應義塾大学経済学部卒業
2002 年、慶應義塾大学より博士（経済学）取得
横浜国立大学経営学部講師、准教授などを経て
現在、慶應義塾大学産業研究所・大学院経済学研究科教授、
経済産業研究所リサーチアソシエイト

主要業績
『拡大する直接投資と日本企業』（NTT 出版、2015 年、日経・経済図書文化賞受賞）
"A Many-cone World?" *Journal of International Economics* 86(2), 2012.
ほか論文多数。

日本の比較優位
──国際貿易の変遷と源泉

2016 年 10 月 25 日　初版第 1 刷発行

著　者────清田耕造
発行者────古屋正博
発行所────慶應義塾大学出版会株式会社
　　　　　　〒108-8346　東京都港区三田 2-19-30
　　　　　　TEL　〔編集部〕03-3451-0931
　　　　　　　　　〔営業部〕03-3451-3584〈ご注文〉
　　　　　　　　　〔　〃　〕03-3451-6926
　　　　　　FAX　〔営業部〕03-3451-3122
　　　　　　振替　00190-8-155497
　　　　　　http://www.keio-up.co.jp/
装　丁────渡辺弘之
印刷・製本──藤原印刷株式会社
カバー印刷──株式会社太平印刷社

Ⓒ2016 Kozo Kiyota
Printed in Japan　ISBN978-4-7664-2374-7

慶應義塾大学出版会

慶應義塾大学東アジア研究所叢書
東アジア生産ネットワークと経済統合

木村福成・大久保敏弘・安藤光代・松浦寿幸・早川和伸 著

世界金融危機、東日本大震災、タイ洪水、3つの危機をのりこえたレジリエントな東アジア生産ネットワーク。日本はこの優れた国際分業ネットワークをいかに活用していくべきなのか。

A5判／上製／240頁
ISBN 978-4-7664-2333-4
◎4,200円　2016年5月刊行

◆主要目次◆

序文　　　　　　　　　　　　　　　　　　　木村福成

第Ⅰ部　生産ネットワークの安定性・頑健性
　第1章　世界金融危機と生産ネットワーク　大久保敏弘
　第2章　3つの危機と生産ネットワークの頑健性　安藤光代

第Ⅱ部　生産ネットワークの新展開
　第3章　東アジアの生産ネットワーク
　　　　　――域内での深化と域外との結びつき　安藤光代
　第4章　生産ネットワークと生産性・雇用
　　　　　――海外直接投資の企業データによる分析
　　　　　　　　　　　　　　　　　　　　　松浦寿幸
　第5章　海外直接投資概念の再整理
　　　　　――新しいFDIの分析手法と概念:「ネットワークFDI」
　　　　　　　　　　　　　　　　　　　　大久保敏弘

第Ⅲ部　生産ネットワークと経済統合
　第6章　自由貿易協定の利用　　　　　　　早川和伸
　第7章　生産ネットワークとメガFTAs　　　木村福成
あとがき　　　　　　　　　　　　　　　　　木村福成

表示価格は刊行時の本体価格(税別)です。